KB206243

아담스와 함께 걷는 청라언덕

안경말 시리즈
2

아담스와 함께 걷는 — 청라언덕

양신혜 지음

크리스천
르네상스

푸른 담쟁이덩굴 언덕이 품은 이야기

대구는 저에게 기억 저편으로 사라졌던 도시였습니다. 그랬던 대구가 제 인생의 중요한 전환기에 갑자기 나타났습니다. 독일로 유학 떠날 때처럼 빠짝 긴장하여 낯선 대구로 왔습니다. 툭툭 내뱉는 특유의 억센 억양에 놀라고 당황해서 화가 났다고 오해하기도 했습니다. 외모는 같은데 사고나 말투, 태도는 너무나 달랐습니다. 서울과 대구의 문화 차이에 놀라움의 연속이었습니다. 어느 날 무뚝뚝하게 건네는 학생의 음료수에 따스함이 느껴지기 시작했습니다. 그렇게 대구 생활에 익숙해졌습니다.

그 무렵 학생들과 대구 나들이를 떠났습니다. 서울에서 내려온 선생에 대한 배려였습니다. 대구가 자랑하는 신문명 모노레일을 탔습니다. 서울에서 탄 전철과 뭐가 다른가, 의아함을 가지고 대구의 신문명이라고 소개하는 학생의 말을 믿어 보기로 했습니다. 대구의 모노레일은 독일 베를린 100번 버스 같았습니다. 베를린의 100번 버스는 동물원(Zoologischer Garten)에서 출발하여, 카이저 빌헬름 교회(Kaiser Willhelm Kirche), 전승기념탑(Großer Stern)을 거쳐 국회의사당(Reichstag), 베를린의 상징인 브란덴부르거 문(Brandenburger Tor)을 지납니다. 박물관(Museumsinsel)이 모여 있는 섬에 있는 베를린 대성당(Berliner Dom)거쳐 알렉산더 광장(Alexanderplatz)까지 갑니다. 100번 버스는 베를린의 주요 명소를 지나는 베를린 시티투어버스입니다. 대구의 모노레일도 단순한 교통수단이 아니라 대구의 명소를 지나는 관광철도였습니다. 노란 모노레일을 따라서 대구 투어를 합니다. 대구의 12경의 하나인 수성못을 지나 대구의 상징인 서문시장과 달성공원을 지나갑니다.

대구 여행의 꽃은 단연코 청라언덕이었습니다. 고즈넉한 산책길을 따라서 푸른 담쟁이로 둘러싸인 빨간 벽돌집이 눈에 들어왔습니다. 빨간 벽돌 이층집에서 '까르르'하는 아이의 웃음소리가 들리는 듯합니다. 아버지가 웃고 떠드는 아이를 흐뭇하게 바라보는 모습이 상상되었습니다. 이 집에 누가 살았는지 궁금해졌습니다. 이 집은 '스윗즈 주택', '블레어 주택', '챔니스 주택'이라 불립니다. 선교사의 이름을 따서 지었다고 합니다. 선교사는 낯선 땅을 향해 복음을 전하기 위해 들어온 이방인입니다. 고향을 떠나 낯선 땅을 향해 떠나게 한 열정이 지금의 공간을 만들었습니다. 낯선 대구 땅에서 아버지이자 남편으로 살아간 선교사의 삶이 궁금해졌습니다.

청라언덕 위 빨간 벽돌집은 선교사에게 내일을 위한 쉼의 공간이었습니다. 이곳에서 육체적 쉼과 영적 안식을 누렸습니다. 선교사가 대구에서 살아간 증거가 지금 우리에게 은혜의 정원으로 남아 있습니다. 청라언덕은 삶(집)과 죽음(묘지)이 공존하는 곳입니다. 죽음의 자리는 삶의 증거이자 삶을 되돌아보게 하는 은혜의 자리입니다. 청라언덕에는 과거와 현재가 공존합니다. 이곳에서 과거가 어떻게 현재를 형성했는지를 배웁니다. 그리고 현재가 소망하는 하나님의 섭리를 배웁니다. 그곳에서 과거를 만났고, 지금을 만났습니다. 그리고 미래를 만났습니다. 청라언덕과의 사랑이 그렇게 시작되었습니다.

청라언덕호 타임머신을 타고 상상의 나라로 들어가 봅니다. 한 외국인이 과거시험을 보기 위해서 서울로 올라가는 길을 따라서 대구

에 입성합니다. 그는 대구에 처음으로 입성한 배위량(베어드) 선교사입니다. 그는 선교의 거점을 마련하기 위해서 집을 구매합니다. 하지만 그 집은 그의 사역을 위한 것이 아니었습니다. 그 집에 처남 안의와(아담스) 부부가 정착합니다. 안의와는 매형 배위량의 기틀 위에서 복음을 가지고 길을 떠났습니다. 그는 길에서 만난 사람에게 서툰 한국어로 복음을 전했습니다. 안의와에 이어 대구로 온 선교사는 장인차(존슨) 선교사입니다. 장인차 선교사는 불치병으로 골방에서 지내는 아이를 서양 의술로 밖에 나가 뛰놀 수 있게 해 주었습니다. 이 놀라운 기적이 사람의 마음을 엽니다. 대구 선교의 기적은 이뿐만 아닙니다. 하나님께서는 놀라운 방식으로 이곳에 부해리(브루엔) 선교를 보내셨습니다. 하나님은 세 선교사를 통해서 이 땅에 선교의 꽃을 피우고 열매를 맺게 하셨습니다.

배타적인 대구 땅에 복음의 씨앗이 뿌려집니다. 지나가는 로베르 신부의 수염을 잡아당기는 아이의 무례함과 잠자는 배위량 선교사의 방문을 열고 엿보는 아이들의 호기심이 복음 전파의 시작입니다. 낯섦

이 호기심으로, 호기심은 조선인의 마음 빗장을 연 열쇠가 됩니다. 하지만 진정한 열쇠는 서양인의 겸손과 사랑이었습니다. 뽕나무 골목에서 한 노인의 지게에 있던 나뭇가지가 안의와 선교사의 얼굴을 스쳐 얼굴에 피가 흐릅니다. 아담스 선교사는 서양인을 다치게 했다는 죄책감에 떨고 있는 노인의 손을 잡고 미안하다고 합니다. 그 자리에 모인 한국인은 놀랐습니다. 이날의 사건이 대구를 변화시켰습니다. 그 변화가 대구제일교회의 기초가 되었습니다.

대구제일교회는 약령시장에 자리 잡습니다. 이곳은 약령시장을 찾은 사람의 사랑방이었습니다. 교회는 세상을 향해 문을 열었습니다. 약령시장을 온 상인들이 사랑방에서 쉼을 얻었습니다. 그리고 밤새도록 이야기꽃을 피웠습니다. 길을 떠나는 그들에게 복음이 전해집니다. 먹고 살기 위한 길이 이제는 복음의 길이 되어 진정한 생명의 길이 되었습니다. 그렇게 그곳에 대구의 첫 번째 교회가 세워집니다. 예배를 드리기 위해서 강을 건넜던 여인의 이야기가 전해집니다. 교회를 지으려고 비녀와 반지를 아낌없이 내놓았다는 이야기가 전해집니다. 교회가 화재로 소멸하자 실망하지 않고 그 자리에서 다시 일어나 교회를 세웁니다. 묵묵히 하나님의 뜻을 바라는 당당한 그리스도인을 세워갑니다.

일제강점기의 시대 한국인의 육체는 일본의 지배 아래에 있었지만 영혼은 자유로워 새로운 나라를 꿈꿨습니다. 그 꿈이 근대교육의 시초가 되었습니다. 계성학교와 신명여학교가 대구 3.8운동의 시작이었음이 이를 예증하는 것이지요. 조선의 관습과 풍습은 무너지고 새로운 문화를 만들어냈습니다. 그 문화가 지금 우리의 삶의 바탕이 되었습니다. 과거가 지금을 만들었습니다.

장인차 선교사는 한의학으로 고치지 못하는 불치병을 고쳐주었습니다. 하지만 그는 서양 의술을 통해서 서양 문명의 가치와 목적이 복음에 있음을 깨닫게 해 주었습니다. 서양인의 모든 활동은 이 땅에 복음을 전하기 위함이었습니다. 서양 문명은 복음을 전하는 통로일 뿐이었습니다. 참된 그리스도인의 삶을 보여주는 통로일 뿐입니다. 가치와 도구의 차이를 구분하는 눈을 우리에게 가르칩니다. 그 사회를 이끄는 가치가 미래를 결정합니다. 청라언덕은 지금도 우리에게 메시지를 던집니다. 그리스도인이 기억해야 할 역사가 있다고 말입니다. 역사의 주관자이신 하나님의 섭리를 찾으라고 요구합니다. 그것을 다음 세대에 전수해 달라고 호소합니다.

역사는 단순한 이야기가 아닙니다. 역사를 어떻게 바라보느냐가 지금 우리 시대를 결정짓습니다. 과거는 지나간 시간이지만 지금을 살아가는 우리의 시간을 낳은 토대입니다. 지금 우리의 시간을 이해하기 위해서 과거의 타임머신을 타야 합니다. 그 타임머신은 지금의 시간을 미래로 데려다줄 겁니다. 그 여행이 미래를 만드는 자양분이기 때문입니다. 청라언덕은 과거, 현재, 미래가 융합하는 역사 이야기를 들려주라고 우리에게 당부하고 있습니다. 이 청라언덕의 메시지를 가슴에 품고 이 땅에서 그리스도인으로서 삶을 살아가겠다고 다짐해 봅니다.

이 길의 첫 발을 함께 한 김소아 전도사, 한신석, 김주한, 김지수 목사에게 감사의 인사를 전하고 싶습니다. 함께 걸었고, 함께 느꼈고, 함께 일했던 그 시간이 책으로 출판되는 기쁨을 누리게 합니다. 그날의 시간이 우리 모두의 자리에서 살아 숨 쉬길 소망합니다.

그날 함께 꾸었던 꿈을 이루실 하나님을 찬양합니다.

문명을 만드는 공구상가 안 교리학교에서

양신혜

차례

아담스와 함께 걷는 청라언덕

아담스와 함께 걷는 — 청라언덕

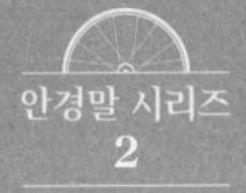

안경말 시리즈
2

둘러보기

1886 1936
MOUNT HERMON
HERE, IN JULY, 1886, TO THE GLORY OF GOD AND
TO THE ADVANCEMENT OF HIS KINGDOM, DWIGHT
L. MOODY AND THE INTERCOLLEGIATE YOUNG
MEN'S CHRISTIAN ASSOCIATION OF THE UNITED
STATES AND CANADA CALLED TOGETHER A
CONFERENCE OF STUDENTS FROM TWENTY-SEVEN
STATES AND MANY LANDS BEYOND THE SEAS.
FROM THE SPIRITUAL IMPULSE HERE GIVEN
ONE HUNDRED MEN OFFERED THEIR LIVES FOR
FOREIGN MISSIONARY SERVICE, A WIDESPREAD
SPIRITUAL AWAKENING WAS BEGUN IN THE
COLLEGES, SIMILAR CONFERENCES WERE
ESTABLISHED THROUGHOUT THE WORLD, THE
STUDENT VOLUNTEER MOVEMENT WAS FOUNDED
IN 1888, AND GUIDANCE WAS GIVEN THE CHRISTIAN
STUDENT MOVEMENT THROUGH THE YEARS.
"I AM THE WAY, THE TRUTH, AND THE LIFE."
헐몬산 학생 운동 기념비

이 세대 안에 전 세계에 복음을!

작은 씨앗을 품고

제임스 아담스(James Edward Adams, 안의와, 1867~1929)는 샌프란시스코를 떠나 낯선 조선으로 출발했습니다. 그는 한 달 동안 망망대해인 태평양에 떠 있어야 합니다. 하나님이 예비하신 그 땅에서 펼쳐질 역사를 기대하며, 아내의 손을 잡습니다. 그의 품에는 어린 아들 에드워드(Edward A. Adams, 안두화, 1895~1965)가 안겨 있습니다. 태평양 풍랑의 고도를 어린 아들이 잘 견뎌내길 기도하며 벅찬 감격으로 아들의 해맑은 미소를 바라봅니다.

아담스는 매형인 윌리엄 베어드(William M. Baird, 배위량, 1862~1931)와 누나 애니 베어드(Annie L. A. Baird, 안애리, 1864~1916)가 먼저 길을 닦아 놓은 조선으로 가기로 했습니다. 1882년 조미조약이 체결된 후 조선이 미국의 공사관 파견에 따른 답례로써 미국을 방문할 보빙사(報聘使)를 파견했었지만, 여전히 조선은 미지의 땅이었습니다. 하지만 하나님은 조선으로 가는 길이 열리도록 준비하셨습니다. 미지로 떠나는 길에서 하나님이 짝지어주신 동반자와 함께 첫발을 내딛습니다. 아담스는 친구에서 아내가 된 넬리 딕(Nellie Dick Adams, 1866~1909)과 함께 터피커(Topeka)[1]의 기차역에 섰습니다. 이제 떠나야 합니다.

윌리엄 베어드(배위량, 1862~1931), 애니 베어드(안애리, 1864~1916)

제임스 아담스(안의와, 1867~1929), 넬리 딕(1866~1909)

터피커의 기차역에 윌리스 크레익 교수(Willis Green Craig, 1834~1911)가 아담스 선교사 가족을 배웅하러 나왔습니다. 크레익 교수도 한때 조선으로 선교사로 나가고 싶었지만 하나님은 다양한 선교 방법이 있다는 걸 가르치셨습니다. 외국에 나가 직접 복음을 전하는 일만이 아니라 선교사가 사역을 감당할 수 있도록 후원하는 간접 선교에 길이 있음을 말입니다. 윌리스 크레익, 그는 맥코믹신학교가 역사상 가장 혼돈에 빠졌던 그 시기를 이끌었던 교수입니다. 조선에 파송된 맥코믹신학교 출신 선교사들 사무엘 마펫(Samuel A. Moffett, 마포삼열, 1864~1939), 베어드, 스왈른(William L. Swallen, 소아론, 1865~1954) 등에게 큰 영향을 끼친 스승이자 영적 아버지였습니다. 당시 미국은 노예제에 대한 입장 차이로 말미암아 남북전쟁이라는 국가적 아픔을 경험하였습니다. 그뿐만 아니라 신학적 차이로 구학파와 신학파로 교단이 분열하였습니다. 그 틈에 선 맥코믹신학교는 그 갈등과 아픔을 고스란히 견뎌내야만 했습니다. 그 혼돈 속에서 하나님은 조선 선교를 위해 떠날 선교사를 길러내고 계셨습니다. 그는 학생들로부터 "기독교적 인격, 날카로운 지성, 감화를 주는 가르침, 건전한 학문성으로 큰 존경을 받았습니다."[2] 크레익은 신학적으로 "언약신학과 완전영감, 웨스트민스터 신앙고백에 대한 엄격한 서명에 충실"했을 뿐만 아니라 당대 현대신학의 흐름을 적극적으로 막아낸 보수주의자였습니다. 그는 조선 선교사들의 신앙의 아버지이자 영적 지도자였습니다. 그가 재직하던 1888년에서 1892년 사이에 졸업한 학생 중에 한국의 선교사로 마포삼열, 배위량, 안의와 등 여섯 명이 파송을 받았습니다. 크레익 교수의 영향력이 조선 선교의 기반을 놓는데 얼마나 큰 영향을 끼쳤는지 짐작할 수 있습니다. 그는 한국으로 떠나는 제자 아담스에게 긴 뱃길에 읽으라고 한 권의 책을 손에 쥐여주었습니다. 그 책이 바로 『은둔의 나라 조선』(1882)입니다. 제임스 아담스는 『은둔의 나라 조선』을 가슴에 품은 채 배에 오릅니다. 하나님이 그를 선교사로 부른 그 자리를 기억하면서 앞으로 펼쳐질 하나님의 손길을 고대하며 두 손을 모읍니다.

부르심의 자리 헬몬산의 브루엔과 무디

선교사로 부름을 받았던 자리는, 낯선 선교지에서 고난을 견뎌낼 힘의 근원지입니다. 그 부르심의 자리가 바로 헬몬산에서 열린 집회였습니다. 아담스 선교사의 가족은 이 헬몬산 집회를 중심으로 하나가 되었습니다. 누나 애니와 아내 넬리 딕도 함께 했습니다. 어느 곳으로 하나님이 인도하실지 알 수 없지만, 성령 안에서 하나 됨을 경험하였습니다. 선교사로서의 사명을 깨닫고 결단한 그들은 헬몬산 집회의 무디(D. L. Moody, 1837~1899)목사를 잊을 수 없었습니다. 헬몬산의 무디는 조선으로 길을 떠나는 선교사들의 영적 아버지였습니다.

무디 목사가 던진 질문 하나가 예비 선교사의 마음에 돌 수제비가 되어 파동을 일으킵니다. "냉랭해진 기독교인들을 어떻게 하면 치유할 수 있겠습니까?" 이 질문은 또 한 명의 선교사의 귀를 쫑긋 세웁니다. 그가 바로 대구로 파송된 선교사 브루엔(Henry Nunro Bruen, 부해리, 1874~1959)입니다.

무디 목사가 던진 질문에 모너드 선생의 답변은 그에게 커다란 도전을 불러일으켰습니다.

> 우리가 쇠막대를 가져다가 불 속에 집어넣으면 뜨거워집니다.
> 하지만 그것을 꺼내면 다시 검어지고 전처럼 식어버릴 것입니다.
> 그러므로 그것을 계속해서 불 속에 넣어 놓아야 합니다.

쇠막대가 용광로 안에 머물지 않는다면, 쇠막대는 식어버릴 것입니다. 모너드 선생님이 말하고자 하는 바는 명확했습니다. 신앙이 냉랭해지지 않으려면 성령의 불 속에 머물러 있어야 합니다. 무디 목사는 그 자리에 앉은 선교 지망생들을 향해서 세 마디를 던졌습니다. 그 말이 부르엔의 심장에 꽂혔습니다.

> 믿음은 최선을 얻게 한다.
> 겸손함은 최선을 유지시킨다.
> 사랑은 최선을 행하게 한다.[3]

대학교 2학년인 젊은 청년 브루엔은 친구들과 함께 헬몬산에 갔습니다. 친구들과 함께 떠나는 여행길이었기에 즐거웠습니다. 브루엔은 1886년 7월 1일부터 12까지 열리는 집회에 참석하기 위해서 뉴욕에서 뉴런던으로 떠나는 증기선에 올라탔습니다. 배에서 바라보는 어두운 밤의 달빛은 더욱 영롱했습니다. 다음 날 뉴런던에 도착하여 아침 식사를 하고 노스필드로 향하는 기차를 탔습니다. 2~30마일 정도 떨어진 노스필드를 가기 위해서 7시 45분 기차에 몸을 실을 때, 그는 이 여행이 녹록지 않음을 감지했습니다. 젊은 청년의 체력으로도 이 긴 여행은 쉽지 않았습니다. 피곤으로 지쳐있을 그때, 그의 눈에 들어온 하나님의 놀라운 극장은 그의 눈을 번쩍 뜨게 해 주었습니다. 피곤함은 순식간에 사라졌습니다.

헬몬산의 집회

헬몬산이 자리한 노스필드는 아름다운 자연을 품고 있습니다. 그곳에는 6마일 정도 되는 긴 도로가 나 있는데, 커다란 느릅나무들이 그늘을 만들어 줍니다. 컨퍼런스가 열린 곳은 노스필드의 정 동쪽, 그

출처 Wikimedia Commons

1900년에 열린 헬몬산 학생 집회

길의 끄트머리에 있습니다. 무디 목사는 이곳에다 두 개의 학교를 세웠는데, 하나는 컨퍼런스가 열렸던 여학교였고, 다른 하나는 코네티컷 강 건너 4마일 정도 떨어진 곳에 위치한 남학교였습니다. 세계 곳곳에서 모인 350명 내지 400명의 대학생들을 매혹시킨 것은 그 지역의 자연이 주는 아름다움만이 아니었습니다.[4] 하나님은 불안한 미래를 향해 도약하는 젊은이들에게 사명으로 불타게 해 주셨습니다.

헬몬산 집회는 선교를 준비하는 학생들에게 실제적인 문제를 고민하며 준비하는 시간이었습니다. 선교사로서 직면하게 되는 질문들, 선교현장에서의 실제적 경험과 탄탄한 신학에 기초한 이론을 배우는 시간이었습니다. 하나님을 알지 못하는 이들에게, 예수 그리스도의 복음을 들어본 적이 없는 그들에게 어떻게 다가가야 하는지는 선교지로 떠나는 초짜 선교사들에게 두려움이자 넘어서야 할 최대의 과제입니다. 그 두려움을 극복하게 되었을 때 주어지는 기쁨은 미래의 선교사들에게 깊은 흔적을 남겨 평생 하나님 앞에 서게 하는 동력이 되었습니다. 브루엔에게도 하나님께서 그 흔적의 시간을 그곳에서 마련해 주셨습니다.

어느 날 밤 '라운드 탑' 모임에서 있었던 비치 교수가 전한 '중국에서의 사역'은 잊을 수 없었습니다.

> 나의 친구 여러분, 저는 제가 가장 종교적으로 진지했던 시간은 이단의 땅, 즉 단 한 명의 기독교인도 없고 오로지 예수님의 이름만 있던 그곳에서 사람들이 외국인인 저를 보고 '예수!'라고 외쳤을 때였다고 말하겠습니다. 어떤 사람이 자신을 보고 예수라고 부른다면 그 느낌이 어떨지 생각해 보십시오! 내가, 예수 그리스도의 대리인이 된 것입니다! 예수님을 대리하는 사람으로서 나는 어떻게 해야 합니까?[5]

브루엔의 가슴이 뛰었습니다. 낯선 불신앙의 땅에서 예수 그리스도를 알지 못하는 누군가가 자신을 향해 “예수”라고 부르는 바로 그 순간이 가슴으로 들어왔습니다. 선교사의 심장을 뛰게 하는 그 순간을 경험하였습니다. 작고 보잘 것 없는 자를 통해서 예수의 대리인이 되게 하는 그 큰 능력, 그리스도만이 커지는 그 순간의 행복을 경험하기 위해서 즉각적으로 그리고 즐거운 마음으로 그 길을 떠날 수 있으리라 생각했습니다.

브루엔은 그 자리에서 성령의 임재를 경험하였습니다. 하나님이 부르신 사명에 응답하였습니다. 브루엔 뿐만 아니라 그곳에 모인 학생들은 서로가 서로에게 선교의 동역자임을 확인하였습니다.

> 아마도 제가 가장 인상 깊었던 부분은 그곳에 모였던 이들의 정신이었던 것 같습니다. 여러분이 그 기독교인들의 모임을 바라보는 것처럼, 저에게도 그것이 무척이나 은혜로운 것이었습니다. 우리가 성령을 진정으로 원하고 목말라 한다면, 우리는 반드시 그것을 얻을 수 있습니다. 여러분은 원하십니까? 당신께서는 약속한 것은 반드시 지키시는 분이십니다.[6]

복음의 불모지에서 선교사의 삶은, 자신이 작아지고 그리스도만이 커지는 삶이 되어야 하기에, 노스필드의 시간은 브루엔에게 선교사로서 사명을 되새기며 굳건하게 하는 시간이었습니다.

학생자원운동(SVM)

노스필드 헬몬산에서 개최된 집회(1886)는 YMCA의 지도자 루터 위샤드(Luther T. Wishard, 1854~1925)가 무디 목사에게 학생성경연구모임(Student Bible

출처 Wikimedia Commons

노스필드헬몬산고등학교의 학생자원운동 간판

Conference)을 제안하면서 성사되었습니다. 19세기는 미국이 농업사회에서 산업사회로 경제 구조가 바뀌는 시기였습니다. 남북전쟁(1861~1865) 이후에 산업도시로 급성장하면서 이민자들이 물밀듯이 몰려 왔습니다. 산업화 시대에 급성장하는 도시를 중심으로 청년을 위한 신앙단체들이 조직되었습니다. 그중 하나가 선교 중심의 대학생 단체인 YMCA입니다. 1851년에 창설된 YMCA는 사회적 변화에 발맞추어 빠르게 도시로 확산되어 나갔습니다. 당시 YMCA를 이끈 지도자가 바로 루터 위샤드입니다. 그는 1883년 여름 코네티컷 하트포드(Hartford)에서 열린 '해외선교를 위한 신학교동맹'(Inter-Seminary Alliance for Foreign Mission)에 참여하였습니다. 북장로교 계열의 프린스톤 신학교, 북감리교 전통의 드류(Drew) 신학교와 화란 개혁주의 계통의 뉴브런스위크(New Brundswick) 신학교 등이 대표로 참여하였습니다.[7] 이 동맹이 한국개신교 선교의 첫 씨앗이 되었습니다. 한국개신교의 길잡이가 된 언더우드(Horace Grant Underwood, 원두우, 1859~1916)와 아펜젤러(Henry Gerhard Appenzeller, 아편설라, 1858~1902) 선교사가 바로 이곳에서 선교사로 결심을 했으니까요. 1883년 10월, 커네티컷트 하트포드에서 열린 신학교 동맹 연례대회에 참석한 두 사람은 각기 해외선교사로 자원할 결심을 굳혔습니다.

위샤드의 지도력은 당시 대학생들에게 불씨가 되어 대학 내에서 해외선교의 관심이 일어났습니다. 로버트 윌더(Robert P. Wilder, 1863~1938)와 프린스톤 대학교의 선교운동이 대표적인 경우입니다. 선교사의 아들이었던 윌더는 프린스턴 재학 당시인 1883년 여름 코네티컷 하트포드에서 열린 '해외선교를 위한 신학교 동맹'에 참여하여, 여러 신학교들 안에 일어나고 있는 선교 열풍을 목도하였습니다. 그는 학교 프린스톤으로 돌아와 몇몇 동료들과 함께 프린스톤 해외선교부를 조직하였습니다. 일천 명의 자원선교사 파송을 목표로 삼았습니다. 이를 위해서 "대학생들 가운데서 선교사를 양성하고, 선교에 관한 모든 문제에 있어서 부원들 간에 연락하고 특히 해외 선교 사업에 헌신하는 일을 취지로 삼는다."[8]고 결의하였습니다.

대학교를 중심으로 해외 선교의 관심이 확산되자 1886년 6월 메사추세츠주 헬몬산(Mt. Hermon)에서 무디를 주강사로 하는 대중 집회를 계획하였습니다. 위샤드는 그의 동료 찰스 오버(Charles Ober)와 함께 직접 여러 대학을 방문하여 이 집회를 알리고 학생들의 참여를 권하였습니다. 이때 프린스톤 대학의 윌더와 코넬 대학 YMCA의 모트(John R. Mott, 1865~1955)가 홍보에 적극 가담하였습니다. 그해 여름 미국과 캐나다의 89개 대학에서 251명의 학생들이 집회에 참여하였습니다. 특히, 이 집회에 참석한 프린스톤의 윌더는 헬몬산 집회를 통해 선교 사역이 구체적으로 현실화되기를 간절히 기도하였습니다.

> 우리 기도가 헬몬산 집회에서 응답되어 전 대학으로 기도 모임이 파급되고, 선교사 지원자 100명을 채워 주실 것입니다.

집회의 주 활동이 성경 연구였으나 위샤드와 윌더 그리고 모트 등은 이 집회로 해외선교를 위한 운동이 자발적으로 일어나기를 기도했습니다. 6월 16일, '세계 선교'(The Missionary Review of the Wordl) 잡지의 편집장 아서 피어슨(Arthur A. Pierson, 1837~1911) 목사가 강사로 방문하여 "모든 사람은 가야하고 모두에게 가야 한다"(All should go and go to all)고 외쳤습니다. 이때 엄청난 일이 일어났습니다. 251명의 참석자 중 100명의 사람이 자원하여 해외 선교사로 결심하는 경이로운 일이 발생하였습니다.

> 집회에서 해외선교에 참여한 학생들은 매일 밤마다 모여 기도했습니다. 마지막 날에 99명의 학생이 자원했습니다. 마지막 한 사람을 두고 간절하게 기도했습니다. 마지막 저녁 기도회를 마

출처 Wikimedia Commons(칼빈500, CC BY-SA 3.0)

평택대학교(피어선기념성경학원) 교정에 있는 A.T.피어슨 박사 부부 동상. 피어선 박사는 1910년에 한국을 방문해 성경 공부를 가르쳤다.

치고 하나님은 한 명을 채우셨습니다.[9]

'야구는 9회말 투아웃부터다.'는 말이 실감납니다. 마지막까지 승패를 장담할 수 없는 야구경기의 긴박함이 기도회의 마지막 시간까지 이어졌습니다. 잃어버린 1마리의 양을 찾아 떠나는 목자처럼 1명의 지원자를 간절하게 바라는 학생들의 기도에 하나님은 드라마틱하게 응답하셨습니다.

해외 선교에 자원한 100명 가운데 조선에 파송된 선교사가 바로 캐나다 토론토 대학에 재학 중이던 제임스 게일(James Gale, 기일, 1863~1937)입니다. 그는 이 집회에서 무디 목사의 설교에 큰 감동을 받아 해외선교를 위해 일생을 드리기로 결단하였습니다. 이 소식을 들은 토론토 대학교의 YMCA가 게일을 조선의 선교사로 파송하면서 1년에 500불씩 8년 동안 지원해주기로 약속하였습니다.[10] 게일은 1888년 목사안수를 받고 그해 겨울에 조선에 입국하였습니다. 부산과 원산 그리고 서울 등지에서 선교사업을 하였으며, 특히 여러 권의 책들을 집필하거나 번역하는 문서사업과 한글성경번역위원으로 봉사하면서 한글성경번역에도 큰 공헌을 하였습니다.[11]

게일 선교사는 하나님이 주신 사명의 길을 걸어가게 한 분을 회상하며 한국선교 50주년을 맞은 기념집회에서 다음과 같이 고백하였습니다.

> 50년 전 이 지구상에는 네 명의 성자가 있었습니다. 무디, 테일러, 헤버갈, 크로스비입니다. 두 사람은 열변가이며 두 사람은 성악가입니다. 이 성자들을 만난 사람으로서 어찌 선교사가 아니 될 수 있겠습니까? 나는 그분들과 잠깐 동안 만났을 뿐입니다. 그러나 그분들에게서 받은 영감은 지극히 컸습니다. 내가

조선을 향해 떠나는 날 저녁에 테일러는 내 손을 잡고 꿇어 앉아 하나님께 간절히 기도해 주었습니다. 무디는 내가 밴쿠버에 왔을 때, 거기서 부흥회를 인도하고 있었는데, 내가 조선을 향해 떠나는 전날 밤, 나의 장도를 축복해 주었습니다. … 이분들 때문에 나는 조선에 왔습니다. 어찌나 그분들의 말은 힘이 있었는지, 그 영력과 설득력, 그 정성과 진실성은 잊을 수가 없습니다.[12]

게일을 움직인 무디, 그는 조선을 향해 떠나는 게일을 위해서 기도하였습니다. 열정으로 품은 하나의 소망이 무디와 게일의 영적 연대를 만들어내었습니다. 그리고 작은 체구의 나다니엘 테일러(Nathaniel William Taylor, 1786~1858)가 게일의 손을 잡고 드린 기도는 짧았지만, 그 순간은 게일의 인생을 바꾸는 엄청난 폭발력을 지녔습니다. 게일이 낯선 조선을 견딘 힘이 되었습니다.[13]

로버트 윌더와 프린스턴의 존 포만(John Forman)은 일 년간(1888~1889) 미국과 캐나다의 162개 대학과 신학교를 방문하며 학생들에게 해외 선교를 위해 지원해 달라고 강력히 호소하였습니다. 그로 인해 500명의 여학생을 포함한 2,106명의 젊은이들이 해외선교를 위한 자원서에 서명하는 놀라운 결실을 얻었습니다. 이후 해외선교를 위한 '학생자원운동'(Student Voluntary Movement, SVM, 1888)을 정식으로 발족시켰습니다. 의장에 모트가 그리고 총무에 윌더가 선임되었습니다.

SVM은 다섯 가지의 창설 목적을 세웠습니다.

첫째, 학생들이 해외 선교 사역을 생업으로 생각해 보도록 독려합니다.

둘째, 선교를 위하여 지원한 학생이 선교부에서 직접 활동할 때까지 학업과 활동분야에서 훈련을 받도록 양육합니다.

셋째, 전체 지원자를 하나로 아울러 체계적으로 일을 하게 합니다.

넷째, 여러 선교부에서 필요로 하는 양질의 지원지를 확보합니다.

다섯째, 국내에 남아있는 학생들은 기도와 헌금으로 선교 사업을 지원할 수 있도록 돕고, 지속적으로 해외선교에 관심을 가질 수 있도록 정보를 제공하는 일 등을 합니다.[14]

1888년 6월 해외선교를 위한 학생자원운동 집회가 열렸습니다. 모트와 윌더는 해외선교를 위한 초교파적 협력단체의 필요성을 느끼고 명칭을 '해외선교를 위한 학생자원운동'(The Student Volunteer Movement for Foreign Missions, 1888년 11월 6일)으로 바꾸었습니다.[15] 그리고 SVM은 1891년 오하이오주 클리브랜드(Cleveland)에서 제1차 국제 학생전도대회를 개최하였습니다. 이 집회에는 32명의 선교회 대표들, 31명의 외국 선교사들과 151개의 교육기관을 대표하는 558명의 학생들이 참석하였습니다. 그 이후 SVM은 매 4년마다 전도대회를 주최하였습니다. 이들은 그리스도의 군사로서 예수 그리스도를 알지 못하는 이방 민족을 향해 다함께 찬양 "그린랜드의 얼음산에서부터"(From Greenland's Icy Mountains, 1819; 새찬송가 "저 북방 얼음산과")를 부르며 전진해 나갔습니다.

그린랜드의 얼음산에서부터
인도의 산호초 해안에서부터
아프리카의 태양이 빛나는 원천이 있는 곳으로
그들의 황금 모래를 굴러라

여러 고대의 강에서부터
여러 야자 평지로부터

그들은 죄의 사슬로부터 그들의 땅을 구원해달라고
우리를 부른다.

향긋한 산들바람이 부드럽게 실론섬으로 불어올지라도 '
모든 전경이 마음에 들고 오직 사람만이 악하다고 할지라고
하나님의 은혜가 아주 부드러이 온통 뒤덮여있다 할지라도
소경된 이교도가 헛되이 나무와 돌에 절을 한다.

밝은 영혼을 지닌 우리가 높은 곳에서부터 지혜를 가지고 우리가
어둠의 사람들에게 생명의 램프 주기를 거절하고 있지는 않는가?
구원! 오 구원!
기쁜 소리가 선언한다.
땅 끝의 각 나라들에 메시야의 이름을 알게 되기까지,

바람, 바람을 타고 오는 소리, 그의 이야기,
그리고 당신, 생수, 두루마리 책
영광의 바다처럼
그것을 땅 끝에서부터 땅 끝으로 퍼지기까지,
우리의 죄 값으로 죄인을 위해 죽은 어린 양
구속자, 왕, 창조자가
축복 가운데 다스리기 위해 다시 오시기까지.

하나님의 은혜로 영적 각성운동은 미국을 변화시켰습니다. 이 운동은 시대의 흐름을 거슬러 일어난 하나님의 놀라운 역사입니다. 그 역사의 물결이 조선에 복음의 씨앗을 뿌렸습니다. 그 씨앗이 지금의 한국 교회로 놀랍게 성장하게 되리라 그 누구도 상상하지 못했습니다. 하나

님께서 작은 씨앗에 직접 물을 부어 열매를 맺게 하셨습니다.

첫 대구 파송선교사 브루엔!

헬몬산 집회에서 선교사로 부름을 받은 브루엔은 선교지를 정해야 했습니다. 그는 곰곰이 생각했습니다. 선교사는 복음의 불모지인 낯선 타국에 가서 복음을 전해야 하는 임무를 가진 사람입니다. 그러니 선교지의 언어를 배우는 일이 첫 번째 과제입니다. 복음을 알지 못하는 이들에게 복음을 전해야 하기에, 성경의 내용을 이야기의 형식으로 만들어 전하는 능력을 갖추는 일이 두 번째 일겁니다.[16] 브루엔은 외국어를 배우는 일에 자신이 없었습니다. 선뜻 어느 나라를 선택해서 지원할지 막막했습니다. 신학교에서 히브리어와 헬라어를 배우면서 엄청나게 고생을 했던 기억이 주저하게 만들었습니다. 그리고 그가 직접 중국에서 온 남학생을 가르치면서 외국어를 사용한다는 것이 얼마나 어려운 일인지 경험하기도 했으니까요.[17] 아시아에 속한 나라들의 언어는 영어랑 너무나 다르니, 아마도 히브리어를 배우는 것과 같은 느낌이지 않을까하는 생각이 들었습니다. 그러니 더욱 엄두가 나지 않았습니다. 그때 그의 귀에 쿠바에 대한 뉴스가 들어왔습니다. 쿠바는 미국에서 가까운 나라이고, 스페인어를 사용하는 나라입니다. 브루엔은 외국어를 배운다면 영어와 유사한 스페인어를 배우는 게 그나마 낫지 않을까 생각했습니다. 그래서 그는 선교부에 쿠바 파송을 요청하였습니다. 어떤 의미에서 브루엔의 쿠바 파송 신청은 합리적인 결정입니다. 그런데 선교본부에서 이번에는 쿠바로 선교사를 파송하지 않는다는 답장이 왔습니다. 마음이 무거워졌습니다.

브루엔은 선교 현장에서 사역하는 어느 누구와도 친분을 가지고 있지 않았기 때문에 더욱 막막했습니다. 하나님이 부른 사명의 자리에 대한 고민과 회의가 일어났습니다. 회의와 절망 가운데 다시 기도의 자리에 섰습니다. 하나님이 부른 이 길에 대한 확실한 표지가 필요했습니다. 하나님의 확실한 그 무언가를 두고 기도하던 그때, 그는 자기 생각이 얼마나 어리석은지 깨닫게 되었습니다.

> 얼마나 어리석은가! 주여, 당신이 원하시는 것을 말씀하시면 내가 하겠습니다, 라고 하지 않고 당신께서 나에게 원하시는 것을 알려주시면 내가 결정을 하겠다고 하다니…[18]

브루엔은 선교사로 부름을 받았다고 하면서, 하나님이 원하시는 일을 듣기보다 자기 의지에 따라서 결정하는 자신을 보았습니다. 하나님을 뒤따라가야 하는데 자신 생각과 의지가 먼저 앞서고 있음을 발견했습니다. 하나님께서 인간의 생각 너머에서 그의 계획에 따라서 일하고 계심을 잊은 것이지요. 브루엔은 하나님이 원하시는 길을 듣고 그 길을 따라가야 한다는 단순한, 그리고 명확한 진리를 깨달았습니다. 그러자 하나님은 브루엔에게 놀라운 방법으로 그의 길을 보여주셨습니다.

브루엔은 부모님 친구분 중에 아들이 선교사로 조선으로 떠났다는 이야기가 갑자기 생각났습니다. 낯선 조선으로 떠난 '그'를 만난 적도, 그의 주소도 모릅니다. 단지 그의 이름이 우드브리지 존슨(Woodbridge O. Johnson, 1877~1951)이라는 것만 알 뿐이었습니다. 그래서 브루엔은 존슨 선교사의 어머니에게 편지를 썼습니다. 존슨 선교사에게 편지를 대신 보내달라는 부탁의 편지도 함께 동봉해서 말이지요.

브루엔은 존슨 선교사의 어머니에게 편지를 보내면서 적어도 답장을 받기까지 오랜 시간이 걸릴 거라 생각했습니다. 그것은 당연한 일입니다. 미국에 계신 어머니가 편지를 받고 다시 조선에 있는 아들에게 편지를 보낸 뒤에 다시 답장을 받아야 하니까요. 그 시간이 적어도 6주는 걸릴 거라 예측했습니다. 그런데 며칠이 지나 브루엔의 손에 존슨 선교사로부터 온 편지가 들려있는 놀라운 일이 일어났습니다. 어떻게 이런 일이 일어날 수 있는지, 놀랍고 어리둥절할 뿐이었습니다.

존슨 선교사의 어머니께서 이 놀라운 상황을 자세하게 설명해 주셨습니다.

> 정말 이상한 일이 일어났단다! 네가 쓴 편지를 보내려고 우편함에 넣어두었더니 그건 우체부가 가져가고, 그 자리에 우리 아들이 보낸 편지가 들어있었단다. 거기에는 네게 전해달라는 편지가 동봉되어 있더구나.

하나님은 인간의 생각이나 예측을 넘어서 낯선 조선 땅, 알지 못하는 대구라는 곳에서 일하고 계셨습니다. 예기치 못한 방법으로 하나님은 브루엔의 기도에 응답하셨습니다.

> 제(존슨)가 1897년에 장로교회 해외선교부로부터 한국으로 발령을 받은 후, 아내와 함께 그해 12월에 이곳에 도착했습니다. 우리는 그때 막 새롭게 문을 연 선교기지가 있는 대구에 자리를 잡았습니다. 프랑스에서 온 가톨릭 신부를 제외하면, 지금은 우리와 제임스 아담스 부부, 그리고 그의 가족들이 이곳에서 유일한 외국인들이랍니다. 대구는 남쪽 항구인 부산에서 100마일 정도 떨어진 곳에 있으며, 언덕과 산으로 둘러싸인 넓고 비옥한 분지입니다. 인구는 6만 명 정도구요. 이곳은 성곽으로 둘러싸인 도시인데, 우리 선교기지는 읍성의 남문 안에 있습니다. 이곳은 약속의 땅이기 때문에 우리에게 부여된 첫 번째 선교 사업은

이곳에서 복음을 전해 받은 첫 번째 사람이 나오도록 하는 일입니다. 아담스는 나에게 이렇게 말했었습니다.

존슨, 자네 혹시 해외 선교지로 나오기를 고민하는 젊은이 하나 알고 있나? 기왕에 같은 조건이라면, 우리 중에 아는 사람이 있는 편이 더 나을 것 같네. 이곳 환경이 너무나 열악하니, 우리도 서로에게 많이 의지를 해야 하지 않은가? 사회생활도 제한되어 있어 아무래도 우리와 잘 맞는 사람을 들이는 게 가장 좋을 걸세.

그때 나는 이렇게 대답했습니다. "개인적으로 아는 사람은 없지만, 헨리 브루엔이라는 젊은이를 알고 있다네. 그는 이제 신학교를 졸업하는데, 아마도 관심이 있을 거야. 우리 가족이 그의 가족과 잘 알고 있거든." 아담스는 즉시 말을 받았습니다. "그 친구에게 당장 편지를 쓰게. 여기에 좋은 기회가 생겼다고 한국으로 임명받도록 뉴욕에 있는 위원회에 신청하라고 권하게."[19]

브루엔은 하나님의 일하심에 놀랐습니다. 그는 어떤 의미에서 조선을 위해 준비된 선교사라 할 수 없습니다. 하지만 하나님이 조선, 특히 대구를 위해서 자신을 준비하셨다는 것을 깨달았습니다. 하나님은 놀라운 방법으로 불모지 대구로 브루엔을 파송하여 선교의 기틀을 마련해 주셨습니다.

미주

1. 터피커는 드넓은 농업지대로 고도가 완만한 평원 지대이다. 그 끝을 알 수 없을 정도로 넓었고, 언제나 큰 물결이 마르지 않는 캔사스강은 이 지역을 더욱 비옥한 땅으로 만들었다. 터피커라는 지명은 원래 인디언 말에서 유래 되었다고 한다. 어원은 확실하지 않지만 '연기 나는 언덕'이라고 하기도 하고, '감자가 많이 나는 땅'이라고도 하는 사람도 있다. 김중순, 김병희, 『겨자씨 속에 담은 천국』 (서울: 소통, 2009), 17~18.
2. G. S. Smith, "Willis Green Craig", in Dictionary, 72. 이재근, "매코믹 신학교 출신 선교사와 한국복음주의 장로교회의 형성, 1888~1939", 「한국기독교와 역사」 35(2011): 24~25.
3. Bruen, Clara Hedberg, 김중순, 『아, 대구! 브루엔선교사의 한국생활 40년』 1권(대구: 평화당출판사, 2013), 27.
4. Bruen, 『아, 대구!』 1권, 22.
5. Bruen, 『아, 대구!』 1권, 27~28.
6. Bruen, 『아, 대구!』 1권, 27~28.
7. 백낙준, 『한국개신교사』 (서울: 연세대학교출판부, 1998), 101.
8. Robert R. Wilder, *The Student Volunteer Movement: The Origin and Early History* (New York: The Student Volunteer Movement, 1935), 7.
9. 필자가 경어체로 경남 지역. Howard, David M., 『학생운동과 세계복음화』 (서울: 생명의 말씀사, 1980), 106.
10. 전택부, 『토박신앙고백』 (서올: 대한기독교서회, 1977), 147.
11. 백낙준, 『한국개신교사』, 152~153.
12. 전택부, 『토박신앙고백』, 147.
13. 유영식, 『착한 목자 게일의 삶과 선교』 (서울: 진흥, 2013), 35.
14. Howard, 『학생운동과 세계복음화』, 108.
15. Kane, J. Herbert, 신서균, 이영주 옮김, 『세계 선교역사』 (기독교문서선교회, 1999), 138.
16. Bruen, 『아, 대구!』 1권, 30.
17. Bruen, 『아, 대구!』 1권, 29.
18. Bruen, 『아, 대구!』 1권, 30.
19. Bruen, 『아, 대구!』 1권, 31~32.

아담스와 함께 걷는 — 청라언덕

안경말 시리즈
2

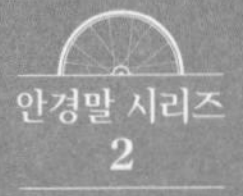

약령시장 걷기

계산성당
대구제일교회
뽕나무 골목
대구약령시장
영남제일관

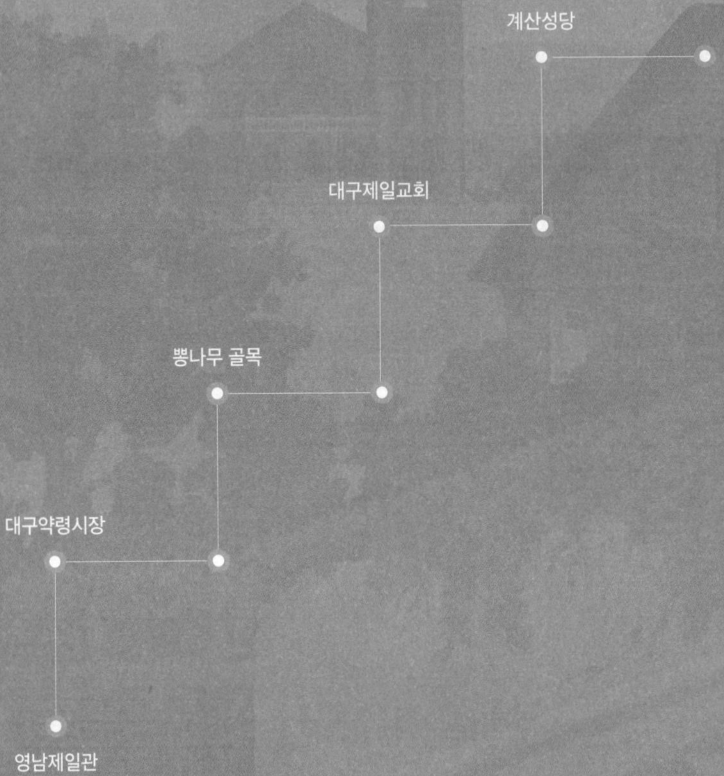

嶺南第一關

경북 선교의 중심, 큰 성 달구벌

배위량 선교사는 왜색이 짙은 부산에 1891년 1월 29일에 도착합니다. 그는 사랑방을 개설하여 복음을 전파하였고, 부산에 초량교회(1892)를 설립하였습니다. 하지만 그는 다른 선교지부를 찾아서 떠나야 한다고 생각했습니다. 왜 그런 생각을 하게 된 것일까요?

부산은 조선의 항구로 외국인의 거주가 허락된 곳입니다. 정치적으로 불안정한 상황에서 조선의 내륙에 들어가 사는 일은 위험한 일입니다. 조선의 어느 한 마을에서 사는 것보다 부산이 가족에게 안전합니다. 부산에는 적어도 아플 때 진료를 받을 수 있는 브라운 의사가 있기 때문입니다. 아플 때 영어로 진료를 받을 수 있다는 것은 부산이 선교사에게 주는 선물입니다. 이외에 부산은 국제적으로도 중요한 위치를 점하고 있는 항구입니다. 미국과 일본에서 북경으로 가는, 그리고 상해에서 서울이나 블라디보스톡으로 가는 승객들과 수화물이 이곳을 통과합니다.[1] 부산은 무역 중심지였고 미국과 중국을 연결하는 경유지라서 외국인들이 부산에 자기들만의 구역을 만들어 살고 있었습니다. 서울에서 원산으로 가는 국내 여행을 할 때도, 내륙의 산길이나 협곡을 지나 여인숙을 이용하는 것보다 부산에서 강으로 연결되어 있는 증기선을 이용하여 제물포로, 원산으로 가는 것이 더 편리합니다.[2] 이 물길은 육로 이외에 선교사들이 대구로 들어오는 또 하나의 길이 되었습니다.

안전한 부산을 떠나 새로운 선교지부를 개척하려는 이유는, 부산은 경남의 끝자락에 위치해 있기 때문입니다. 부산의 지정학적 위치는 선교부의 거점으로서 선교지를 향해 떠나는 길목이 한정되어 있기 때문에 부적절합니다. 모든 길은 로마로 통하는 것처럼, 선교지부는 어느 곳으로든 선교를 떠나기 편리한 지방에 세워져야 효율성이 높습니다. 둘째, 부산은 일본인들로 가득 차 있습니다. 일본인들은 해안선을 따라서 1마일 이상을 개간하여 집을 지었습니다. 당시 부산에는 4천 명이나 되는 일본인들이 거주하고 있었다고 합니다. 조선인의 마을이라기보다는 일본인의 마을이라고 불러도 무색하지 않습니다. 1868년 명치유신의 지도자들이 도쿠가와 막부를 전복시켰을 때, 조선에 막부제가 폐지되고 황제의 권위가 회복되었음을 알렸습니다. 조선의 왕실은 도쿠가와 막부 이외에는 일본의 합법적인 통치자로 인정할 수 없다고 알렸습니다. 이에 일본은 진상조사를 위해 특별 사절단, 사다 조사단(Sada Inquiry)을 1870년에 대마도와 부산에 보냈습니다. 당시 조사단이 집계한 부산에 거주하는 일본인의 수는 300여 명이었습니다. 그때와 비교해볼 때, 부산에 거주하는 일본인의 수는 기하급수적으로 증가하였습니다. 일본인이 거주하면서 부산의 마을과 일본을 전선줄로 연결하였고, 전보가 서울과 연결되었습니다. 일본 우표를 파는 일본 우체국도 설립되었고, 일본 돈으로 영업하는 일본 은행지국도 개설되었습니다.[3] 이방인(배위량)이 이방인의 땅(한국)에서 이방인(일본인)을 전도하는 상황이 연출됩니다. 당연히 그들을 위해서 복음을 전하는 일도 선교사에게 주어진 사역입니다. 하지만 배위량 선교사는 조선인들에게 복음을 전하고 싶었습니다. 그것이 낯선 이 땅에 온 목적이니까요. 조선의 방방곡곡에 복음을 전하기 위해서 사방으로 복음의 발걸음을 내디딜 수 있는 곳, 그곳을 찾아 떠납니다.

배위량의 2차 전도 여행

1893년 4월 18일 아침 배위량 선교사는 경상도 땅 일원을 탐방하여 선교지부를 개척하기 위해서 지역 순회 전도 여행을 떠납니다. 그 길에 조사 서경조가 함께 갑니다. 첫 번째 전도 여행을 함께 한 전도자는 그의 형 서상륜이었습니다. 서씨 형제는 배위량의 전도 여행의 중요한 동반자입니다. 서상륜이 없었다면 첫 번째 전도 여행은 떠나지도 못하고 중국인 노동자에게 붙잡혀 봉변을 당할 뻔 했습니다. 서상륜 전도자가 중국 만주를 오간 경력이 있었기에 중국인 노동자들을 중재해 주었습니다. 당시 배위량 선교사는 이방인의 도시(부산)에서 이방인(중국 노동자)과 함께 집을 짓고 있었습니다. 전도 여행을 떠나는 날, 중국인 노동자들이 배위량 선교사의 길을 가로막고 섰습니다. 낯선 땅에서 낯선 이방인의 서툰 대화가 낳은 오해가 폭력으로 바뀔 위기에 직면하게 되었습니다. 조사 서상륜의 중재로 길을 떠날 수 있었습니다. 그가 몸이 아파서 서울로 올라가지 않았다면, 두 번째 전도 여행도 그와 함께 했을 겁니다. 서씨 형제는 조선에 막 정착한 배위량 선교사에게는 최고의 선생님입니다. 서상륜은 중국 만주에서 스코틀랜드 장로교회의 존 맥킨타이어(John Macintyre, 1837~1905)와 존 로스(John Ross, 1842~1915)를 만나 그들과 함께 신약성경을 번역한 경험이 있으니까요! 이 둘의 만남은 나중에 배위량의 성경번역사업에 도움이 되었습니다.

서상륜과 서경조는 당시 권서인으로 성경을 조선에 배포하는 일을 하였습니다. 이 두 형제의 사역는 당시의 국법에 따르면 사형을 받을 일이었습니다. 그들의 활동이 알려지자 실제로 사형 명령이 내려졌습니다. 관아에서 일하는 친구가 미리 경고를 해주지 않았더라면 배위

위, 아래 사진 출처 서울역사박물관 『UNDERWOOD OF KOREA』(Fleming H. Revell Company, 1918)

서상륜, 서경조 형제가 설립한 한국 최초의 자생 교회인 소래교회 모습

서상륜 장로 가족

량 선교사와 함께 전도 사역의 길을 떠나는 일은 없었을 것입니다. 그들은 도망하여 황해도 작은 어농(漁農)마을에 정착하였는데, 그 마을이 우리에게도 익숙한 소래 마을입니다. 그곳에 최초로 소래교회가 세워집니다. 그들은 이 마을을 "기독교의 요람"[4]으로 만들었습니다. 아직 선교사가 입국하기도 전에 조선 땅에는 이미 예배를 드리는 기독교인들의 모임이 있었으니 조선의 선교역사는 놀라운 기적의 역사입니다.

하나님께서 이 땅에 놀라운 일을 행하셨습니다. 서상륜과 서경조 형제를 통해서 만주에서 부산까지 선교 사역을 확장시키셨으니까요! 배위량 선교사는 서경조 조사와 함께 전도 여행을 떠날 준비를 합니다. 아침 9시에 동래를 출발하여 범어사를 지나는 거친 골짜기를 지났습니다. 물금에서 첫날밤을 보냈습니다. 그곳 주민들은 배위량 선교사를 가톨릭교회 신부로 오해해서 숙박을 거절하기도 하였습니다. 아직 가톨릭교도에 대한 두려움이 조선인들에게 남아있음을 느낍니다. 둘째 날 밀양의 유천역에서 밤을 보냈습니다. 아들과 아버지가 무엇 때문에 싸우는지 아들이 아버지의 머리카락을 움켜쥐고 땅을 치는 장면을 목격합니다. 배위량 선교사는 왜 싸움이 일어났는지를 기록에 남기지 않았지만 유교가 국가의 정신적 기조인 조선에서 낯선 풍경입니다. 조선인의 싸움을 본 배위량 선교사는 어떤 마음이었을까 사뭇 궁금해집니다. 셋째 날에는 청도 삼구리에서 묵습니다. 4월 22일 토요일 1시쯤이 되어서 대구에 도착합니다.

제2차 전도 여행에서 배위량 선교사는 대구로 들어가는 초입부터 상세하게 마을을 조사합니다. 팔초령(Palcho Yung)의 첫 고갯길을 넘자, "아주 길고도 좁은 골짜기로 들어갔는데, 대구를 포함하는 골짜기로 점차 넓어졌습니다." 고갯길 아래로 너른 땅이 펼쳐지는 한국의 대표적인 분지인 대구의 지형적 특징을 잘 묘사하였습니다. 하지만 배위량 선교사는 대구의 지형적 특징보다는 그곳에 거주하는 사람들이 많다는 사실에 주목하였습니다. 대구에 장작을 실어 나르는 사람이 많고, 길거리의 소가 많은 것으로 보아 대구가 작지 않은 도시임을 짐작하였습니다. 그리고 또 하나 중요한건 대구에는 해마다 커다란 시장이 열린다는 사실입니다. 당시 약령시장은 해마다 두 번 열리고 전국 각도에서 약재를 구입하기 위해서 많은 사람들이 대구로 몰려왔습니다. 그러니 많은 사람들이 대구를 중심으로 모이고 흩어집니다. 배위량 선교사는 이외에도 왕실이 제공하는 통계에 따라서 3,700호가 있다는 사실도 기록해 두었습니다. 실제 인구수는 당시 5만 명이 넘을 것으로 추정합니다. 이 정도의 거주민이 거하는 대구는 배위량 선교사의 생각으로, 당시 통영만큼 큰 마을은 아니지만 그는 대구가 선교기지로서 가져야 할 조건을 가졌음을 간파하였습니다. 어떤 사람들은 대구가 통영보다 더 크다고 말하기도 하고, 또 다른 사람들은 통영, 마산, 진주, 대구가 모두 같은 크기라고 하는 것으로 볼 때 그 크기가 작다고는 할 수 없으리라 여겨집니다.[5] 어쨌든 배위량 선교사의 눈에 대구가 경주나 상주, 통영보다 큰 마을로 보이지 않았지만, 경상도의 각 지역에서 사람들이 모이니 경상도 선교 주요 거점으로서의 역할을 감당할 수 있으리라 생각했습니다. 배위량 선교사와 함께 대구를 방문했던 아담스 선교사도 대구가 선교의 거점이라는 확신을 가졌던 이유도 이것이었습니다.

4월 28일 배위량 선교사는 상주로 가는 길에 작은 마을의 길가에서 산다는 김서방을 방문합니다. 이미 알고있는 것으로 미루어볼 때, 그는 부산의 사랑방 예배에 참석했거나 병원 환자였을 것으로 추정됩니다. 그는 "너무나도 가난해 보이는 작은 집"에서 살고 있었습니다. 그는 먼 길을 온 배위량 선교사를 집으로 초대하여 식사를 대접하고 싶어했지만, 배위량 선교사는 계속 길을 걸어가길 청했습니다. 그는 가난하지만 끈질기게 간청하였습니다. 하는 수 없이 배위량 선교사는

사진 출처 서울역사박물관, 『朝鮮鐵道線路案內』(朝鮮總督府鐵道局, 1911)

1911년 대구 시장 전경

그와 함께 성경을 읽고 다시 길을 떠났습니다. 그는 언덕까지 나와 떠나는 배위량 선교사 일행을 배웅했습니다. 가난할지라도 먼 길을 찾아온 손님을 그냥 보내지 않고 음식을 대접하는 조선인의 풍습을 보게 됩니다.

배위량 선교사는 대구를 지나 상주까지 갑니다. 상주는 부산(480리)과 서울의 중간입니다. 그는 서울에서 상주로 내려오는 길이 더 좋다고 평가합니다. 그리고 경주를 대구보다 유쾌한 곳이라고 기록해 둔 것도 흥미롭습니다. 배위량 선교사의 2차 전도 여행 기록에서 대구가 비록 당대 경주와 상주보다 큰 마을이 아니었음에도 불구하고 대구가 선교지부로서 적합한 점을 자세하게 기록해 놓았습니다. 배위량 선교사는 조선 선교를 위해서 걷고 또 걸었습니다. 단지 복음을 위해서 말입니다.

길 위의 복음: 지도

배위량 선교사는 1896년까지 8차례나 전도 여행을 떠났다고 합니다. 279일 동안 1,000마일이 넘는 거리를 걸었습니다. 때로는 낯설고 험한 산길을 넘었고, 때로는 수심이 깊은 강을 건너기도 했습니다. 배위량 선교사는 자신이 걸어간 길을 세밀하게 묘사하여 지금 우리가 머릿속으로 상상할 수 있습니다. 시골길은 깊은 협곡의 연속이었고, 울퉁불퉁한 산들로 둘러 싸여 있으며 여기저기 바윗돌이 불쑥 튀어나오기도 했습니다. 산의 높이에 따라서 만들어진 계단식 논이 협곡까지 펼쳐져 있습니다. 그리고 그 길 끝에서 "졸음에 겨운 듯 초가지붕은 소나무, 대나무 그리고 밤나무 숲으로 반쯤 가려져" 있는 마을을 그려냅니다.[6] 배위량 선교사는 그 길의 끝에서 만난 마을을 지도에 표시합니다. 그 지도는 조선 선교의 기초가 되어 후배 선교사들이 길을 떠나 안전하게 그리고 효율적으로 전도 사역을 할 수 있는 자양분이 되었습니다. 그는 사명감을 가지고 길을 걷는 내내 지도를 그리며 다녔습니다.

뽕나무 종이에 손으로 그린 지도입니다. 이 지도에는 행정구역 표시가 남도와 북도로 나뉘어 표시된 지역도 있지만, 아직 1892년 이전의 행정구역으로 표시된 지역도 있습니다.[7] 우리에게 알려진 13도제가 시행된 것이 1896년이니, 배위량 선교사가 가지고 다닌 지도는 그 이전의 지도라는 것을 알 수 있습니다. 그는 지도 뒤페이지에는 대구 부산 지역을 그렸습니다. 검고 희게 그려진 사본이기에 원본이 지닌 생생함이 부족합니다. 하지만 필사자의 숙련된 필체를 느끼기에는 충분합니다. 원본에는 산과 언덕은 녹색, 군청 소재지는 붉은색 원, 군사 기지는 붉은색 사각형으로 표시하여 색깔별로 구분해 효율성을 높였습니다. 배위량의 지도는 측량 기구 없이 나침반만으로 만들었지만, 거리와 방위는 놀랍게도 정확합니다.

이 지도에는 부산과 부산진, 마산, 원산, 제물포, 그리고 진남포가 모두 빠져있습니다. 당시 교역의 주요 장소인데도 빠진 것은 외국과 통상외교를 하지 않았을 때 만들어진 게 아닌가 생각됩니다. 이 항구들은 그 당시에도 분명 존재했고 수백 년 동안 일본과 교역을 해 왔기 때문입니다. 그런데도 이상합니다. 이 항구를 표시하지 않은 것은, 아마도 조선인이 가진 자존심 때문이 아닐까 생각됩니다. 조선인은 일본인들을 '난장이 무리배들'로 업신여기고 얕잡아보았기에 그들과 교류가 이루어진 이런 장소를 지도에 표시하고 싶지 않았던 것으로 보입니다. 그러나 온천과 군대주둔지인 좌수영은 기록해 두었습니다. 평안도 지도에 압록강 요새들 -만포진, 고산진, 그리고 다른 곳들- 이 모두 정확히 표시되어 있는데 반해, 부산이 빠진 것은 예상 밖입니다.[8]

출처 대구제일교회

부해리 선교사와 김천교회 인근에 사는 김장로와 최장로가 다리가 없는 강을 건너려는 모습이다. 그들은 전도 여행을 함께 했다.

출처 대구제일교회

1929년 길가에서 쪽복음을 전하고 있는 부해리 선교사

경북 선교의 중심지, 대구

부산에서 대구로

부산과 대구는 도보로 사흘에 걸쳐 가는 여행길입니다. 선교사들은 이 길을 걸어서 대구에 입성했습니다. 철도가 연결되기 전까지는 이 험한 산길을 걸어서 다니든지, 아니면 배를 타고 움직였습니다. 부산에서 며칠 동안 휴식을 취한 선교사는 대구를 향해 사흘에 걸친 여행을 떠납니다. 부해리(브루엔) 선교사는 이 길의 여정을 자세하게 기록으로 남겨두었습니다. 그는 대구로 파송을 받은 첫 선교사로서 그의 목적지는 부산이 아니라 대구였으니까요!

첫 날은 강둑길을 따라 걸었습니다. 사방이 모두 가파른 산으로 둘려 싸여 있었고, 가끔은 강의 지류로 형성된 평원으로 난 길을 지나기도 했습니다. 해 질 녘까지만 해도 모든 것이 매력적이고 흥미로웠습니다. 가마꾼들이 좁고 지저분한 동네 길을 서둘러 지나더니 갑자기 어떤 집 대문으로 꺾어 들어가 이상한 냄새가 나는 안뜰 가운데에 가마를 내려놓을 때까지만 해도 그랬습니다. 그들은 곧 사납게 짖어대는 개들과 동그란 눈의 벌거벗은 어린 아이들, 그리고 이가 다 빠졌으나 호기심에 찬 늙은 할머니들에게 둘러싸였습니다. 이 일을 처음 겪은 사람은 이렇게 이상한 일이 일어나는 데에 놀라워했습니다. 하지만 좀 더 경험이 있는 이가 차분히 짐을 내리기 시작하고 이곳이 그날 밤에 묵을 숙소라고 밝히자 그 놀라움은 공포로 변했습니다. 그날 밤의 경험들은 악몽이라기에는 너무나 사실적이었고, 사실이라하기에 너무 꿈같았습니다. 그런 분위기에서 잠자리에 드니 머리맡에 있는 방문 앞에서 쓸쓸하게 울부짖고 있는 똥개, 바닥에서 1피트(30cm)도 안 되는 침대 아래를 기어다니는 쥐새끼들, 천장에서 무언가 계속해서 똑똑하며 떨어지는 소리가 상상이라고 하기에는 너무 근질근질한 느낌을 만들

출처 국립민속박물관

대구읍성의 남문인 영남제일관을 찍은 흑백사진. 1906~7년에 한국을 방문한 독일 장교 헤르만 산더(Sander, Hermann Gustav Theodor)가 수집한 사진이다.

어내고 있었습니다. 단련된 사람조차도 이런 악조건 속에서 밤새 뒤척이며 이렇게 말했습니다. "도저히 잠을 잘 수가 없군." 낯설고 익숙지 않은 생활공간을 보면서 두려움이 일어났습니다. 대구를 향해 떠나는 첫째 날, 그는 공포로 인해 잠을 지새웠습니다. 피곤한 몸을 이끌고 다시 길을 떠납니다.

둘째 날 산길을 지나 좁은 계곡 길을 따라 올라갔습니다. 내려올 때는 얼마나 길이 가파른지 마부 아이들이 조랑말의 꼬리를 뒤에서 잡아당겨야 할 정도였습니다. 시내를 건너고 마을의 굽은 골목길을 누비며 지나갔습니다. 셋째 날에 높은 산길의 꼭대기까지 올라갔을 때에는 그 아래 갈색의 땅에서 아지랑이가 일어나는 가운데에 아름다운 평원을 볼 수 있었습니다. 그곳이 대구였습니다.[9]

드디어, 선교의 중심이 된 대구

대구로 들어가는 마지막 지점, 산꼭대기에서 바라본 대구는 부해리 선교사의 눈에 '므두셀라'처럼 느껴졌습니다. 성경에서 가장 오래 산 므두셀라가 지금 이 자리에 서 있습니다. 그 날의 "완벽한 날씨와 사랑스런 풍경" 때문이 아닙니다. 그 자리에서 부해리 선교사는 하나님이 계획하고 성취한 구원을 보았습니다. 하나님의 약속과 그 성취가 지금 이 땅 대구에서도 일어나리라는 소망을 보았습니다.

> 레베카가 우물 쪽에서 다가오고 있었고, 탈곡 마당 건너편에서 겨울 밀을 심던 보아스는 추수하는 사람들 사이에서 이삭을 줍고 있는 룻과 함께 있었습니다. 어디 그뿐입니까? 성벽으로 둘러싸인 읍성, 그리고 그곳으로 들어가는 거대한 남문은 분명 다윗이 압살롬과의 전쟁소식을 듣기 위해 올라갔던 바로 그 장

소가 틀림없었습니다.[10]

아브라함은 종에게 이삭의 아내가 될 여자를 데려오라고 명합니다. 아브라함의 종은 기도 응답으로 우물가의 레베카를 보았습니다(창 24). 이스라엘을 떠나 모압에 거했던 나오미가 모압의 며느리 룻과 함께 베들레헴으로 돌아옵니다. 룻이 어머니 나오미를 돌보기 위해서 이삭을 주우러 나갔을 때, '마침' 보아스가 그 밭에 왔다가 룻을 보았습니다(룻 2:1~4). 보아스와 룻으로부터 예수 그리스도의 계보가 시작됩니다. 하나님은 계획한 뜻을 그렇게 이루십니다. 아버지 다윗에 반역하고 전쟁을 일으킨 압살롬의 전투에서 승리의 소식을 듣기 위해서 올라선 그 장소에서 부해리 선교사는 대구에서 구원의 승전가가 울려 퍼지리라는 소망과 확신을 가졌습니다. 하나님은 대구에 전해질 구원의 소식을 이미 준비하셨고 그것을 대구 땅에서 성취하실 것입니다.

대구는 본래 '대'(大: 크다)와 구(丘: 공자), 두 글자로 이루어졌습니다. 불교도들은 공자를 구라고 불렀으나, 약 270년 전에 유학자들이 신성한 그 이름을 부르는 것에 반대하였습니다. 구의 한자 표기와 같은 의미를 지니면서도 공자를 가리키지 않는 다른 글자 언덕 구(邱)로 바꾸었습니다.[11] 원래 대구는 삼국시대부터 달구화 또는 달구벌로 불려졌다고 합니다. 달구의 '달'은 높다, 크다의 의미와 신라의 계림 사상에서 기원한 새로움 혹은 철기 문화의 상징인 닭에서 유래했다고 하기도 합니다. 이를 종합해 볼 때 달구벌은 '닭의 벌판'을 뜻합니다. 대구의 옛명칭인 달구벌은 '크고 넓은 벌판'으로 이해됩니다. 이 의미가 지금 대구에 숨겨져 있습니다.

배위량 선교사는 선교지부를 정하기 위해서 대구만이 아니라 진주도 방문하였고 울산도 방문하였으나, 대구로 결정하였습니다. 그 이유는 명확합니다. 첫째, 지리적으로 대구는 경상도의 중심부에 있기 때문입니다.

> 대구를 중심으로 해서 원을 그렸을 때 그 두 도(경상남북)에서 원의 반경 안에 들어오지 않는 곳은 거의 없습니다. 우리는 확실히 중심에 위치한 하나의 강력한 선교지부로부터 전 지역을 사역할 수 있습니다. 처음에 베어드 씨가 그 두 선교지부를 개척했을 때 내륙에 있는 선교지부가 그곳(대구)에서 담당할 수 있는 모든 지역을 위한 크고 강한 선교지부가 되고, 그 당시에 필요했던 항구에 있는 선교지부는 그곳(부산)에 인접한 지역을 담당하는 작은 선교지부가 될 것이라는 생각을 가지고 있었습니다.[12]

둘째, 대구에는 인구가 많습니다. 대구는 경상도에서 가장 큰 도시로 많은 촌락으로 둘러싸여 있어서, 당시에 대략 7만 5천 명이 머무른 것으로 추정합니다. 대구에서 하루나 이틀 길이면 다른 도로로 통합니다.

셋째, 서울과 부산을 잇는 큰 육로에 있고 경상도의 어디든 대구를 중심으로 통하기 때문입니다. 대구에서 10마일 서쪽으로 낙동강이 흐릅니다. 이 강은 대구에서 약 100마일의 내륙지방까지 연결되어 있어서 부산에서부터 내륙지방까지 배로 통행할 수 있습니다. 부산에서 대구는 육로로도, 그리고 해로로도 갈 수 있습니다. 부산에서 대구까지 육로로 대략 100마일 거리에 있으니 대구는 육로보다는 낙동강 뱃길이 가까워 해로를 이용하기에 적합한 곳입니다.

넷째, 대구는 경상도의 행정중심도시입니다. 대구에 경상도 도청소재지가 있고 도의 수가 늘어난 이후(각 도가 남북도로 나누어진 것을 말함)에도 여전히 경상북도의 도청소재지로 남아있습니다.

다섯째, 대구는 상업이 발달하여 사람이 물건을 구입하기 모이는 시장이 열립니다. "령"이라 불리는 대규모 시장이 해마다 봄과 가을에 열렸습니다. 많은 사람들이 대구로 몰려들어 전도에 적합한 도시였습니다. 안의와 선교사는 배위량 선교사가 대구를 선교기지로 삼은 이유에 전적으로 동의하였습니다. 대구를 선교의 거점으로 삼아 일하는 일만이 남아있습니다. 이미 배위량 선교사가 일하기 시작했고, 가옥도 구입했습니다. 어떤 반대도 없이 집을 수리하고 고치도록 허락을 받았습니다. 안의와 선교사는 대구에서 어떤 반대도 없으리라 예측했습니다. 이제 그곳에 선교부를 세우는 일만이 남아있습니다.[13]

배위량 선교사가 1895년부터 대구에 선교지부를 개척하기 위해서 집을 구입하였으나, 선교부는 대구를 독립적인 선교부가 아니라 '조건부'로 승인하였습니다. 당시에 내륙에다 선교지부를 세우는 것은 법을 어기는 불법행위이기 때문입니다. 서울과 개항장(부산 포함) 밖에서 외국인들이 거주하는 것은 조선과 미국 사이에 맺은 조약을 깨트리는 위법이었습니다.[14] 당시 미국의 외교 공무원으로 일하면서 이 문제를 잘 알고 있었던 알렌 선교사는 조선의 내륙지역에 선교지부 개척을 반대하였습니다. 그리고 반대 이유가 또 하나 있습니다. 대구 주민들이 외국인에게 배타적이고, 가톨릭 신부를 사로잡아 꽁꽁 묶어서 턱수염을 뽑는 일이 일어났기 때문입니다.[15] 그러나 배위량 선교사도 그리고 그 뒤를 이어서 대구에 정착한 안의와 선교사도, 선교지부로서 대구가 적합하다는 확신이 있었기에 대구로의 입성을 단행합니다.

대구선교의 아버지 안의와 선교사

안의와 선교사 가족이 대구로 이사할 즈음, 배위량 선교사가 서울 발령을 받아 안의와 선교사는 부산과 대구 중 비워둘 집을 결정해야 했습니다.[16] 매형 배위량과 누나 안애리가 서울로 올라가야 하는 상황이 너무나 아쉬웠습니다. 배위량 선교사를 선교 파트너로 생각했기 때문이지요. 선교부지로서 대구가 가진 장점을 서로 잘 인지하였을 뿐만 아니라 선교 방법에서도 서로 이견이 별로 없었으니, 헤어지는 것이 아쉬울 뿐이지요. 더욱이 안의와와 배위량, 누나 안애리, 아내 넬리 딕은 모두 노스필드에서 열린 집회에서의 경험을 공유하고 있기에 서로를 잘 이해하고 있었으니까요. 이 땅에서의 사역에 깃든 성령의 역사 아래에서 하나가 되어 교회를 세울 수 있다는 소망을 서로 가졌기 때문에 더욱 그러했습니다.[17]

안의와 선교사는 대구가 사역의 중심으로서 그 역할을 감당할 수 있는 최적의 장소이자 "아주 훌륭한 위치"라고 확신했습니다. 전도 여행이 그에게 준 확신이지요. 부산보다 대구가 더 좋다고 생각하는 이유는 대구에 내재된 가능성 때문입니다. 부산은 순회 사역, 의료 사역의 중심지로는 좋은 곳이지만, 주민이 없어서 지역 사역을 시도할 가능성이 희박합니다. 그 뿐만 아니라 만(灣)을 따라 흩어져 있는 마을 사람들은 일본인 정착촌에서 일하는 사람들이거나 부두에서 노역하는 사람들이기에 사역의 가망성이 없어 보였습니다. 하지만 대구는 미북장로교 선교 정책인 네비우스 선교원칙에 따라서 사역하기에 좋은 지역이라고 확신하였습니다. 현지인 교회를 조직할 수 있을 뿐만 아니라 의료, 교육 선교를 병행할 때, 대구는 교회 설립의 중심으로서의 역할을 수행할 수 있기 때문이지요. 그리고 "건전한 지식과 교리로 훈련을 받고" 전도에 불을 붙이면 그 영향력이 전 지역으로 퍼져 나갈 수 있는 지리적 특징을 지니고 있으니까요![18]

대구가 선교지부로서 적합하다고 확신했습니다. 그래서 안의와 선교사는 홀로 대구 땅에 머물러 있을 각오를 합니다. 하나님이 이 땅에 보낸 목적을 다시금 되새기며 대구로 그는 떠납니다.

1897년 복음을 전하는 안의와 선교사

대구를 향해서 - 1차 시도(1897)

부산에서 대구로 가는 길은 1,240리의 먼 거리였고, 밀양, 청도를 지나서 팔조령을 넘어 가창을 경유하여 3일은 꼬박 걸어야만 했습니다.

1차 시도

범어사 – 구포(1박) – 양산과 황산 – 물금(2박) – 밀양 – 유천(3박)

유천은 당시에 역촌(驛村)이라서 과거 시험을 보러 가던 사람들이 유숙하는 곳이었다고 합니다. 배위량 선교사는 이곳에서 머문 적이 있어서 유숙할 여관을 쉽게 찾을 수 있었습니다. 그들은 오일장이 열리는 유천시장으로 향하였습니다. 유천장이 설 때면 유천을 중심으로 40리 안에 사는 사람들이 모여들었습니다. 안의와 선교사 일행이 도착했을 때, 유천교에 들어서는 길목은 지게로 가득 차 있었습니다. 유천교는 나무를 서로 엮어 만든 다리라 어딘가 모르게 불안해 보였습니다. 시장에는 어느새 사람들이 몰려 부쩍 대기 시작했습니다. 물건을 팔기 위해 온 상인들과 물건을 사러 오는 사람들이 서로 흥정하는 소리와 오랜만에 시장에서 만나 서로 반갑게 인사하는 소리로 시장은 시끌벅적했습니다. 시장을 본 사람들은 주막에 앉아 술을 마시며 세상 돌아가는 이야기를 나눕니다.

부쩍 붐비던 시골 장터에 안의와 선교사가 등장하자 한순간에 정적이 몰려왔습니다. 파란 눈과 다른 피부를 가진 사람이 검은색 양복을 입고 나타났으니, 시장에 있는 사람들의 눈이 그들에게 꽂힌 것은 어쩌면 당연합니다. 안의와와 배위량 선교사는 이 기회를 놓칠 턱이 없지요. 그들은 가져온 전도 책자를 나누어주고 사람들과 함께 시간이 흐르는 것도 잊은 채 이야기를 나누었습니다. 그들의 이야기를 더 듣지 못해 아쉬워하는 사람들을 뒤로 하고 안의와 선교사 일행은 다시 말을 타고 길을 떠났습니다.

다시 유천교를 넘어갔습니다. 그때 삐거덕거리는 소리와 함께 유천교가 흔들렸습니다. 이에 말이 크게 울며 다리에서 떨어지고 말았습니다. 말을 타고 있던 안의와 선교사도 같이 떨어졌습니다. 순식간에 벌어진 일입니다.

"제임스!"

배위량 선교사는 떨어지는 안의와 선교사를 보면서 소리를 질렀습니다. 하지만 때는 이미 늦었습니다. 안의와 선교사는 개울에 떨어졌습니다. 개울물은 깊었지만 돌이 많아서 돌에 허리를 다치고 말았습니다. 배위량 선교사는 곧바로 개울로 내려가 안의와 선교사를 부축하였으나, 안의와 선교사는 극심한 통증과 함께 움직일 수가 없었습니다. 어떻게 해야 할지 난감한 상황에 빠졌습니다.

배위량 선교사는 안의와 선교사에게 부산으로 돌아가도록 권면했습니다. 하지만 안의와 선교사는 이미 떠난 선교여행을 자신 때문에 망치고 싶지 않았습니다. 대구까지 어떻게든 가고 싶었습니다. 하지만 대구에는 아직 의료 시설이 마련되어 있지 않을 뿐만 아니라 의사도, 약도 없기 때문에 배위량 선교사의 충고대로 부산으로 되돌아 갈 수밖에 없었습니다. 안의와 선교사는 자신이 대구로 가는 길을 막은 방해물 같아 마음에 먹구름이 몰려왔습니다.

안의와 선교사의 낙상사고에 이어서 설상가상으로 밀양 근처에서 배위량 선교사도 말에서 떨어지는 사고를 당하고 말았습니다. 배위량 선교사는 갈비뼈 하나가 부러지고 말았습니다. 대구 선교를 향한 첫걸음이 이렇게 좌절되고 말았습니다. 안의와 선교사는 무거운 마음으로 치료를 받았지만, 한국어를 배우는 시간을 얻게 되었음에 감사했습니다.

또다시 대구로 부르심 - 2차 시도(1897)

건강을 회복하자 안의와 선교사는 대구로 떠났습니다. 이번에는 육로가 아니라 뱃길을 택했습니다. 낙동강을 따라서 달성군 강창 나루터에 도착했습니다. 거기에서 대구읍성까지 걸어 갔습니다. 안의와 선교사가 대구읍성 문 앞에 너무 늦게 도착하여 성문이 닫혀 성 안으로 들어갈 수 없었습니다. 대구읍성은 여전히 밤 10시가 되면 문을 닫고, 새벽 5시에 문을 여는 풍악을 울렸습니다. 선화당의 정남쪽에 세워진 포정문 위에 만들어진 관풍루에 큰 북, 종, 피리, 나팔 등을 불어서 성(城) 4개의 문을 여는 시간과 닫는 시간을 알려 주었습니다. 일단 풍악 소리가 울리면서 문이 닫히면 누구도 성 안으로 들어갈 수 없습니다. 이미 자정이 넘은 시간에 대구에 도착했으니, 성 안으로 들어갈 수 없었습니다. 안의와 선교사가 문을 열어달라고 간곡하게 부탁하였으나, 성문을 지키는 포졸들은 완강하게 거절했습니다. 안의와 선교사는 어떻게 성 안으로 들어갈 수 있는지 곰곰이 생각해 보았습니다. 그때 조선 사람들은 누구보다도 가족의 가치를 가장 소중하게 여긴다는 사실이 떠올랐습니다. 안의와 선교사는 "사실 저기 남문 안에 나의 누님이 살고 있는데, 고국에 계신 내 아버지께서 아프시다는 급한 연락을 받았소. 당신도 봐서 알겠지만 난 외국에서 온 사람이라 부모님 소식 듣기가 하늘의 별따기만큼 어렵소. 생사 여부라도 전하게 제발 좀 들어가게 해 주오."라고 말했습니다.

문을 지키는 포졸은 서양인이 인간의 기본적 도리를 모르는 오랑캐라고 생각했는데, 부모에 대한 효심을 가진 안의와 선교사에게 감복하였습니다. 그렇지만 문을 열 권한이 없기 때문에 수문장에서 허락을 받아오겠다고 하였습니다. 포졸이 허락을 받아오자 이미 새벽하늘이 밝아오기 시작하였습니다. 이렇게 안의와 선교사가 대구읍성 안으로 들어옵니다.

앞으로 예수 그리스도의 복음이 전해질 대구, 그 땅은 "지금으로부터 단지 10,000마일쯤 먼 곳에 떨어져 있는 공간의 시간"이 아님을 보게 되었습니다.[19] 2000년 전의 시간이 대구에서 살아났습니다. 바로 성경의 날이지요. 안의와 선교사에게 대구의 한 노인은 아브라함으로 보였습니다. 그에게 달려가 말을 걸고 싶었으나, 아직은 아들의 이름을 말하려고 했지만, 벙어리가 되어 하지 못했던 사가랴처럼 아무 말도 제대로 할 수 없었습니다. 하지만 하나님은 "매일매일 벌어진 틈을 메우고, 징표들을 해석하게 하셨다며 우리로 하여금 그 오래되고 오래된 장벽을 점차 측정"할 수 있게 인도하셨습니다.[20] 대구의 백성들과 하루하루 장벽에 새겨진 징표를 해석하며 그 돌을 깨기 시작했습니다. 안의와 선교사는 그렇게 3년 동안 조선인들과 함께 토담으로 둘러싸인 읍성의 초가집에서 살았습니다.

길 위의 선교사: 대구와 부산의 여정

대구에 정착한 안의와 선교사는 사역을 시작합니다. 대구에 정착해도 지속적으로 부산을 돌보아야만 하는 상황이었습니다.

> 대구에 아담스(안의와)의 가족이 이사해서 그곳을 거주지로 삼게 해달라는 요청에 대해 선교본부의 허락을 받았습니다. 이것이 반드시 새로운 선교지부를 세우는 것으로 여겨진 것은 아닙니다. 만약 그렇게 여겨졌다면 그것은 잘못 표현된 것입니다. 선교부는 부산지부의 관할 지역에 경상도 전체를 포함시켰습니다. 대구에서 새로운 사역을 시작하는 것은 부산지부의 사역을 확장시키는 일입니다. 그리고 저희가 시간이 지나면서 두 지점 모두에 더 많은 인력을 가지게 될 것을 기대하지만, 새로운

선교지부로의 분리를 논하기에는 아직 시간이 필요합니다.[21]

선교 사역에 있어서 '포기'란 단어는 없습니다. 부산을 떠난다는 것은 그 지역에서 일을 그만둔다는 뜻은 아닙니다. 오히려 그 지역을 넘어서 사역의 확장을 의미합니다. 지경을 넓히시는 하나님의 뜻을 바라보며 순복할 뿐입니다.

당시 조선의 상황은 정치적으로 혼돈의 상황이었기에 험한 산길을 걷는 것은 위험합니다. 대구는 잘 알려진 바대로, 동서남북이 언덕과 산으로 둘러싸여 있는 분지입니다. 그러니 오고 가는 길에 높은 산을 넘어야만 합니다. 부산으로 가는 길에 가장 높은 산기슭에 이르렀을 때였습니다. 가마꾼들이 존슨 부인(Edith Parker Johnson, 1871~1958)에게 산이 너무 가파르니 내려주실 수 있는지 여쭈었습니다. 가마꾼들은 가마에서 내린 존슨 부인과 아이를 업고 산을 넘었습니다. 표백되지 않은 무명천 포대기 끈 몇 개로 아이를 등에 업었습니다.[22] 산세가 험한 곳은 가마에서 내려 걸어가고, 평지를 걸을 때는 다시 가마를 타고 움직였습니다.

산세가 험해 육체적 어려움뿐만 아니라 예기치 않게 산속에서 만나는 강도들로 인해 생명의 위협을 받기도 하였습니다. 부산을 떠나 대구로 가는 길에 존슨 부인과 사이드보담(Richard Henry Sidebotham, 사보담, 1874~1908) 선교사는 강가에서 멀리 떨어져 넓은 들판을 지나고 있었습니다. 그때 갑자기 네댓 명의 남자들이 나타나 길을 막았습니다. 사보담 선교사는 가마를 타고 있는 존슨 부인보다 멀리 떨어져 있었기 때문에, 그들은 강도들에게 따로 습격을 받게 되었습니다. 강도들은 사보담 선교사를 근처에 있는 큰 바위로 끌고 올라가더니 속옷만 남기고 옷을 다 벗겼습니다. 옷을 뒤지더니 시계를 빼앗았습니다. 존슨 부인은 어찌되었는지 볼 수가 없었습니다. 움직이려고 하면 총구를 들이대고 위협을 했기 때문입니다. 존슨 부인은 다행히 미리 가마꾼에게 비용을 지불한 상태였습니다. 돈을 내놔라는 협박에 없다고 했더니 지갑을 빼앗았습니다. 그녀의 말이 사실이라는 것을 확인하자 그들은 폭력적으로 변하더니 가마에서 나오라고 했습니다. 그녀가 아기를 안고 있는데도 강도들은 그녀를 뒤지려 했습니다. 이제 블라우스를 잡아당겨 벗기려 하자 그녀는 더 이상 참을 수가 없었습니다. 주먹을 꽉 쥐고 두목의 얼굴을 바로 한 방 먹여 버렸더니 그제야 멈추었습니다. 강도들이 이번에는 식품을 뒤졌습니다. 깡통을 열었지만 음식에는 손을 대지 않았습니다. 안에 들었던 음식물을 버리고 깡통만 가져간 것을 보니 아마도 깡통을 탐냈던 것 같습니다. 가마꾼들은 이렇게 난리가 났는데도 길가에 앉아서 구경만 할 뿐, 말릴 생각도 하지 않았습니다. 존슨 부인과 사이드보담 선교사는 집에 도착하고 나서야 미국 영사관에 신고할 수 있었습니다. 조선의 관아는 그것이 동학도들에 의한 것이 아니라, 거리의 부랑자들이 강도질 한 것이라고 알려주었습니다. 이런 종류의 사건이 선교사들이 여행하는 동안 더 이상은 일어나지 않았지만, 산길은 언제나 생명을 걸고 걸어가야 할 길이었습니다.[23] 하나님은 험한 산길을 걸을 때나, 산도적을 만나 생명의 위협을 당하는 때나, 선교사들의 가는 길을 보호해주셨습니다.

선교사들이 오가던 그 길을 따라서 생활에 필요한 물품들을 운반하였습니다. 육로로 물품을 옮기는 게 경비가 저렴하지만 예상치 못한 날씨로 인해 한 달 정도가 걸리기도 하고, 때로는 산도적에게 빼앗겨 물품을 수령하지 못하는 일도 일어났습니다. 물론 뱃길이라고 문제가 없는 것은 아닙니다. 강 수면이 낮고, 기온이 낮아 얼음이 생기기도 하고, 때로는 뱃사공들이 문제를 일으키기도 합니다. 배로 운반한 물품을 대구에서 10마일 정도 떨어진 사문진나루터에서 대구 시내로 운반하였습니다. 그래서 선교사들은 아예 배 한 대를 빌려 부산에 가기도 하였습니다. 나흘 동안 문명을 제쳐두고 원시로 돌아가 단순한 삶을 살았습니다. 원시인의 삶에서는 수영복이 가장 편했습니다. 배 위에서 바라보는 경치는 말할 나위 없이 좋았고, 일출을 바라보며 새 시대의 도래를 맛보았습니다.[24] 하지만 이 낭만도 그리 오래 즐기지 못했습니다. 험한 산길도, 깊은 골짜기도 마다하지 않고 묵묵하게 걸어간 그 길에 철도가 놓입니다. 부산으로부터 대구까지 80마일에 걸친 철로는 여행시간을 3시간으로 단축시켜 주었습니다.[25] 철도의 개설은 대구가 직접 항구와 접촉할 수 있는 기회를 제공해 주었고, 지역 은행과 이전에는 없었던 여러 시설들이 생겨나게 하였습니다. 철도는 대구의 경제와 문화를 변화시켰습니다. 부산을 중심으로 하는 항구 선교지부가 더 이상 필요하지 않게 되었습니다. 그때부터는 두 곳의 선교지부를 관할하기 보다는 한 곳에 집중하며 사역을 주도해 나갑니다.[26]

미주

1. Baird, Richard H., 김인수 역, 『배위량 박사의 한국선교』 (서울: 쿰란, 2004), 40.
2. Baird, 『배위량 박사의 한국선교』, 41.
3. Baird, 『배위량 박사의 한국선교』, 40.
4. 백낙준, 『한국개신교사』, 131. Baird, 『배위량 박사의 한국선교』, 86.
5. Baird, 『배위량 박사의 한국선교』, 61~62.
6. Baird, 『배위량 박사의 한국선교』, 67.
7. Baird, 『배위량 박사의 한국선교』, 67.
8. Baird, 『배위량 박사의 한국선교』, 67~68.
9. Bruen, 『100년 은혜, 세상과 나누리』, 2권 (서울: 기독교문사, 2014), 86~87.
10. Bruen, 『100년 은혜, 세상과 나누리』 2권, 86~87
11. Marry A. Rhodes, 『미국 북장로교 한국 선교회사』, 172.
12. Adams J. E., 사월교회 번역위원회 역, 『황무지에 장미를 심는 마음』 (서울: 생명의 말씀사, 2019), 271.
13. Richard H. Baird, *William M. Baird of Korea*, Baird, 『배위량 박사의 한국선교』, 94~95. Adams, 『황무지』, 85~89.
14. Richard H. Baird, *William M. Baird of Korea*, Baird, 『배위량 박사의 한국선교』, 96.
15. 안승오, "대구 지역 선교의 아버지 제임스 아담스의 생애와 선교", 6.
16. Adams, 『황무지』, 95.
17. Adams, 『황무지』, 83~85.
18. Adams, 『황무지』, 87.
19. Bruen, 『100년 은혜, 세상과 나누리』 2권, 87~88.
20. Bruen, 『100년 은혜, 세상과 나누리』 2권, 87~88.
21. Adams, 『황무지』, 95.
22. Bruen, 『아, 대구!』 1권, 59~60.
23. Bruen, 『아, 대구!』 1권, 145~147.
24. Bruen, 『아, 대구!』 1권, 269~270.
25. Rhodes, H. A., 『미국 북장로교 한국 선교회사』 (서울: 연세대학교 출판부, 2010), 174.
26. Adams, 『황무지』, 271.

약령시
추어탕
213-4187

호기심을 넘어 우리가 되기까지!

대구는 높은 골짜기에 둘러싸인 분지여서 낯선 사람의 유입에 경계심이 높았습니다. 게다가 배위량 선교사 가족이 정착할 때는 조선의 정치가 혼돈 그 자체여서 낯선 외국인의 유입을 더욱 경계하였습니다. 당시 조선은 동학운동으로 청과 일본의 전쟁터로 변했습니다. 급기야 한 나라의 국모가 죽임을 당하는 일까지 벌어졌습니다. 나라가 흉흉했습니다. 새해가 되었으나 설의 즐거움은 민족의 아픔과 슬픔을 등진 아이들에게만 주어졌습니다. 겨울의 칼바람이 대구를 감싸 안았습니다.

1896년 정월 대보름이 지난 어느 겨울밤에 아이들이 모여 속닥속닥 무언가를 꾸미기 시작했습니다. 밤이 꽤 깊은 시간임에도 불구하고 아이들은 얼마 전에 대구 남문에서 부자로 이름을 날리던 정완식의 집에 모였습니다. 새로 이사 온 서양인 가족이 너무나 궁금했기 때문입니다. 어떤 사람은 서양 귀신이라고 하기도 하고, 어떤 사람들은 일본을 쫓아내고 조선을 다시 집어 삼킬 첩자라고 하고, 어떤 사람들은 사교(邪敎)를 전하는 전도자라고도 했습니다. 생김새가 다를 뿐만 아니라 파란 눈동자를 가진 배위량 선교사 가족이 대구에 자리를 잡자 사람들의 관심은 그 가족에게 쏠렸습니다.

새까만 눈의 아이들은 낯선 침입자가 무척이나 신기했습니다. 엉덩이를 들썩이며 고개를 쳐들어보아도 키 큰 어른들의 울타리를 넘어서 볼 수 없었습니다. 삭개오는 뽕나무가 있어서 올라가 예수님을 볼 수 있었는데, 아이들에게는 아무것도 없습니다. 아이들은 엄청난 일을 꾸미기 시작합니다. 마을에 결혼식이 있으면, 온 마을 어른들이 결혼한 신랑과 각시가 첫날밤을 어떻게 보내는지 궁금하여 방 문 창호지에 구멍을 내고 그 안을 구경했던 것을 생각했습니다. 서양인이 어떻게 지내는지, 너무나 궁금한 아이들은 배위량 가족이 살고 있는 집에 들어가기로 결정했습니다. 담장을 넘어서 외국인 가족이 자고 있는 방문 앞에 가서 섰습니다. 아이들은 조심스럽게 슬그머니 문을 열었습니다. 그리고 문을 연 틈바구니로 얼굴을 내밀어 방안을 들여다보았습니다.

아이들의 인기척에 잠에서 깬 안애리 선교사는 깜짝 놀랐습니다. 어둠 속에서 반짝이는 눈동자들을 보자 어떻게 대처해야 할지 몰랐습니다. 떨리는 목소리로 그녀가 "누구신가요?" 물었습니다. 예상치 못한 안애리 선교사의 질문에 아이들이 더 놀랐습니다. 아이들은 순식간에 도망갔습니다. 안애리 선교사는 놀란 가슴을 쓸어내리며 남편 배위량 선교사를 깨웁니다. 그리고 자초지종을 전하지요. 배위량 선교사는 낯선 곳에서 아이들의 호기심에서 일어난 일이기에 아내 안애리를 달랩니다.

안애리 선교사는 이미 심신이 쇠약해진 상태였습니다. 아이가 태어난 후로 밤에 잠을 자지 못했기에 상당히 지쳐 있었습니다. 그리고 부산 집에서는 브라운 박사 가족과 에비슨 박사가 함께 머물렀습니다. 작은 집에서 손님들과 함께 사는 일은 쉽지 않았습니다. 안애리 선교사는 방문하는 선교사를 돌보는 일에다 갓 태어난 아기를 돌보는 일까지 겹치면서 스트레스가 상당하였습니다. 당시 누나를 방문한 안의와 선교사는 누나와 함께 머무는 것을 포기하였습니다. 이미 누나

출처 국립중앙박물관

대구향교 정문 앞에서 놀고 있는 아이들

출처 국립중앙박물관

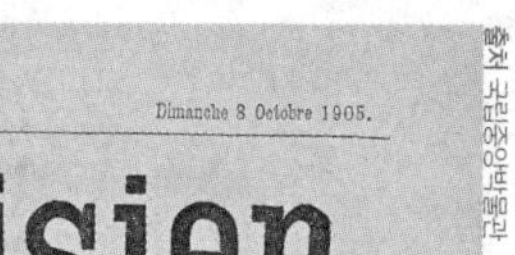

Dix-Septième année. — N° 870 Huit pages : CINQ centimes Dimanche 8 Octobre 1905.

Le Petit Parisien

SUPPLÉMENT LITTÉRAIRE ILLUSTRÉ

DIRECTION: 18, rue d'Enghien (10e), PARIS

TOUS LES JOURS
Le Petit Parisien
(Six pages)
5 centimes
CHAQUE SEMAINE
LE SUPPLÉMENT LITTÉRAIRE
5 centimes

ABONNEMENTS
PARIS ET DÉPARTEMENTS :
12 mois, 4 fr. 50. 6 mois, 2 fr. 25
UNION POSTALE :
12 mois, 5 fr. 50, 6 mois, 3 fr.

A SÉOUL

MISS ROOSEVELT SE RENDANT CHEZ L'EMPEREUR DE CORÉE

앨리스의 대한제국 방문을 보도한 프랑스의 르 프티 파리지엥(Le Petit Parisien). 르 프티 파리지엥은 "과연 어떤 여행자가 루스벨트양(앨리스)처럼 대한제국 황제로부터 식사를 초대받았다고 자랑스럽게 이야기할 수 있겠는가? 황제(고종)는 이같은 행동이 한국의 관습에 어긋남에도 루스벨트양의 알현을 허락하였고 그녀를 초대한 식사자리에는 황태자와 다른 왕자들, 대신 및 장군들도 함께 하였다. 루스벨트양은 평범한 여행과는 거리가 먼 경험을 완수하였다."고 보도했다.

안애리 선교사는 극도로 쇠약해진 상태이기 때문에 자신이 짐이 되면 건강을 해치겠다고 생각했기 때문입니다. 그는 누이를 생각해서 선교본부에 당시의 상황을 설명하였습니다. 그리고 이 사실을 누이에게 비밀로 해 주길 부탁했습니다. 누이가 동생 안의와가 함께 머물기 싫어한다는 오해를 할까 염려했기 때문이죠.[1]

'다름'은 조선인에게 두근거리는 호기심을 선물로 주었습니다. 대구의 백성들은 낯선 이방인이 궁금했습니다. 그들이 어떤 사람들인지, 정말 '사람'인지가 궁금했습니다. 한꺼번에 몰려오는 사람들로 인해 대문이 부서지고 마당에 있는 물항아리도 넘어졌습니다. 안애리 선교사가 길을 나설 때마다 사람들이 몰려들어 견디기 힘들었습니다. 조선인의 호기심이 이제는 대중의 폭력으로까지 느껴지기 시작했습니다. 그래서 그녀는 길을 나설 때마다 가마를 타거나 조선 여인들이 밖에 나갈 때 쓰는 큰 모자를 쓰고 최대한 자신을 드러내지 않았습니다.[2]

대구사람의 호기심은 배위량 선교사가 서울 선교지부의 교육을 맡아 떠난 이후에도 별반 달라지지 않았습니다. 루스벨트 대통령의 장녀인 앨리스 루스벨트 양이 대구를 방문한 일이 있었습니다. 당시는 1905년으로, 그녀가 상원의원들과 함께 중국을 여행한 후 잠시 한국을 방문하였는데, 한국 사람들은 그녀를 '미국 공주'라고 불렀습니다. 당연히 한국의 왕실은 그녀에게 왕족으로서의 존경과 예우를 보냈습니다. 당시 서울에서도 그녀를 보기 위해서 엄청나게 많은 사람들이 길가에 나와 인산인해(人山人海)를 이루었습니다. 그녀는 기차를 타고 한국 남쪽 지방으로 내려가다가 홍수로 선로가 뒤덮여 본의 아니게 대구에 머물게 되었습니다. 대구의 선교사들은 갑자기 앨리스 양을 위해서 급하게 묵을 집과 음식을 준비해야만 했습니다. 선교사들은 타지에서 만난 앨리스 양을 극진히 대접했고 여정을 잘 마무리 할 수 있도록 보살폈습니다. 앨리스 양과 그 일행이 다시 길을 떠나려고 하니, 걱정이 생켰습니다. 그녀는 자신을 보기 위해서 기차역에 몰려든 사람들을 피해 갈 방법을 생각해 내야만 했습니다. 그녀는 우선 하녀를 가마에 태워 기차역으로 보냈습니다. 그리고 안의와 선교사의 장남 에드워드에게 기차역까지 가는 뒷길을 알려달라고 했습니다. 루스벨트 앨리스는 동물원의 원숭이처럼 사람들의 구경거리가 되면서 좁은 가마 안에 앉아 있는 불편함을 견디고 싶지 않았습니다. 그녀는 뒷길로 걸어서 기차역으로 갔습니다.

서로 다른 외모는 조선인에게 호기심을 불러일으켰습니다. 조선인은 묘한 떨림을 가지고 선교사에게 때로는 놀랍게, 때로는 조심스럽게 다가갔습니다. 대구의 선교사들은 조선인의 낯선 떨림에서 오는 호기심을 전도의 방편으로 삼아 적극적으로 서로에게 다가가는 도구로 삼았습니다. 안의와의 아내 넬리 딕은 아이들을 보기 위해서 오는 조선인들에게 말을 걸었습니다. 적극적으로 아이들을 데리고 나가 다가오는 조선인들과 대화하는 소통의 장을 만들었습니다.[3] 호기심으로 다가오는 조선의 백성들에게 오히려, 아기와 함께 다가가 전도하는 그녀의 담대함과 용기와 지혜가 돋보입니다.

복음 전파의 통로 서양 문물

선교사의 모든 것은 조선인들에게 호기심의 대상이었습니다. 선교사의 외모뿐만 아니라 그들이 가진 물건들, 모두가 호기심의 대상이었지요. 신기하기도 하고 기묘하기조차 했습니다. 선교사들은 서양인의 물건이 궁금하여 다가오는 한국인에게 복음을 전했습니다. 그들은 하나님께서 그들에게 주신 기회를 놓치지 않았습니다.

자전거

안경말은 '안경'과 '말'의 합성어로, 지금의 자전거를 뜻합니다. 왜 안경말이라고 했는지, 충분히 상상이 됩니다. 자전거의 두 바퀴가 안경처럼 보였을 겁니다. 두 바퀴로 말처럼 빨리 달리니, 안경말이라는 이름이 자전거에 적격이지요. 지금이야 자전거보다 더 빨리 달리는 자동차, 버스, 지하철 등이 있어서 자전거가 빨리 달린다는 말이 의아하게 느껴질 수 있습니다. 하지만 당시 교통수단이 가마와 사람이 끄는 인력거였으니, 자전거가 신기해 보이는 건 어쩌면 당연합니다. 심지어 가마나 인력거에 비해 엄청 빠르게 달리니 놀라울 뿐이었습니다. 당시 대구 관찰사가 서양인이 안경말을 타고 가면 길을 비켜주어 대형 사고를 예방하라는 안내 문구를 여러 곳에 내 걸었다고 하니, 자전거가 얼마나 빨리 달린다고 생각했는지 알 수 있습니다.

부해리 선교사가 안경말을 타고 나타나면 사람들이 몰려듭니다. 순회 전도 여행을 다닐 때는 산세가 험한 곳을 올라가야 하기에 힘이 많이 들었음에도 자전거를 가지고 다녔습니다. 평지에서 부해리 선교사가 자전거를 타고 나타나면, 사람들이 하던 일을 멈추고 구경하려고 몰려들었기 때문입니다.[4] 선교사가 자전거를 타면 아이들은 그 뒤를 따라갑니다. 그러다가 부해리 선교사가 안경말에서 내리면 곧장 도망갑니다. 부해리 선교사는 도망가는 그들을 향해 "여러분은 이런 물건을 본적이 없지요?"라고 소리치면서 묻습니다. 그러면 도망치던 사람들이 잠시 멈칫하며 "예, 없습니다."라고 대답합니다. 이렇게 그는 조선인에게 자연스럽게 다가가 대화를 이어갑니다. 부해리 선교사에 대한 경계심이 풀린 사람들은 안경말에 가까이 다가가 신기한 듯 살펴봅니다. 그때 질문을 또다시 던집니다.

"조선 사람들은 안경말 만드는 법을 모릅니까?"

그러자, "우리에게는 기술이 없습니다."라고 대답합니다. 그때 다시 “왜 기술이 없습니까?”라고 질문합니다. 이 질문에 아무런 대답을 하지 못하는 사람들을 향해서 안경말 전도를 시작합니다.

> 기술이란 물처럼 있는 곳에 있지 아무 데나 있지 않습니다. 물을 얻기 위해서 샘이 있는 곳까지 찾아가야 합니다. 기술을 찾으려면 어디에 가야 할까요? 제가 그것을 가르쳐드리겠습니다. 집안의 성주, 길가의 미륵, 절의 돌부처한테서 기술을 찾을 수는 없습니다. 부처는 두 눈이 있어도 보지 못합니다. 두 손이 있지만 아무것도 할 수 없습니다. 두 다리가 있어도 걸을 수 없습니다. 그러므로 무슨 기술이 이것들에게서 나올 수 있겠습니까? 절대로 없습니다. 우리나라(미국)에서는 이런 놀라운 기계들이 하나님을 경외하는 많은 사람들로부터 나옵니다. 사람은 자기가 믿는 것 같이 됩니다. 쓸모없는 막대기를 숭상하는 사람은 막대기처럼 되고 반대로 하나님을 믿는 사람들은 하나님처럼 기술이 있는 사람이 됩니다.[5]

부해리 선교사는 한국인들의 관심을 자극하면서 실증적인 방법으로 전도하였습니다. 서양의 선교사와 동양의 한국인이 서로 만나는 그 순간의 낯섦을 지혜롭게 하나님이 우리에게 주신 복음의 이야기를 전하는 통로로 만들었습니다.

부해리 선교사가 전하는 전도의 방법은 교회의 중세 말기 순수하게 성경 말씀을 전하던 발도파의 전도방법과 맞닿아 있습니다. 발도파는 예수님이 마태복음 10장에서 제자들을 파송하면서 지팡이와 한 벌의 옷, 두 사람이 함께 세상을 향해 복음을 전하라는 원칙을 고수합니다. 이들은 자발적인 청빈과 참회를 그리스도인의 참된 생활의 지표로 삼고, 하나님의 말씀만을 들고 세상에 나아가 복음을 전하였습니다다. 발도파 사람들은 행상인이 되어 시골이나 귀족의 성, 발길이 닿는 곳으로 가서 천이나 보석을 팔았습니다. 물건을 사려고 모여든 사람들에게 물건을 팔다가, 다른 물건은 없냐고 물으면 이렇게 대답했다고 합니다. "예, 아주 진귀한 물건이 있습니다. 하나님을 볼 수 있는 보석을 가지고 있습니다." 그리고 난 뒤에 그들에게 성경 두루마리를 꺼내어 보여주었다고 합니다. 발도파는 오스트리아, 보헤미아, 모라비아, 폴란드를 비롯하여 수많은 지역에서 활동하였습니다. 부해리 선교사는 발도파가 복음을 가지고 발길을 닿는 데로 가서 복음을 전했던 것처럼, 한국인에게 안경말을 타고 경북 지역 곳곳을 방문하여 복음을 전하였습니다.

마크, 개

복음을 발견한 기쁨은 낯선 이에게 나누는 용기를 줍니다. 이런 일은 인간의 생각을 넘어서는 놀라운 성령의 역사이며 하나님의 선물입니다.

어느 날 서문교회 담임 목사인 정재순 목사가 부해리 선교사에게 마크로 인해 자신이 개종한 이야기를 들려주었습니다. 마크는 부해리 선교사의 개입니다. 개를 통해서 개종을 했다니, 놀랍기도 하고 선뜻 이해가 되지 않는 이야기를 들려주었습니다.

> 선교사님이 전도하기 위해 길을 나설 때마다 마크(Mark)라는 사냥개를 데리고 다니셨지요. 선교사가 가는 곳은 어디든지 마크와 함께 했지요. 마크는 조선 땅에서 보기 힘들게 털이 북슬북슬하게 난 검은 색 사냥개였으니 그 개를 보기 위해서 사람들이 구경하려고 몰려들었지요. 바로 그 자리에 저도 있었습니

출처 대구제일교회

1899년 대구 선교부 최초 선교사 사택에서 부해리 선교사와 한국인 요리사의 모습. 두 사람 사이에 마루에 웅크리고 있는 개의 이름은 마크(Mark)로 미국에서 부해리 선교사가 가져왔다. 안의와 선교사와 함께 이 집에서 살았다. 왼쪽 방은 안의와 선교사의 방, 가운데는 응접실, 오른쪽 방은 부엌이다. 부엌 문 앞에 사보담 선교사가 두 손을 잡고 서 있다.

다. 그날은 아마도 경산에서 장이 열리는 날이었을 겁니다. 저는 선교사님이 하는 말에 순종하는 마크에게 엄청 놀랐습니다. 선교사님이 '앉아!'라고 명하면, 마크는 곧바로 순종하여 자리에 앉는 모습이 놀랍기 짝이 없었습니다. 더 놀라운 일은 그게 아닙니다. 선교사님이 빵 조각을 들고 '우리 다 함께 기도합시다.'라고 하자, 마크가 눈을 감고 기도하는 게 아닙니까! 너무 놀랐습니다. 이렇게 식사 전에 하나님께 감사의 기도를 올린 뒤에 '이제 다 됐어!'라고 말하자, 그때서야 마크가 빵을 먹기 시작하니, 어찌 놀라지 않을 수 있겠습니까! 그때 생각했습니다. 이렇게 미물인 개도 음식을 앞에 두고 기도하는데, 만물을 다스리는 인간이 기도하지 않고 음식을 대한다는 것은 있을 수 없는 일이 아닌가! 이제부터 내가 기도해야 할 차례구나 생각했습니다.

그때부터 정재순 목사는 교회에 다니기 시작하였고, 서문교회의 초대 목사가 되었습니다. 정재순 목사는 이런 특별한 신앙경험으로 인해 "사냥개가 전도한 목사"라는 별칭을 얻었습니다. 이 독특한 신앙 간증으로 선교사들도 서문교회를 사냥개 마크의 이름을 따서 "마크 예배당"이라고 부르기도 했습니다. 사냥개의 이름이 마가복음의 기록자인 사도 마가와 이름이 같기에 "성 마가의 예배당"(St. Mark's Cathedral)이라고도 불렀다고 합니다.

하나님께서는 한국을 하나님의 나라로 만들어감에 어느 것 하나 전도의 도구가 되지 않은 것이 없음을 보게 됩니다. 이처럼 개를 통해서도 하나님은 조선 땅에 은혜를 부어주고 계셨습니다.

사진기

선교사들의 전도 활동을 담은 사진은 귀한 역사 자료입니다. 사진을 통해서 우리는 역사의 자리를 상상할 수 있습니다. 같은 공간에 머물고 있지만, 다른 시간을 살아간 신앙 선배들의 이야기 속으로 들어가도록 도와줍니다. 톰스 선교사는 순회 전도 여행을 떠나면서 항상 카메라를 가지고 다녔습니다. 사진기는 당시에 기이하고 신비한 물건이었습니다. 한국인들은 작은 카메라 안에 신령한 신이 숨겨져 있다고 생각했습니다. 살아있는 아이가 사진에 갇혀 아무것도 하지 못하는 일이 벌어지니, 두려움이 몰려왔습니다. 혹시 아기의 눈으로 렌즈를 만든 건 아닐까 하는 오해가 조선에는 서양인이 아기를 납치해 간다는 소문을 만들었습니다. 급기야 1888년에 영아소동사건이 일어났습니다. 그 격동의 시간은 서양인과 그들이 만드는 물건을 이해하는 계기를 만들어주었습니다. 이제 낯선 물건에 호기심이 생겼습니다.

어느 날 한 노인이 톰스 선교사에게 다가와 카메라를 구경하고 싶다고 말을 걸었습니다. 그 안에 숨겨진 신(神)을 만나고 싶다면서요. 그 노인은 카메라가 영혼이 사는 집이라고 오해했던 것입니다. 톰스 선교사는 그렇지 않다며 카메라 내부를 보여주었습니다. 텅 비어있는 카메라 내부를 확인시켜 주었습니다. 카메라 내부를 본 할아버지의 표정이 상상이 됩니다. 톰스 선교사는 카메라가 무엇인지를 찬찬히 설명해 주었습니다. 그리고 실제로 사진을 찍는 모습을 보여주었습니다. 카메라를 계기로 그들은 대화를 이어가게 되었습니다. 두려움의 대상이었던 카메라가 할아버지에게 복음을 전할 기회를 마련해 주었습니다. 할아버지는 톰스 선교사의 복음 이야기에 심취하였고, 오랜 시간이 걸리지 않아 주님을 믿었습니다. 심지어는 지나가는 사람들에게 예수를 믿으라고 권하기까지 하는 놀라운 일이 벌어졌습니다.[6]

선교사들이 가져온 근대 문명의 산물들은 한국 사람들의 호기심을 자극하였고, 그 호기심이 서로에게 마음을 열고 다가가는 계기를 마련해 주었습니다.

야구

서양의 문물은 사진기나 자전거와 같은 물건만이 아니라 서양의 운동경기도 호기심의 대상이었습니다. 우리나라에서 가장 인기 있는 스포츠는 단연코 야구일 겁니다. 프로 야구가 시작되기 전에는 고교 야구가 그 자리를 차지했습니다. 야구는 대한민국 국민이 좋아하는 스포츠임에는 틀림없습니다. 각 지역마다 야구단을 하나씩 가지고 있을 정도니까요! 대구는 삼성이 터를 잡고 있지요.

그러면 언제 야구가 우리나라에서 시작하게 되었을까요? 이 이야기가 영화로도 만들어졌는데, "YMCA 야구단"이 그것입니다. 1904년에 야구팀이 만들어진 과정을 그린 영화입니다. 그런데 야구가 대구에서 먼저 시작되었다는 사실을 알고 계신가요? 이 사실을 부해리 선교사의 두번째 부인인 하복음이 부해리 선교사의 편지와 선교편지를 정리하다 발견했다고 합니다. 한국의 첫 야구는 1900년 설 연휴에 부해리 선교사가 아이들에게 야구를 가르치면서 시작되었습니다. 동산병원을 설립한 의사 존슨의 부인이 1900년 3월 25일에 쓴 편지에 "대구에서 소년 야구단이 시작했으니 한국에서는 완전히 새로운 일이었다"라는 문장이 있습니다. 그러니 1900년 설연휴에 야구연습이 있었다는 건, 설득력을 지닙니다.

부해리 선교사는 설 연휴에 아이들에게 야구를 가르치고자 집을 나섰습니다. 반바지에 헐렁한 셔츠를 입었습니다. 한국 사람의 눈에 부해리 선교사의 모습이 어떻게 비쳤을까요? 아마도 희괴하기 짝이 없어 보였을 겁니다. 이런 망측한 모습으로 밖에 돌아다니다니, 하늘

아래 어떻게 이런 일이 벌어질 수 있는지, 차마 눈을 뜨고 볼 수 없었을 겁니다. 이런 한국인의 마음을 알고 있던 그의 한국어 선생님이 "이게 무슨 꼴입니까? 맨 다리에다 긴 두루마기도 입지 않고, 체통 없이 모자를 그렇게 눌러 쓰다니"라고 책망했습니다. 그리고 부해리 선교사에게 제발 집으로 돌아가서 예의 바르게 옷을 갈아입고 나오길 부탁했습니다.

한국 문화와 미국 문화는 다릅니다. 그것은 설레게도 하고 때로는 혐오를 일으켜 미움을 사기도 합니다. 부해리 선교사에게는 이보다 더 중요한 것이 있습니다. 우리는 모두 하나님의 피조물이며 그리스도의 사랑이 필요한 죄인이라는 사실입니다. 이 진리로 민족적 차이와 문화의 다름을 넘어서 그들에게 다가가고 싶었습니다. 그것으로 사이가 멀어질 수도 있지만 오히려 가까워지는 호기심이 될 수 있기 때문입니다.

부해리 선교사는 모든 것을 하나님께 맡기고, 아이들에게 다가갔습니다.[7] 웃긴 모습의 외국인에게 아이들이 다가왔습니다. 호기심으로 부해리 선교사에게 다가간 아이들은 그가 들고 있는 방망이와 자그마한 공이 궁금했습니다. 조그마한 나무를 쳐서 멀리 날리는 건, 자신 있는데 이상하게도 이 방망이는 들기도 무거웠습니다. 부해리 선교사는 아이들이 무거운 방망이를 들며 낑낑대는 모습이 귀여워 보였습니다. 그렇지만 아이들이 방망이의 무게로 인해 야구 배우는 일을 그만둘 수도 있다는 생각이 들었습니다. 어떤 대책이 필요했습니다. 야구 방망이를 대체해야 했습니다. 야구의 게임 규칙이 익숙해져 야구의 기술을 익힐 때까지 방망이 대신이 가벼운 테니스 라켓으로 대체했습니다.[8] 부해리 선교사는 호기심에 다가온 아이들에게 공 잡고 던지는 법을 가르치면서 선교사로서의 본연의 사명을 잊지 않았습니다.[9] 아이들은 우스꽝스러운 낯선 옷차림을 한 파란 눈의 선교사에게 다가가 새로운 운동을 배우기 시작합니다. 그 학생 가운데, 3.1운동을 주도한 33인 중 나이가 가장 어린 이갑성이 포함되어 있습니다.

선교사들은 태평양을 사이에 두고 낯선 한국 땅으로 오면서, 그들의 문화를 가지고 들어왔습니다. 선교사는 문화의 도구인 운동기구를 복음을 전하는 도구로 삼았습니다. 야구는 함께 하는 운동이기에 선교의 도구로 사용하기에 적절했기 때문입니다. 한국 사람에게 전해진 야구는 '황성 YMCA야구단'의 창설 이후 확산되기 시작합니다. 대구에서는 1912년 계성학교 교사들과 학생들이 벌인 경기가 첫 번째 야구경기라고 합니다. 대구의 첫 공식 야구경기는 1914년 7월 말에 치러졌습니다. 동경 유학생 야구팀이 대구를 방문하였고, 대구의 청년단과 경기를 벌였습니다. 1920년에는 대구 청년회가 결성됐고, 야구부가 만들어져 원정경기를 다니며 야구 보급의 주역이 되었습니다.

서양문물을 심다: 더 나은 삶을 위해서

선교사는 가난에 찌든 조선의 백성들을 위해서 무언가를 하고 싶었습니다. 그들이 가난에서 벗어나 하나님의 나라를 이 땅에서 맛보길 소망했습니다. 그리고 이전의 악습과 우상숭배에서 벗어나 당당하게 이 땅에서 그리스도인으로서 그들의 삶을 이어가길 꿈꾸었습니다. 선교사는 복음 이외에 대구의 백성들이 좀 더 나은 삶을 살아가도록 도왔습니다.

사과나무

안의와 선교사는 한국인이 가난한 삶에서 벗어나 사람답게 살기를 바랐습니다. 영과 더불어 육체적인 삶도 필요하니까요! 안의와 선교사는 한국인의 경제적 안정을 위해서 사과나무를 개량하고자 하였습니다.

> 제임스(안의와 선교사)는 농사에 깊은 관심을 가지고 있어서 많은 종류의 과일나무를 선교부 구내 밭에 심고 재배했습니다. 그 노력 중에 하나가 켄서스 주에서 미국 사과를 수입해서 보급한 일이었습니다. 사과재배는 지금도 계속되고 있어 이 나라 경제와 밀접히 관련되어 있습니다. 접붙일 나무를 수입해서 신맛을 내는 토종 능금나무 뿌리에 접 붙여서 각 교회 교인들에게 나누어주고 재배케 했습니다. 대구는 지금 사과의 도시로 알려져 있습니다.[10]

토종 사과나무는 신맛이 나서 상품성이 떨어졌습니다. 하지만 대구 특유의 기후와 두 강(낙동강, 금호강)이 흐르는 환경은 사과를 재배하기에 최적입니다. 안의와 선교사는 사과나무의 품종만을 개선한다면 최고의 상품이 생산될 수 있을 거라 생각했습니다. 그래서 그는 미국 켄서스 주에서 재배하는 품종을 공식적으로 수입하여 토종 나무에 접붙여 상품성을 높이고자 하였습니다.

이 계획은 현실이 되었습니다. 동산병원의 장인차(존슨) 선교사는 1899년 10월 12일 미국 미조리 주에 살았던 부해리 선교사에게 과일나무를 주문하는 서신을 보냈습니다. 장인차 선교사의 주문에 부해리 선교사는 특별히 다른 사정이 없는 한 사과나무를 보내주겠다고 했습니다. 동산병원 의사였던 장인차 선교사는 동산병원 내 부지에 사과나무를 심어 과수원을 만들고자 하였습니다. 청라언덕에 일리노이 주에 있는 Stark Bros 회사로부터 온 어린 묘목들을 심었습니다. 선교사들은 조심스럽게 그리고 정성스럽게 관리하여 좋은 과수원을 만들었습니다. 이 과수원은 한국인에게 질좋은 사과를 맛보게 했을뿐 아니라 선교사에게는 고향의 사과를 맛보는 위로를 주었습니다.[11]

피아노

종교개혁으로 시작된 교회개혁의 중심에 예배가 있으며, 그 예배의 중심에 설교가 있습니다. 하지만 예배의 흐름을 주도하는 것은 단연코 찬송입니다. 찬송가는 하나님께 집중하도록 하는 중요한 도구입니다. 하나님께 영광의 찬송을 부를 때, 빠지지 않는 것은 악기입니다. 지금이야 다양한 악기들이 예배에 사용되지만, 가장 기본은 여전히 피아노입니다. 드럼, 기타, 키보드 등이 예배의 찬양을 이끄는 악기가 되기 전에, 교회 예배당의 한 자리를 차지하고 있었던 악기는 피아노였습니다. 그러면 언제 우리나라에 피아노가 들어온 것일까요?

부해리 선교사의 보고서에는 1901년 5월, 최초로 대구에 피아노가 들어왔다고 합니다. 존슨 부인의 피아노가 도착해서 "인부 30명을 데리고 나루터로 나가서 대구까지 10마일(약 16km)을 운반하는 일을 감독했다"고 기록되어 있습니다.[12] 이 나루터는 화원읍에 있는 나루터를 말합니다.

당시 부산에서 대구로 오려면 육로와 수로, 두 가지 방법이 있었습니다. 육로는 부산에서 삼랑진 - 밀양을 지나 청도를 거쳐 팔조령으로 연결되는 길로, 선교사들은 이 길을 따라서 대구와 부산을 오갔습니다. 수로는 부산에서 뱃길로 출발하여 낙동강을 거슬러 사문진 선착장으로 들어오는 길입니다. 피아노를 나귀나 마차를 이용해 육로로 옮기기는 당연히 어려웠습니다. 부산에서 대구를 오가는 높은 산고개를 넘어야 했기 때문입니다. 그것은 거의 불가능한 일이 아닐까 생각됩니다. 우선 뱃길로 피아노를 대구로 옮기기로 합니다.

출처 대구제일교회

1899년 혹은 1900년의 미국 북장로교 대구 선교부. 사보담 선교사 부부가 왼쪽에 서 있고, 중간에 장인차 선교사 부인과 딸, 그리고 안의와 선교사와 부해리 선교사가 오른쪽에 서 있다.

1900년 3월 26일 선교사 사보담 부부가 한국 최초의 피아노를 배편으로 실어와 사문진 나루터에 내려 사흘간 짐꾼 20여 명이 피아노를 상여처럼 매서 대구 약전골목의 선교사 자택으로 옮겼다. 피아노 소리를 처음 들은 사람들은 빈 나무통에서 소리 나는 게 신기해 통 안에서 귀신이 내는 소리라 하여 피아노를 '귀신통'이라 불렀다고 한다.

이 뱃길을 통해서 피아노가 한국의 대구로 들어옵니다. 화원의 나루터에서 대구까지 10마일을 운반해야 하는데, 10마일은 약16km 곧 40리에 해당합니다. 화원 나루터에서 선교사 에디드 파커의 집이 있는 중구 동산까지 대략 약 15km거리에 해당된다고 합니다. 무거운 피아노를 30명이나 되는 인부가 어떻게 옮겼는지 궁금합니다.

1901년, 그 당시 선교사는 인부를 동원하여 피아노를 목도로 옮겼다고 합니다. 목도란 가마를 어깨에 매는 모양인데, 옛날에 상여를 매고 가는 모습을 떠올리면 이해가 되리라 여겨집니다. 이 방법은 당시 무거운 물건을 옮기는 방법으로 조선시대부터 내려온 전통적 방법이라고 합니다.

30여 명이 함께 피아노를 어깨에 메고 옮기는 과정을 선교사는 상세하게 기록하였습니다. 처음에 피아노를 옮기려고 짐꾼 20명을 모았다고 합니다. 당시 짐꾼들은 1인당 60센트(약 18만원)을 요구했다고 합니다. 너무 높은 금액이라 임금을 조정하려고 하자, 이에 짐꾼들은 응하지 않고 돌아갔다고 합니다. 그래서 이번에는 어학 선생의 도움을 받아서 다시 짐꾼 20명을 1인당 30센트(약 9만원)에 모았습니다. 그런데 점심식사 후에 출석을 부르자 22명이 되었다고 합니다. 어떻게 이런 일이 일어난 걸까요? 장인차 선교사는 약속하지 않은 2명을 찾아서 돌려보내고 선착장까지 10마일을 걸어서 갔다고 합니다. 짐꾼 20명, 선생님 2명, 하인과 안의와 선교사까지 25명이 선착장에 도착했습니다. 이미 피아노는 선착장에 내려진 상태입니다.

지금부터 피아노를 옮길 밧줄을 만들어야 합니다. 20명의 짐꾼은 짚단을 구해 두꺼운 밧줄을 3개(두께 5cm×길이 15m) 만들었습니다. 대구에서 가져온 4.2m 길이의 상여용 막대 2개를 피아노 양옆으로 대고, 피아노는 땅에서 30cm 높이로 올려 놓을 수 있는 운반도구를 만들었습니다. 둘째 날 본격적으로 피아노를 옮기기 시작했습니다. 무거운 피아노를 울퉁불퉁한 시골길을 따라 걸어가는 게 쉽지 않으리라는 것, 상상할 수 있으리라 여겨집니다. 주변의 집에 부딪히기도 하면서 논길, 산길의 경사진 길, 도랑을 지나갔습니다.

선교사는 논을 지날 때의 어려움을 이렇게 기록하였습니다.

> 오후 2시에 점심을 먹고 오후 3시부터 보리밭을 지나 논을 거치면서 어렵게 대구로 진행하였습니다. 논을 지나갈 때에는 매우 더뎠습니다. 사람이 논에 빠지기도 하고 넘어지고, 긴 경사로를 빠져나오는 데 1시간 30분이 걸리기도 하였습니다. 또한 짐꾼들의 쉬는 시간이 10분에서 30분씩으로 길어지고, 서로 다투기도 하여 식사 후 1.4km밖에 진행하지 못했습니다. 더욱이 짐꾼들이 더 이상 가기를 거부하여 저녁식사를 하고 마을로 이동하여 내일을 기약해야 했습니다.[13]

무거운 피아노를 어깨로 매고 가는 길이 얼마나 힘들었는지 짐꾼 사이에서 다툼이 일어나고야 말았고, 급기야 일을 그만두는 일까지 벌어졌습니다. 20여 명이나 되는 장정들이 옮기기에도 피아노는 역부족이었습니다. 다음 날 장인차 선교사는 10명의 짐꾼을 더 고용하여 30여 명(31명)이 피아노를 운반했습니다. 여러 명이 함께 옮기다 보니 어느 길로 가느냐를 두고 논쟁이 일어났습니다. 장인차 선교사는 논길로 계속 진행하는 게 어렵다는 의견을 냈고, 어학 선생은 산으로 길을 바꾸어 숲을 통과해 가는 것이 낫다는 의견을 피력했습니다. 그렇게 우여곡절 끝에 피아노는 대구의 남문 영남제일관(중구 종로)에 도착했습니다.

이제 가판들로 북적이는 좁은 통로와 피아노를 집안으로 들이는 일만이 남았습니다. 좁은 통로를 지나면서 가판에 놓은 물건들을 넘어뜨리기도 했습니다. 상점주인에게 불편을 끼치는 일이 벌어졌음에도 짐꾼은 우직하게 그리고 재빠르게 그 길을 지나 집 앞에 도착하였습니다. 낯선 물건이 들어오자, 주위 동네 사람이 구경하러 몰려들었습니다. 처음 보는 물건에 눈이 휘둥그레졌습니다. 이제 집안에 들여야 하는데 문이 피아노가 들어가기에 너무 좁습니다. 어떤 방법으로도 문을 통과할 수 없으니 남은 방법은 하나 밖에 없어 보입니다. 간단하게 문을 없애는 것이지요. 그렇게 좁은 문을 통과하여 집으로 들인 피아노를 놓을 자리를 찾으니, 피아노를 놓을 곳은 한 군데 밖에 없었습니다. 창문을 다 가려 어두운 방에서 지내야하니 아쉽습니다. 하지만 피아노가 들려줄 아름다운 찬양이 상쇄해 줄 수 있기에 기꺼이 그 자리에 피아노를 놓습니다. 비로소 무거운 피아노를 옮기는 대장정이 끝났습니다. 여기저기에 난 흠집은 피아노의 길고도 고단한 여정을 고스란히 보여줍니다. 떨어진 건반을 다시 끼우고 조립을 마치고 나서야 2개 건반이 깨져 있는 것을 발견했습니다. 그래도 찬양을 연주하기에는 다행히 문제가 없습니다. 그렇게 피아노는 대구의 명물로 자리 잡습니다.

피아노는 근대의 상징입니다. 피아노를 칠 수 있느냐가 근대인인지를 판단하는 척도였다니, 피아노가 가진 상징성이 얼마나 큰지 알 수 있으리라 생각합니다. 또한 피아노는 예배의 품격을, 그리고 글을 잘 알지 못하는 성도들에게 재미있게 교리를 배울 수 있는 통로가 되었습니다. 피아노를 가르쳐 활기찬 예배와 교회사역을 돕는 역할을 하도록 음악교육을 시작한 곳이 대구라는 사실은 우연이 아니겠지요!

젖소

선교사들이 조선 땅에서 살아가면서 힘든 일 중의 하나가 음식일 겁니다. 그들은 아침마다 마시던 신선한 우유가 그리웠습니다. 아침에 하얀 우유를 마시는 선교사들이 한국인에게는 낯설게 보였습니다.

도저히 이해할 수 없었습니다. 사람이 어떻게 동물의 젖을 먹을 수 있으며, 동물의 양식을 사람이 빼앗아 먹을 수 있는지, 이해가 되지 않았습니다. 소에서 우유를 짜서 마시는 일은 짐승만도 못한 일이라고 여겼습니다. 아이를 낳다가 산모가 죽는 일이 종종 일어나기에 동네 이웃들이 서로 아이에게 젖을 먹여 키우는 일이 있었습니다. 심청전이라는 전래동화에서도 심청이의 아버지 심봉사(심학규)가 그렇게 딸 심청이를 키웠지요. 하지만 동물에게서 우유를 빼앗아 아기에게 먹이지는 않았습니다. 한국인들에게 소는 무거운 짐을 옮기는 수단으로 사용하거나 밭에서 쟁기질을 하기 위해서 사용했을 뿐입니다. 소를 바라보는 관점이 이렇게 다릅니다. 동물을 대하는 태도에 한국인과 선교사의 세계관이 고스란히 담겨 있습니다.

선교사들은 한국에서 신선한 우유를 마시고 싶었습니다. 안의와 선교사는 일본에서 젖소를 한 마리 구입하여 한국으로 수입하고자 하였습니다. 그 과정에서 부산 철도 관리가 보낸 전보를 받습니다. 전보에 "어머니와 아이는 잘 있음"(Mother and Child doing well)이라고 쓰여 있었습니다. 안의와 선교사의 부인 넬리 딕은 너무나 뜬금없는 메시지에 어리둥절했다고 합니다. 당연한 일이라 생각됩니다. 어머니가 안의와 선교사의 부모님을 뜻하는지, 아니면 어느 선교사의 어머니와 아이를 의미하는지, 분간이 되지 않았으니까요. 전보에 쓰여 있는 어머니가 젖소를 뜻하는 것인지를 알기까지 시간이 걸렸습니다.

전보의 내용은 이렇습니다. 안의와 선교사가 구입한 젖소가 배를 타고 오는 중에 배에서 새끼를 낳았습니다. 젖소가 새끼 송아지를 낳았다는 소식을 주인인 안의와 선교사에게 전해야만 했습니다. 젖소를 산 사람에게 이 상황을 어떻게 전해야 할지 몰라 당황하는 일본인의 모습이 눈에 선하게 떠오릅니다. 분명 일본어 - 영어 사전을 꺼내 한참을 들여다보고 고민했을 겁니다. 사전을 이리저리 끙끙거리며 겨우 찾아내어 만들어 낸 문장이 바로 "어머니와 아이는 잘 있음"이었던 것입니다.[14] 정말로 엉뚱한 영어 문장이지만 당시 상황을 들으니, 무슨 의미인지 충분히 이해할 수 있지 않나요? 이런 문장을 우리는 소위 콩글리시(Konglish)라고 하지요. 우리가 사용하는 단어들 중에 영어인 줄 알고 사용하지만 실제로는 콩글리시인 게 많습니다. 예를 들어 핸드폰(handphone)이나 아이쇼핑(eyeshopping) 등이 대표적이지요. 핸드폰은 손에 들고 다니는 폰이라는 뜻입니다. 하지만 휴대폰은 영어로 모바일 폰(mobile phone) 또는 셀룰라 폰(cellular phone)이라고 하지요. 아이쇼핑도 마찬가지입니다. 영어로 아이쇼핑이 아니라 윈도우 쇼핑(window shopping)이지요. 안의와 선교사가 받은 전보가 준 해프닝은 종종 미국에서 공부하는 유학생들에게서도 많이 벌어집니다. 한국 학생이 미국 선생님에게 어떤 행동에 대해서 지적을 받게 되자, "I have nothing to say."라고 대답했다고 합니다. 학생은 '너무 죄송해서 더 이상 할 말이 없다'는 의미로 말했습니다. 그런데 미국인 선생님 반응에 한국학생은 도리어 많이 놀랐다고 합니다. 용서를 구했는데, 선생님이 더 화를 내셨으니까 말이지요. 한국 학생의 이 말은 선생님과 더 이상 이야기하고 싶지 않다는 의미이니, 어쩌면 당연한 반응이라 여겨집니다.

미국인과 한국인 어법의 차이는 현지에 오랫동안 살아도 쉽게 극복되지 않는다고 하더군요. 열심히 배우고 노력해야 한다는 소리입니다. 사람이 짐승인 소의 젖을 먹는 행위는 한국 사람들이 기독교인이 되고 나서도 이해하기 힘든 일이었다고 하니, 그 간격을 넘어서기까지 인내와 배움의 시간이 필요했습니다. 기독교인이 돼서도 한국인들은 젖소의 우유를 먹는 것을 이해할 수 없었습니다. 우유는 하나님께서 젖소가 송아지를 양육하도록 주신 것이니까요! 그것을 인간이 빼앗는 것은 사랑을 강조하고 자기 것을 기꺼이 나누어주는 그리스도인의 행위에 적절하지 않다고 생각했습니다.

동양인과 서양인은 세계관만이 아니라 삶의 환경도 많이 달라서 한국에서 정착하기가 쉽지 않았으리라는 것은 충분히 상상 가능합니다. 이뿐만 아니라 본성에 따른 예술적 감각의 차이도 있는 듯합니다. 지방 순회 전도 여행을 다녀온 선교사 모두는 마을 영수들에게 찬송가를 가르칠 때 중간에 포기하고 싶었다고 합니다. 한두 명의 특별한 경험이 아니라 모든 선교사가 이런 경험을 했다니, 풍류를 즐길 줄 아는 민족으로서 의아할 뿐입니다. 영수는 선교사와 조사가 상주하면서 교육하지 못하기에 그 마을 교회공동체의 출석부와 더불어 재정 관리를 담당하는 사람입니다. 선교사는 영수에게 악보를 가르치고 음정을 내도록 가르치는 일이 힘들고 피곤한 일이었다고 고백합니다. 선교사도 한국인이 노래를 좋아하고 리듬에 맞추어 몸을 흔들거나 머리를 위아래로 움직이는 모습을 보면서 분명 음악을 좋아하는 민족이라고 생각했습니다. 그러나 찬송가 악보를 보고 부르는 것은 다른가 봅니다.[15] K-Pop으로 전세계에 감동을 주는 지금에서는 이해할 수 없는 이야기이지만 말입니다. 선교사는 사랑으로 한국인에게 다가왔으며, 그 사랑은 말없이 가슴에 스며들었습니다. 선교사의 낯선 문화와 물건에 호기심으로 다가간 한국인은 그들이 전하는 복음에 자연스럽게 마음의 문을 열었습니다. 성령의 역사 안에서 선교사가 전하는 복음은 낯선 호기심을 넘어서 한국인의 마음을 여는 동력이 되었습니다. 그렇게 선교사와 한국인은 복음 안에서 하나가 되어 믿음의 공동체 교회를 세워갔습니다.

미주

1. Adams, 『황무지』, 27~29.
2. Rhodes, 『미국 북장로교 한국 선교회사』, 174.
3. Adams, 『황무지』, 59.
4. Bruen, 『100년 은혜, 세상과 나누리』 2권, 77.
5. Bruen, 『100년 은혜, 세상과 나누리』 2권, 95.
6. Bruen, 『100년 은혜, 세상과 나누리』 2권, 207.
7. Bruen, 『아, 대구!』 1권, 127.
8. Bruen, 『아, 대구!』 1권, 128.
9. 김주호, 김학철 등도 부해리 선교사에게 야구를 배웠다고 한다. Bruen, 『아, 대구!』 1권, 122.
10. Edward Adams, *American family near Korea centennial*, Korea Herald.
11. Bruen, 『100년 은혜, 세상과 나누리』 2권, 91.
12. 부해리 선교사가 1901년 5월 16일에 북장로회선교회 총무인 엘린우드에게 보낸 편지에서 피아노에 관한 내용이 나온다. Clara Hedberg Bruen, 40Years in Korea (USA, 1992), 40. 손태령, "한국의 피아노 유입과정고찰", 「음악문헌학」 4(2013): 19.
13. 손태령, "한국의 피아노 유입과정고찰", 40.
14. Bruen, 『100년 은혜, 세상과 나누리』 2권, 273~274.
15. Bruen, 『100년 은혜, 세상과 나누리』 2권, 156.

참된 교회를 위한 그 첫걸음

선교는 길을 떠나는 사역입니다. 미지의 세계가 두려움이 아니라 벅찬 감동으로 다가오는, 고난이 기쁨이 되는 길을 걸어가는 사역입니다. 예수님께서 제자들을 파송하면서 "이스라엘 집의 잃어버린 양"(마 10:6)에게 가라고 명하셨습니다. 전대에 금이나 은, 동을 가지지 말고, 여행을 위하여 배낭이나 두벌의 옷이나 신, 지팡이(마 10: 9~10)도 가지지 말라고 하십니다. 부나 명예, 편안함과 안락을 뒤로 하고 오직 잃어버린 양을 찾아서 길을 떠나야 합니다. 모든 것을 하나님께 맡기는 게 선교사의 삶입니다.

대구에서 드디어 "잃어버린 양"을 찾는 사역이 시작되었습니다. 대구 경북 곳곳에서 사람들이 몰려왔다가 다시 자기 자리로 되돌아가는 그 자리에서 시작합니다. 좌절과 절망으로 인해 눈물을 흘리기도 하지만 그 가운데 역사하는 하나님의 소망과 섭리를 경험하고 배웁니다.

복음의 진원지, 약전골목

대구에서 열리는 약령시장은 남부 전역에서 상인들이 약재를 구

영남대로
과거길

매하기 위해서 몰려드는 곳입니다. 전도를 위한 최적의 장소입니다. 매년 봄과 가을에 정기적으로 전국에서 오는 사람들로 붐빕니다. 심지어 북쪽 압록강에서도 남동쪽 내륙에 있는 대구까지 옵니다. 얼마나 큰 장이 이곳에 세워지는지 상상할 수 있나요? 약전골목에서 열리는 장은 6주에 걸쳐 지속되기 때문에 복음을 '널리' 그리고 '멀리' 뿌리기에 최적의 장소입니다.

이곳에 오는 사람들은 전국에서 길을 따라 오는 사람들입니다. 이들은 집을 떠나 길에서 잠을 청하기도 합니다. 그리고 안전하게 목적지에 도착할 때까지 긴장을 늦출 수 없습니다. 선교사는 이들이 모여 쉴 수 있는 공간인 사랑방을 만들었습니다. 운 좋게도 좋은 집을 구입할 수 있었고, 그곳에 사람들이 모여들었습니다. 적게는 50명, 많게는 100명이 이 공간을 찾아왔습니다. 이곳은 그들에게 쉼의 공간이었을 뿐만 아니라 오랜만에 만나는 사람들과의 세상 이야기를 나누는 만남의 장소이기도 했습니다. 그곳에서 그들은 밤이 새도록 그들의 이야기를 이어갔습니다. 그곳에 매일 밤 로체스터(Rochester)램프를 날랐다고 하니,[1] 급격하게 변화하는 국제정세와 전쟁으로 인한 혼돈의 이야기는 낮의 피로를 이길 만큼 큰 관심의 대상이었습니다.

사랑방에 모인 사람들은 낯선 이방인의 문명에 호기심을 가지고 있었고 안의와 선교사는 복음으로 그들에게 다가갔습니다. 하지만 그들은 아쉽게도 다시 고향으로 돌아가야 하는 사람들입니다. 예수 그리스도의 복음이 그들의 마음에 단단히 뿌리를 내리고 싹이 트기도 전에 떠나보내야만 하니 안타까운 일이었습니다. 성령이 그들을 어떻게 인도할지 알 수 없지만, 하나님이 그들의 마음 밭에 뿌려진 씨앗에 물을 뿌리고 햇빛을 비추어 싹을 틔우길 간구할 뿐입니다.

하지만 선교사 안의와에게는 하나의 확신이 있었습니다. 한두 해 지나면 대구에서도 실제로 복음의 은혜를 누리는 자가 생기리라는 소망 말입니다. 부산에서 매형인 배위량 선교사와 함께 사역을 하면서 교회 역사에서만 배우고 접한 초대교회의 역사가 눈앞에서 일어나는 것을 목도했기 때문입니다. 오직 믿음으로만 구원을 받는다는 교리를 소중하게 간직하고, 그 안에서 기쁨을 누리는 자를 직접 눈으로 보았으니 대구에서 반드시 하나님이 그렇게 하시리라 믿어 의심치 않았습니다. 그 믿음을 가지고 복음을 전하기 위해서 길을 나섰습니다. 그는 시간이 허락하는 대로 복음의 씨앗을 심었습니다.

기회가 닿는 대로 복음을 전했지만, 연약한 인간이라 어떤 뚜렷한 열매가 보이지 않아 마음이 무척이나 조급해졌습니다. 그들은 복음을 듣고 이해합니다. 그러나 성령의 감동이 없습니다. 설교에 다른 어떤 것보다 성령의 능력이 함께 있어야 합니다. 어쩌면 우리에게 필요한 것은 단지 그것뿐이라 여겨집니다. 안의와 선교사는 끊임없이 성령의 역사가 대구 땅에서도 일어나 단 한 명이라도 열매를 맺게 되길 기도합니다.

첫 번째 대구의 세례교인, 서자명(1900): 뽕나무 골목

하나님은 안의와 선교사의 끝임 없는 수고와 그의 기도에 응답하셨습니다. 선교사에게 첫 열매는 영원히 그의 마음에서 지워지지 않는 흔적을 남깁니다. 오랜 침묵 끝에 얻은 열매는 한 영혼의 소중함을 깨닫게 합니다. 한 열매를 통해서 하나님이 이룰 거대한 역사를 기대하게 합니다. '외국인'에 의해 만들어진 그 골목에서 하나님은 묘하게도 태평양을 건너 온 '외국 선교사'를 통한 한국인의 변화를 준비하셨습니다.

뽕나무 골목

이곳의 이름은 임진왜란 때 조선으로 귀화한 명나라 장수 두사충(杜思忠)으로부터 시작합니다. 두사충은 원래 1592년 임진왜란 때 명나라의 명장 이여송을 따라 조선에 들어왔습니다. 이후 정유재란(丁酉再亂) 때도 원군으로 들어왔다가 귀화했다고 합니다. 그가 귀화를 하게 된 이유가 궁금해집니다. 임진왜란과 정유재란으로 조선에 들어온 두사충은 조선의 명장 이순신과 친분을 갖게 되었다고 합니다. 이순신 장군은 두사충에서 '봉정두복야'(奉呈杜僕射)라는 시를 지어 바쳤다고 하니, 그들의 우정이 얼마나 깊은지를 알 수 있습니다. 두복야는 정유재란 당시 두사충의 직책입니다. 그러니 '봉정두복야'는 두복야인 두사충에게 올리는 글(복정)이라는 뜻입니다.

두사충은 풍수지리에 밝아서 하루에 천 냥이 나오는 터에 자리를 잡아 부를 늘렸습니다. 그 터에 경상감영이 옮겨오게 됩니다. 두사충은 집을 옮겨야만 했습니다. 그곳이 바로 지금 뽕나무 골목입니다. 그는 조선의 의복 문제를 해결하기 위해서 뽕나무를 심게 하고 식솔들에게 길쌈을 하도록 시켰습니다. 뽕나무 골목은 그렇게 자연스럽게 만들어졌습니다. 뽕나무 골목에는 사랑의 이야기가 함께 전해져 옵니다. 어느 날 두사충이 뽕나무에 올라가 뽕잎을 따다가 이웃집에서 절구를 찧던 미모의 아낙네에게 첫 눈에 반하게 됩니다. 그날로 뽕나무에 올라가 뽕잎을 따는 것이 그의 일과가 되었습니다. 나이가 든 아버지가 매일 뽕나무에 오르는 것을 본 아들이 용기를 내어 이웃집을 방문하였습니다. 아버지가 반한 여인은 홀몸이 되어 수절하고 있던 과부였습니다. 두사충이 오랫동안 흠모해 왔던 터라 쉽게 중매는 이루어졌고, 그는 사랑의 결실을 얻게 되었습니다.

바로 이곳 뽕나무 골목에서 하나님은 안의와 선교사의 기도에 응답하셨습니다. 뽕나무 골목길은 길지만 폭이 너무 좁아서 큰 어른 둘

하루 천 냥이 나오는 명당
The Land of Thousands of Coins
두사충은 조선에 귀화해 현재의 경상감영공원 자리를 자신의 집터로 잡고,
두 아들에게 [이 터는 하루에 천 냥이 나오는 자리] 라고 하였다. 그의 뛰어난
안목은 400년 영남의 수도 경상감영의 터가 되었으며, 이후 일제강점기에
경상북도 도청이 들어서면서 지역 최고의 상권이 형성되어 그야말로
[하루에 천 냥] 을 버는 명당으로 자리매김하였다.
1601년(선조 34년), 경상감영이 안동에서 대구로 옮겨오자 두사충은 자신의
집터를 반납하고, 이곳 계산동으로 옮겨와 정착했다.
Yeungnam

이 나란히 서기엔 조금 벅찬 감이 있습니다. 안의와 선교사는 보통의 조선인들에 비해 몸집이 더 큰 편이었습니다. 게다가 원래부터 사람들의 이동이 잦은 뽕나무 골목인데 안의와 선교사의 일행이 떴다 하면 마치 기다리고 있었다는 듯이, 아이들이 몰려나와 선교사의 뒤꽁무니를 따라다녔기 때문에 골목은 더욱 비좁았습니다.

어느 날, 한 노인이 산에서 모은 나무를 지게에 싣고 뽕나무 골목을 지나고 있었습니다. 길은 좁고 사람들은 많아서 지나가기 쉽지 않았습니다. 사람들 틈을 이용해 겨우 지나갔습니다. 노인은 몸을 비껴 안의와 선교사 옆을 지나고자 했습니다. 그때 그가 지고 있던 소나무 가지 더미 가운데 삐쳐 나온 가지가 안의와 선교사의 뺨을 스쳤습니다. 뺨에서 피가 흘러나왔습니다. 아이들은 피를 보자 호들갑을 떨었습니다. 사람들이 몰려들었습니다. 지게꾼은 어찌할 줄 몰라 하며 연신 허리 숙여 사과했습니다. 안의와 선교사는 옆에 있던 조사 김재수가 건넨 수건으로 뺨을 닦았습니다. 연신 사과하는 노인에게 도리어 안의와 선교사가 사과했습니다. 안의와 선교사의 눈에 노인의 등에 있는 나뭇짐이 들어왔습니다. 그는 먼저 다가가 도와드리겠다고 말을 건넸습니다. 노인뿐만 아니라 그 자리에 있던 조선인들도 놀랐습니다. 여전히 양반과 평민 계급이 남아있는 시대에, 조선 사회의 관습이 여전히 힘을 발휘하는 시대에, 선교사 안의와의 행동은 조선 사람의 마음을 움직이기에 충분했습니다.

이 광경을 본 한 사람이 김재수에게 다가와 파란 눈을 가진 자가 누구인지 물었습니다. 그에게 김재수는 기독교의 진리를 전하기 위해 오신 선교사라고 알려주었습니다. 김재수는 그 자리에서 예수 그리스도의 복음을 전하기 시작했습니다. 김재수의 설명을 듣고 사라진 그 사람이 바로 안의와 선교사가 대구 땅에서 처음으로 열매 맺은 서자명입니다.

출처 대구제일교회

서자명 부부의 모습

서자명은 보수적인 달성서씨 문중에서 예수를 믿는다는 이유로 쫓겨났습니다. 의료선교사 장인차 선교사의 조수로 일하면서 제중원을 설립하는데 기여합니다. 1898년에 남문 안 교회에서 학습을 받고 대구 최초의 학습교인이 되었고, 1922년에는 장로가 되었습니다.[2]

하나님의 섭리

자전거를 타고 나타난 안의와 선교사를 보고 아이들은 호기심에 그의 뒤를 따랐습니다. 안의와 선교사는 그들에게 교회에 나오도록 권하였습니다. 주일에 아이들이 예배당을 찾아왔습니다. 깨끗하게 입은 양반의 자제와 그 옆에 다 떨어진 옷을 입은 천덕꾸러기 아이가 나란히 앉아 연신 서로 장난치며 깔깔거리고 있습니다. 이 아이들은 안의와 선교사가 약전골목에서 뿌린 복음의 결실입니다. 여전히 양반과 상민의 계급이 남아 있는 한국에서 이 두 계급이 함께 나란히 앉아 있는 모습에 놀라움을 감출 수 없었습니다. 뽕나무 골목에 사는 아이들은 설교에는 관심이 없습니다. 새하얀 이빨을 드러낸 채 키득거리고 있는 아이의 모습에서 안의와 선교사는 어린 시절이 떠올랐습니다.

크레익 목사님과 함께 산속 마을에 갔었습니다. 어린 제임스는 크레익 목사님이 함께 가자고 할 때마다 거절했었습니다. 낯선 곳이었고, 산속 어두컴컴한 곳을 지나가기에 무서운 마음이 들었습니다. 그날도 어김없이 목사님은 그곳을 향해 길을 나서셨고, 어김없이 산속이 아니라 천국으로 간다고 하시며 함께 가지 않겠냐고 제안하셨습니다.

산 너머에 천국이 있다는 목사님의 말씀에 호기심이 발동했습니다. 마차에는 담요와 옷, 빵을 담은 소쿠리와 우유가 담긴 양철통이 있었습니다. 호기심을 안고 산속으로 들어갔습니다. 산속 그곳은 흑인들이 모여 사는 빈민촌이었습니다. 차마 집이라고 할 수 없는 곳에 아이들이 우글거렸습니다. 또래로 보이는 아이들은 맨발이었고, 옷은 다 헤어졌으며 머리카락은 헝클어져 있고 퀴퀴한 냄새가 진동했습니다. 남북전쟁(1861~1865)으로 인해 고아가 된 아이들입니다. 터피커는 남북전쟁이 발발한 곳이었기에 전쟁으로 인한 피해가 엄청 컸습니다. 전쟁 후 흑인 패잔병들과 노예들이 이곳에 마을을 형성하고 있었습니다. 너무나 충격적인 모습이었기에 제임스는 도망치고 싶었습니다.

바로 그곳에서 이상한 광경을 보게 되었습니다. 아이들은 행복한 모습으로 목사님 어깨에 매달렸습니다. 옷자락을 붙잡고 졸졸 따라다닙니다. 목사님은 아이들을 안아주고, 씻겨 주고, 약도 발라 줍니다. 땀을 뻘뻘 흘리면서 아이들을 돌봅니다. 목사님은 아이들과 함께 노래도 불렀고, 깔깔대고 웃었습니다. 아이들이 웃을 때마다 하얀 이빨이 드러났습니다. "그래, 제임스. 오늘 아름다운 꽃들을 좀 보았니? 집에서는 볼 수 없는 꽃들이었을 텐데, 향기를 좀 맡았는지 모르겠구나." 제임스는 머뭇거렸습니다. 어떻게 대답을 해야 할지 몰랐습니다. 이런 곳에 와서 일하는 목사님을 이해할 수 없었습니다. 왜 이런 곳까지 오셔서 일하시는지 궁금해서 여쭈었습니다. 크레익 목사님은 다음과 같이 대답해 주셨습니다.

> 응 그냥. 행복하니까. 병들고 가난한 사람들을 돌보면 내 맘이 밝아져. 너처럼 어린 아이들의 웃음이 있는 곳이라면, 그곳이 곧 천국이거든. 아이들이 사는 곳엔 전쟁도 없단다. 난 말이야, 이 세상에 가난하고 병들고 억눌린 아이들이 없었으면 좋겠어. 세상의 모든 사람들이 다 같이 살 수 있는 천국, 그건 그리 먼 곳에 있는 게 아니란다.

제임스는 집으로 돌아가는 마차에서 아무 말을 할 수 없었습니다. 그날의 광경이 어른이 된 제임스(안의와 선교사)의 눈앞에서 다시 한 번 일어났습니다. 아이들의 웃음소리가 퍼지는 그날의 천국이 이 땅 조선의 작은 대구 약령시장에서 재현되었습니다.

주일학교

하얀 이를 드러내며 웃는 아이들에게 안의와 선교사의 부인 넬리 딕은 노래와 성경을 가르쳤습니다. 처음에는 봄, 가을 두 차례에 걸쳐 가르쳤습니다(1898~1899년). 이제는 본격적으로 '주일학교'라는 이름으로 매 주일 예배 후에 별도로 프로그램을 운영하였습니다. 아이들을 위한 집회를 시작하자 아이들이 몰려들기 시작했습니다. 초창기 주일학교는 장인차 의사의 부인 에디스 파커(Edith Parker) 사랑방에서 시작하였습니다. 아이들에게 성경구절 카드를 만들어 주고 암송하도록 하였습니다. 천자문을 외우던 실력 있어서인지, 아이들은 한 주일에 성경 한 구절을 암송하는 것은 너무 쉬웠습니다. 어떤 아이는 한 주일에 다섯 구절을 암송하기도 하고, 심지어 한 장 전체를 암송하는 소년도 있었습니다. 이렇게 열심히 성경을 암송하는 아이들에게 신약성경을 한 권씩 시상하였습니다.[3] 갈라디아서를 통째로 암송하는 학생도 있었고, 심지어 8살 되는 어린이가 일주일 만에 마태복음 2장을 암송하기도 했습니다. 이 아이를 "마태복음 2장 소년"이라고 불렀습니다. 아이들은 부지런하여 출석률도 상당히 높았습니다. 학생 중 두 명은 6개월 동안 단 3일만 결석할 정도로 열심히 참석하였습니다. 안의와 선교사의 조사인 김재수도 함께 하여 성경의 이야기와 기도하는 법, 도덕적인 교훈 등을 가르쳤습니다.[4]

넬리 딕과 부마태 선교사는 고향 주일학교에서 하던 방식대로 아이들과 함께 자연 속에서 예배를 드리는 야외예배를 기획하였습니다.

그들은 주일학교에서 준비하던 대로 소풍을 준비했습니다. 아이들에게 영양가가 높은 음식을 나누어 주어 배불리 먹이고 싶었습니다. 하지만 아이들에게 줄 음식을 어떻게 준비해야 할지 몰랐습니다. 음식을 만들어 준비하는 일은 한국어 선생님께 맡겼습니다. 모든 준비를 마치고 드디어 처음 야외예배를 드리는 날이 왔습니다. 먼저 아이들을 소풍지로 보냈습니다. 대략 6마일 정도 떨어진 곳인데 먼저 떠난 아이들이 소풍지 근처에서 수영을 하고 있었습니다. 뒤따라온 선교사는 아이들에게 옷을 입으라고 하고 함께 소풍지를 향해 갔습니다.

소풍지에 도착해서 우선 햇볕을 가리기 위해서 천막을 쳤습니다. 계곡을 막아서 샤워실을 만들고 난 뒤에서야 아침을 먹었습니다. 아이들은 아침을 먹지 않고 출발했기 때문이었지요. 아이들은 계곡에 흐르는 물을 따라서 앉거나, 깨끗한 바위 위에 앉아서 음식을 먹었습니다. 아이들이 먹는 모습을 보니 배가 부른 듯했습니다. 참외를 우두둑 씹어 먹는 귀여운 모습을 한없이 바라보았습니다. 엄마는 아이가 잘 먹는 것을 보기만 해도 배가 부르다고 하는 말씀과 같은 것이겠지요. 아이들은 해가 질 때까지 신나게 놀았습니다. 집으로 오는 길에 찬송을 불렀습니다. 아이들의 찬양소리가 울려 퍼졌습니다. 아이들은 목이 쉬도록 찬양을 불렀습니다. 아이들이 얼마나 신나게 하루를 보냈는지, 어린 '마태복음 2장 소년'은 깊은 잠에 빠져 들었습니다. 하는 수 없이 덩치가 큰 소년이 등에 업고 돌아와야만 했습니다. 어린 동생을 기꺼이 등에 업고 온 소년의 모습에서 선교사들은 예수님이 섬김을 받으러 오신 것이 아니라 섬기러 오셨다는 주님의 영을 보았다고 고백합니다.[5]

예배를 드리기 위해서! 강을 건너다.

안의와 선교사는 그날의 가슴 벅찬 감동을 잊을 수 없습니다. 그가 기도하며 뿌린 소망의 씨앗을 하나님은 어느 하나 외면하지 않고 이루셨습니다. 부산에서 보았던 초대교회의 역사가 실제로 대구, 이곳에서도 일어났습니다. 하나님의 말씀을 사모하는 그 마음의 크기와 깊이는 시간에 비례하지 않음을 분명하게 보여 주었습니다. 한 시골 부인이 예배의 자리에 나아오기 위해서 낙동강을 건너는 위험까지 무릅쓴 이야기는 지금 우리의 가슴에 큰 공명을 남깁니다.

때는 1905년이었습니다. 낙동강을 사이에 둔 한 시골 부인의 믿음과 열정, 강을 건너는 위험까지 무릅쓰고 건너편 교회에 예배드린 이름 없는 부인! 이 부인은 동네 교회가 있었지만, 남편이 그 교회에 다니고 있어서 부득불 강 건너편 교회에 다니고 있었습니다. 당시까지만 해도 유교적인 관습인 남녀칠세부동석(男女七歲不同席)이 조선인의 삶을 규정하고 있었기 때문에 어떤 교회는 예배당에 강대상을 중심으로 남녀 좌석 중간에 칸막이를 설치하여 예배를 드리기도 하였습니다(ㄱ자 교회). 그 부인이 살던 마을에 있던 예배당은 남성만이 모여 예배를 드리던 장소였기 때문에 부인은 아들과 함께 직선거리로 5Km 떨어진 낙동강 건너편 교회에 출석하였습니다.

그날도 부인은 예배를 드리러 가기 위해서 낙동강 나루터에 도착했습니다. 배를 기다리는데, 뱃사공이 배를 수리하고 난 뒤, 첫 운항이기에 여자를 첫 손님으로 받을 수 없다고 거절하였습니다. 난감했습니다. 배를 지금 타지 못하면 예배 시간을 맞출 수 없습니다. 뱃사공은 여자를 첫 손님으로 받을 수 없다고 하니, 어떻게 해야 할지 몰랐습니다. 첫 손님으로 여자를 받으면 하루 종일 재수가 없어서 장사가 되지 않는다는 미신때문입니다. 부인은 예배드리러 갈 방법을 생각해 보았습니다. 10km 떨어진 거리까지 돌아서 나룻배를 이용하는 방법이 있

출처 국가유산청 문화유산포털

김제시 금산면 금산리에 있는 금산교회. 남녀칠세부동석이라는 유교적 전통이 남아 있던 당시에 외간 남녀가 한 자리에 앉아 예배를 드릴 수는 없는 일이어서 1905년에 테이트(Lews Boyd Tate)라는 선교사가 "ㄱ"자로 꺾어서 건물을 짓고 남녀를 따로 앉게 했다. 한국의 전통 건축양식과 서양식 교회의 특징을 조화롭게 결합시킨 이 교회는 초기 교회건축의 한국적 토착화 과정을 살필 수 있는 중요한 건물로, 건물 각 구조물의 보존상태가 양호하여 국가유산으로 지정·보존하고 있다.

습니다. 하지만 지금 10km를 돌아서 가기에는 너무나 먼 거리였습니다. 그렇다면 남은 방법은 하나, 강을 헤엄쳐 건너가는 것입니다. 그 생각이 떠오르자 그녀는 바로 실행으로 옮겼습니다. 옷을 벗고 위험을 무릅쓰고 강을 건너기 시작했습니다. 하나님의 사랑을 알고자 하는 욕망이 더 컸기에 가능한 일이었습니다. 예수님께서 나를 위하여 죽으신 것처럼 내가 그분을 위해서 죽더라도 그 은혜를 다 갚을 수 없기에, 하나님의 놀라운 사랑에 대한 감사의 행동이었습니다. 이것은 부인의 신앙고백입니다. 부인의 이야기를 들은 후에 부해리 선교사는 공공연히 선포하였습니다.

> 만일 누구든지 이 부인과 같은 열성적인 신앙을 가지고 있다면 아무리 예수를 늦게 믿었다 할지라도 어릴 때부터 믿는다고 고백한 많은 사람들보다 훨씬 앞서서 하늘나라에 들어가게 될 것입니다.[6]

하나님께서 한국 땅에 부어준 은혜는 여기에서 멈추지 않습니다. 한 산골에 사는 19살 소년에게도 일어납니다. 그는 절름발이로 망건을 만들어 팔면서 희망도 없이 하루하루를 지내고 있었습니다. 어린 시절에 한약을 과잉 복용하여 절름발이가 되었다고 합니다. 병에서 치유를 받고 건강하게 살기 위해서 먹었던 한약이 오히려 그에게 독이 되었던 셈입니다. 그렇게 하루하루를 지내던 어느 날 친구가 소년에게 쪽 복음 한 권을 건네주었습니다. 비록 작은 쪽 복음이지만 성령님이 그의 마음을 만지는 데는 충분했습니다. 그는 신실한 기독교인이 되었고, 대구에서 열리는 동계사경회에 참석하고 싶었습니다. 그는 대구까지 가는 여비와 체류비를 벌어야 했습니다. 그래서 특별한 망건을 만들어 1달러에 팔아서 60센트는 부모님께 드리고 40센트는 남겨서 동계사경회를 위해서 사용하고자 했습니다.

하지만 문제는 대구까지 가는 교통수단이었습니다. 아직 철도가 놓인 때가 아니었기에, 제대로 된 길도 없었습니다. 그는 어떻게 대구에 갈 수 있는지를 고민하다가 친구인 지게꾼에게 부탁했습니다. 대구까지 가는 길이 산길도 가야하는 험한 일이기에 친구도 고민에 빠졌습니다. 끊임없는 설득에 친구가 대구까지 데려다 주기로 했습니다. 소년은 짐꾼에게 비용을 지불하고 도중에 음식을 사먹느라 자신에게 있던 돈의 30센트를 지불하였습니다. 남아있는 돈이 별로 없는 상태였습니다. 베데스다 못가에 있던 환자들처럼 그가 절름발이라 결코 사경회에 먼저 들어갈 가능성은 거의 없어 보였습니다. 하지만 하나님은 그의 정성과 열망에 응답하셨습니다. 선교사가 그를 발견하여 사경회에 참석할 수 있도록 도왔기 때문이지요. 말씀에 대한 열정을 지닌 그는 부영수가 되어 교회를 섬겼습니다.[7]

선교사가 뿌린 작은 씨앗이 불신의 땅 대구에 뿌리 내리고 열매를 맺었습니다. 그들이 그리스도인으로 성장하는 과정에서 보인 예배와 말씀에 대한 열정은 먼저 믿은 자들을 부끄럽게 하였습니다.

참된 공동체를 향하여!

바른 교리

복음의 불모지에서 조선의 백성은 참된 그리스도인이 되기 위해서 오래된 습관과 싸우는 영적 전쟁을 해야만 했습니다. 학습교인인 한 노인의 집에 젊은 부부가 살았습니다. 부부에게 아이가 선물로 찾아와 해산할 때가 되었습니다. 부인은 24시간가량 산통을 겪었습니다.

이를 지켜본 남편은 습관적으로 무당을 데려와야겠다고 생각했습니다. 악귀 때문에 오랫동안 산통을 겪는다고 여겼기 때문입니다. 노인이 무당 대신에 하나님께 기도하자고 했을 때 젊은 남편은 그의 말을 신뢰할 수 없었습니다. 결국 남편은 아내의 비명에 무당을 부르러 갔습니다. 노인은 고통으로 신음하는 아내 방에 들어가 힘써 기도했습니다. 그 사이에 아기가 태어났습니다. 남편이 무당을 데리고 왔지만, 소용이 없게 되었지요. 이 일로 인해 마을 사람들은 놀랐고, 남편은 노인이 말한 하나님을 믿기로 결단했다고 합니다.[8]

선교 현장에서 일어난 성령의 놀라운 경험은 한국인이 습관적으로 찾던 무당보다 예수님을 더 큰 신으로 생각하게 만들었습니다. 하나님이 어떤 분이며, 그분이 예수 그리스도를 이 땅에 보내신 목적과 그 구원의 이야기를 알고 이해하지 못한 채 말입니다. 선교사들은 그들에게 복음을 가르쳤습니다. 오직 예수 그리스도를 믿음으로 구원을 받는다는 것과 그 믿음이 우리에게 주는 유익으로써 칭의(稱義)의 교리를 분명하게 가르쳤습니다. 하지만 한국인이 그 복음을 올바르게 이해하고 있는지를 판단하는 일 자체가 쉽지 않았습니다. 한국인에게 기독교는 낯선 종교일 뿐만 아니라 기독교의 신앙 언어에 해당하는 한국어가 없기 때문에 선교사가 가르치는 교리를 이해하기 어려웠습니다.

김해에서 만난 세 명의 학습교인은 이웃에게 복음을 전하는 일에 열심이었습니다. 선교사가 그 마을을 방문하였을 때 그곳에서 예배를 드리는 인원이 열 다섯 명 정도가 되었으니까 말입니다. 그들은 스스로를 신자라고 여겼습니다. 하지만 그들이 진짜 그리스도인이라 할 수 있는지 판단이 서지 않았습니다. 그들은 천국을 불교에서 말하는 극락왕생(極樂往生)의 의미로 이해하고 천국에만 집중하는 듯 보였기 때문입니다. 극락에 들어가기 위해서 불교인들이 기도하는 것처럼, 그들은 죽음 이후에 좋은 세계에 가고자 예배에 참석하는 듯했습니다. 교회의 지체이자 교인으로서 이들을 받아들일 수 있을지 판단이 서질 않았습니다.[9] 선교사는 "그곳에 가르침을 받고자 하는 열망과 더 많은 깨달음을 얻고자 하는 열망, 그리고 하나님께 더 가까이 동행하고자 하는 열망과 세상의 더러움에서 그들을 깨끗하게 하고자 하는 갈망"[10]이 일어나길 기도했습니다. 하나님이 그 열망을 보시고 한없는 은혜를 부어주셔서 예수 그리스도 안에서 이루어진 구원을 깨닫게 되길 기도했습니다. 한국인들에게 깊이 박혀있는 불교의 연옥과 극락에 대한 이해가 고스란히 천국과 지옥에 투영됩니다. 믿음의 대상인 예수 그리스도와 하나님이 예수 그리스도 안에서 성취한 구원의 역사를 올바르게 이해하지 못한 자들에게 교인의 자격을 부여할 수는 없는 노릇이었습니다.

선교사들은 한국의 그리스도인이 구원의 의미를 올바르게 이해하고 고백하고 있는지를 점검할 뿐만 아니라 우상숭배의 습관을 끊어내는 노력을 하고 있는지를 살펴보았습니다. 믿음의 결단을 내린 듯이 보인 한 남성이 있었습니다. 하지만 그는 여전히 죽은 아내의 신주를 집에 가지고 있었습니다. 선교사들은 그가 신앙고백의 의미와 집에 아내의 신주를 모시는 우상숭배와의 상관관계를 이해하지 못했기 때문에 그렇게 행하는 것이라 생각했습니다. 그래서 그에게 신주를 모시는 일이 우상숭배의 죄에 해당되는지를 아는지 물었습니다. 선교사의 가르침을 받은 후에도 여전히 굉장한 심적 갈등을 겪으며 그는 신주를 제거하지 못했습니다.[11] 마을 전체가 하나의 공동체를 이루며 살아가는 농촌에서 관습으로 지켜온 신주를 제거하는 일이라 더더욱 힘들었습니다. 이웃이 바라보는 눈초리뿐만 아니라 신주를 없앰으로써 일어나게 될 액운도 두려움의 대상이었습니다. 선교사는 그가 아직 예수 그리스도를 통한 구원의 의미를 제대로 이해하지 못했을 뿐만 아니라 믿음의 확신에 도달하지 못했기 때문에 두려움이 생기는 것이라고 판단하였습니다. 선교사들은 올바른 교리의 가르침 위에 성도가 세워지길 바라며 가르치기를 게을리 하지 않았습니다. 그들의 삶에서 오래된 악습을 끊어내어 그리스도의 향기가 나도록 지속적으로 권면하였습니다.

한국의 그리스도인의 증표, 담배

한국의 신자가 유럽이나 미국 교회를 다니면서 그리스도인들이 스스럼없이 술과 담배를 하는 모습에 놀라곤 합니다. 한국 그리스도인은 술과 담배를 하지 않는다는 선입견을 가지고 있습니다. 술과 담배가 믿음의 유무를 판단하는 잣대로 삼기도 하지요. 이런 독특한 문화가 왜 한국에서 생겨난 것일까요? 한국의 초기 선교 현장에서 담배와 관련하여 논쟁이 일어났다고 합니다.

안의와 선교사는 이 땅에서 거의 모든 한국인들이 흡연을 하고 있다는 사실에 놀랐을 뿐만 아니라 흡연 문제와 관련하여 어떤 이의도 제기하지 않는 것이 의아했다고 합니다. 그는 담배에 대한 한국인의 태도가 그들의 영혼의 상태를 알 수 있는 중요한 지표가 된다고 생각했습니다. 어느 날 한 노인이 담배에 대한 의문을 제기하면서 토론을 제안해 왔습니다. 안의와 선교사는 이때 자기 견해를 분명하게 피력해야 한다고 생각했습니다.

> 흡연은 사람의 몸에서 매우 좋지 않은 냄새가 나게 합니다. 여자들과 아이들이 가까이 오기를 싫어하게 만듭니다. 이제 우리의 몸은 성령의 전입니다. 우리는 손으로 대변을 문지르고 나서 우리 자녀를 팔로 안지 않습니다. 우리의 몸에서 변소와 같은 냄새가 나게 하면서 어떻게 성령께서 우리 안에 거하기시를 기대할 수 있겠습니까?[12]

안의와 선교사는 흡연이 기독교인에게 양심의 결단에 따른 자유로운 행위이며 성경 어디에도 담배를 피우지 말라고 명령을 한 곳이 없다는 것을 인정하였습니다. 하지만 만약 흡연이 그리스도인의 삶에 부합하지 않는다고 생각한다면, 담배를 끊어야 한다고 경고하였습니다. 흡연이 신경 쓰이지 않는다면 가서 피우라고 단호하게 말하였습니다. 흡연과 관련된 공개적 토론이 있은 이후에 육십 년간 계속해서 담배를 피워온 김씨가 그의 담뱃대를 던져버렸다고 합니다. 안의와 선교사는 성령이 거하기에 적합한 몸이 되기 위해서 담배를 끊게 하신 성령의 역사에 주목하였습니다. 이 결단 이후에 김씨의 삶이 실제로 변화되었습니다. 그는 온전하게 주일을 성수하기 시작했습니다. 그는 돈을 빌려주는 일을 하고 있었는데, 주일에 돈을 빌려주지는 않았지만, 주일에 돈을 돌려주겠다는 것을 거절하지 않고 받으러 갔다고 합니다. 그래서 교회의 성도들의 기도제목이었습니다. 그런데 그 일도 그만 두었다고 합니다.[13] 이는 성령이 한국 교회를 움직이고 계심의 증거입니다.

교인의 자격

선교사들은 교인의 자격으로 최소 6개월 이상 학습기간을 거치면서 삶의 변화에 주목하였습니다. 1. 조상숭배를 하지 않을 것, 2. 정기적으로 예배에 참석할 것, 3. 성경 읽는 법을 배울 것, 이 세 가지의 변화를 살펴보면서 입교를 원하는 자들의 신앙을 점검하였습니다.

> 당신은 자신이 과거에 저지른 죄를 용서받았다는 사실을 어떻게 아십니까? 만약 당신이 예수를 믿는다면 왜 그분은 당신이 장차 죄를 저지르지 않도록 하지 못하는 겁니까? 만약 당신이

앞으로 죄를 짓는다면 어떻게 하겠습니까? 성령은 얼마나 중요합니까? 인간이 정말 정숙히 혼자서 방에 앉아 있어도 죄를 짓게 될까요? 만약 그렇다면 어떻게 가능하겠습니까? 예수님의 중요한 일화 중 몇 가지를 말해 보세요. 그가 행한 가장 큰 이적은 무엇입니까?[14]

이 질문을 통과해야 세례를 받을 수 있습니다. 모든 지원자들은 기독교 교리의 중심인 주기도문, 사도신경, 십계명, 그리고 신약성경의 순서를 모두 외울 수 있어야 합니다. "또한 예수님께서 분명히 말씀하신 위대한 원칙과 관련되는 여섯 가지 중요한 기도문도 읽어야 합니다."[15] 세례 후보자는 신앙 생활 또한 올바르게 바꾸어야 합니다. 금연과 금주뿐만 아니라 도박도 해서는 안 됩니다. 선교사들은 조선 땅에 뿌리 깊이 자리 잡은 축첩제도를 끊어내고 합당한 혼인관계를 토대로 믿음의 가정을 세워가도록 권면합니다. 매일 성경을 읽고 가정예배를 정기적으로 드리도록 권하여 믿음의 가정을 세우도록 합니다. 믿음의 가정을 위해서 글을 읽지 못하는 부인들에게 글을 배우도록 권하였습니다. 나이든 노인에게도 글자 읽는 법을 배워 자기 이름을 적도록 가르쳤습니다.[16]

부해리 선교사는 교인의 자격으로 또 하나의 조건을 내세웠습니다. 만약 예수를 믿고 교회에 출석했지만 그의 가족 중 한 사람이라도 교회에 다니지 않으면 세례를 보통 연기하였습니다. 그가 진정으로 예수를 믿는 자라면 가족과 친척을 설득할 수 있어야 하기 때문입니다. 부해리 선교사는 오성에서 세례를 받기 전에 젊은 청년에게 가족들이 예수님을 믿는지를 물어 본 적이 있었습니다. 그때 그는 "예, 아버지께서는 예수를 믿기는 하지만, 제가 아버지를 대신해서 교회에도 참석하고 신앙생활도 할 수 있다고 생각합니다."라고 대답했습니다.[17] 구원은 누구도 대신할 수 없으며, 한 사람 한 사람이 하나님의 부르심에 응답해야 한다는 것을 잘 이해하지 못한 대답입니다. 부해리 선교사는 그에게 하나님의 부르심에 대한 응답에 대해서, 그리고 더 나아가 그리스도인의 삶에서 대해서 설명하였습니다. 그리고 그에게 아버지가 이것을 제대로 이해할 수 있도록 깨우쳐 드리라고 말했습니다.

그리스도의 몸인 교회의 지체로서의 자격은 믿음과 그에 따른 행위에는 예수 그리스도의 구원을 가족과 이웃에게 전하는 생활을 포함합니다. 한국의 기독교인은 어린이로부터 시작하여 어른에 이르기까지 이웃에게 복음을 전하는 열정을 불태웠습니다. 고아원에서 자라는 어떤 여자 아이는 나이든 백발의 할아버지를 교회로 인도하기 위해서 쉼 없는 노력을 다하였습니다. 할아버지를 찾아가 복음을 전하였을 뿐만 아니라 세례를 받을 수 있도록 가르치기도 하였습니다. 드디어 할아버지가 세례를 받는 날이 되었습니다. 어린 소녀는 선교사에게 할아버지가 나이가 많고 이해력도 떨어지니 너무 많은 기대를 하지 말라고 부탁까지 합니다. 그 어린 아이의 마음이 아름답습니다. 할아버지가 세례문답을 하는 동안 여자 아이는 밖에서 기다렸습니다. 할아버지가 세례를 받을 수 있게 되었다는 소식이 전해지자, 아이는 자기 일처럼 기뻐하며 뛰었습니다. 그때부터 아이는 다른 식구들도 한 명씩 전도하기 시작하였습니다. 그리고 집에 고용된 일꾼까지도 복음의 자리로 인도하는 전도자의 삶을 살았습니다.[18]

살아온 삶의 자리와 언어가 다르기에, 한국인들이 예수 그리스도의 복음을 올바르게 이해했는지를 아는 일이 쉽지 않습니다. 그리스도인이 되겠다는 결심이 예수 그리스도에 대한 믿음에서 시작되었는지 아니면 정치적 내지 경제적 이익 때문인지를 판단하기가 쉽지 않았습니다. 그런데도 선교사는 묵묵히 전하였습니다. 예배를 통해서 얼마나 많은 사람이 하나님의 부르심에 응답하였는지, 예수 그리스도를 진정으로 믿고 신뢰하고 있는지를 판단하는 것은 어렵기 때문에 섣불리 단정을 내릴 수 없습니다. 하나님을 이해시키는 것도, 예수 그리스도가 우리의 죄를 대신하는 대속의 교리를 설명하는 것도 쉽지 않은 일이었습니다. 한국인에게 낯선 신앙의 언어를 온전하게 이해시키는게 쉽지 않았습니다. 단지 하나님이 이 땅에서 일하기를 준비하고 계시며 성령을 통해서 그들의 입으로 고백하게 하실 것을 믿으며 나아갑니다.[19] 한국에 사는 이들에게도 그리스도가 필요하기에 그들을 위한 기도를 쉬지 않을 뿐입니다. 그리고 안의와 선교사는 선교사로서의 사명과 하나님의 한국인에 대한 사랑을 되새깁니다.[20] 안의와 선교사는 하루에 4시간씩 거리 전도 집회를 열어 복음을 전하기도 하였습니다.[21] 4~5명이 그룹을 지어 밖으로 나가 복음을 지속적으로 전하였습니다. 때로는 토요일에 시내를 다니면서 주일예배에 초대하였습니다. 그의 초대에 주일예배 참석자가 400~500명이 달하는 엄청난 일도 벌어졌습니다.[22] 하나님이 한국교회를 위해서 일하고 계심을 눈으로 확인하였습니다.

선교사들은 전통적 관습에서 벗어나 참된 복음을 알고 고백하는 그리스도인으로서, 그리고 교회의 지체로서의 사명을 감당하도록 가르쳤습니다. 하나님은 그들의 수고를 1900년 봄에 서자명이 세례를 받아 교회의 일원이 되게 하시고, 그해 7월에 정완식, 김덕경이 세례를 받음으로 4명이 되게 하셨습니다. 그 이후 1901년부터 교인수가 급증하여 여성 20명, 남성 25명이 예배를 드리게 하셨습니다. 성도의 믿음과 함께 성도의 수도 증가하였습니다. 이제는 많은 사람들이 장소가 협소하여 바깥마당에 서서 예배드려야 했습니다. 교회 건축을 고민해야 할 시점까지 이르렀습니다.

> 몇 주일 전에는 너무 많은 사람이 와서 저희는 마당에서 예배를 드려야 했습니다. 수백 명은 되었을 것입니다. 저희(안의와 선

출처 대구제일교회

대구 경북 지역 최초의 개신교 교회인 야소교회. 1897년 11월 안의와 선교사는 대구선교기지 내에 기와집 한 채를 교회 예배당으로 사용하였다. 당시 교회의 이름은 대구읍성 안에 있었기 때문에 대구읍교회, 성내교회, 남문안교회로 불렸다.

교사)가 주일예배를 위한 더 좋은 장소를 갖지 못한다면 사역에 큰 지장을 초래할지 모른다는 위기를 느꼈습니다. 적어도 이곳 기독교인들이 스스로 교회를 건축할 만큼 강해지기까지 저희는 장마를 대비해 예배를 드리기 편리하게 집 배치를 준비하기 시작했습니다. 저는 성도가 스스로 사역을 위하여 이 집이 필요하다고 느낄 때까지는 이곳을 떠나는 것이 좋다고 여겼습니다.[23]

안의와 선교사는 한국의 그리스도인들이 예배당 건축의 필요를 느끼고 결국은 예배당을 세워서 예배드리고 싶다는 생각이 들기까지 기다렸습니다. 많은 사람이 함께 예배를 드리기 위해서 임시방편으로 예배당에 있는 선교사들의 물건을 비우며 예배 공간을 마련하였습니다. 감사하게도 하나님은 교인수가 1902년 177명, 1903년에는 477명으로 늘어나도록 부흥을 허락하셨습니다. 1904년에는 780명으로 두 배 증가했습니다. 교인의 수뿐만 아니라 사역도 빠른 속도로 증가해 약 34개의 그룹과 다수의 교회 건물이 세워졌습니다. 정규적으로 예배에 참석하는 자들을 잘 돌보고, 지역에 있는 양떼를 돌보기 위해 가능한 좋은 조치를 취해야겠다고 생각했습니다.[24] 1905년에는 225명, 1906년에는 500명, 1907년에는 800명[25]으로 교인수가 증가하자 더 이상 교회 건축을 지체할 수 없었습니다. 안의와 선교사의 소망대로 한국의 기독교인들은 예배당 건축을 시급한 문제로 제기하면서, 1907년에 예배당을 건립하기 시작했습니다. 교회 건축은 순조롭게 진행되어 1908년에 완공하였습니다.

하지만 여름 태풍으로 인해 건물이 폭삭 무너졌습니다. 예배의 공간이 한순간에 쓰레기더미로 변했습니다. 실망과 깊은 근심이 몰려올 상황이었지만, 그 수렁에 빠지지 않고 교인들은 분연히 일어나 다

출처 대구제일교회

1907년 대부흥으로 교인수가 증가해 넓은 예배당이 필요했다. 1908년 12월 함석지붕으로 된 140평의 넓은 새 예배당을 건축했다.

시 예배당 건축을 시작했습니다. 각자가 시계, 반지, 은장구, 머리에 꽂고 있던 비녀 등을 바쳤고, 심지어 머리카락을 잘라 팔아서 헌금했습니다.[26]

하나님은 우리의 기도를 이루십니다. 어떻게 우리를 사용하실 지는 구체적으로 말할 수 없지만, 하나님은 하나님의 방법대로 성취하십니다. 안의와 선교사는 그것을 확신하였고, 그리고 하나님의 일하심을 고백하였습니다.

> 어제(11월 12일 월요일) 언제나 그랬듯이 우리 교회는 사람들로 가득 찼습니다. 아마도 서 있을 자리조차 찾지 못해서 떠난 사람들도 있었을지도 모릅니다. 창문과 방문에는 안으로 들어오지 못해서 서 있는 사람들로 북적였습니다. 이곳이 6년 전에 저희가 살던 집입니다. 그리고 저는 저희가 "언젠가 이 집이 멋있는 교회 건물이 될 거야"라고 말했던 것을 기억합니다. 올해 그 건물은 몇 배가 더 크게 증축되었습니다. 그리고 이제는 이 건물에 무엇을 더할 수 있을지가 의문입니다. 현재 음향효과는 형편없는데 건물을 증축한다고 음향 개선이 이루어지지는 않으니까요. 저는 주님께서 저희에게 종종 "오, 믿음이 작은 자여"라고 말씀하고 계신다고 생각합니다. 그분은 저희가 가진 작은 것을 저희가 받아 마땅한 것보다 더 크게 영예롭게 하셨습니다. 저희가 처음으로 여기에 와서 사역이 자라고 있는 것을 지켜보게 되어 매우 기쁩니다. 지금은 그리스도를 믿는 은혜 안에서 기독교인들이 자라가는 것을 지켜보는 것이 기쁨입니다. 그들의 믿음은 대단합니다.[27]

대구에 정착하여 사역을 시작하면서 꾸었던 꿈을 하나님께서 이루어주셨습니다. 오히려 자신이 소망하는 바가 작다는 것을 깨닫게 됩니다. 하나님은 우리가 마땅히 받아야 할 것보다 “더 많이” 그리고 “더 크게” 하나님의 방법대로 실제로 이루어주셨습니다. 하나님이 만들어가는 사역을 눈으로 목도하게 하심이 기쁨입니다. 선교사는 강건하게 교회가 세워져 가는 것이 선교사의 희생과 노력이 아니라 한국의 그리스도인이 가진 신실한 믿음 덕분임을 고백합니다.

미주

1. Rhodes, 『미국 북장로교 한국 선교회사』, 178.
2. 김중순, 김병희, 『겨자씨 속에 담은 천국』, 64~68.
3. 『남산교회100년사』, (대구: 대구남산선교회, 2015), 330.
4. 『남산교회100년사』, 331.
5. Bruen, 『아, 대구!』 1권, 172~173.
6. 『남산교회100년사』, 332.
7. Bruen, 『100년 은혜, 세상과 나누리』 2권, 98~99.
8. Adams, 『황무지』, 133.
9. Adams, 『황무지』, 131.
10. Adams, 『황무지』, 131.
11. Adams, 『황무지』, 131.
12. Adams, 『황무지』, 133~135.
13. Adams, 『황무지』, 135.
14. Bruen, 『100년 은혜, 세상과 나누리』 2권, 76.
15. Bruen, 『100년 은혜, 세상과 나누리』 2권, 76.
16. Bruen, 『100년 은혜, 세상과 나누리』 2권, 71.
17. Bruen, 『100년 은혜, 세상과 나누리』 2권, 76.
18. Bruen, 『100년 은혜, 세상과 나누리』 2권, 103.
19. Adams, 『황무지』, 195.
20. Adams, 『황무지』, 195.
21. Adams, 『황무지』, 193.
22. Adams, 『황무지』, 195.
23. Adams, 『황무지』, 255.
24. Adams, 『황무지』, 351.
25. Rhodes, 『미국 북장로교 한국 선교회사』, 180.
26. Rhodes, 『미국 북장로교 한국 선교회사』, 179.
27. Adams, 『황무지』, 441~443.

대구제일교회 창립
131th
Since 1893. 04. 22.
ANNIVERSARY
주

깊은 어둠을 비추는 빛

한국의 그리스도인은 한 걸음 더 나아가 교회공동체를 배우기 시작합니다. 그리스도는 머리이고 그리스도인은 교회의 지체로서 자리를 찾기 시작합니다. 지금까지 유교가 가르친 가족의 의미가 무너지기 시작합니다. 혈연으로 이어진 마을공동체를 넘어서 영원한 생명을 바라보는 진리를 추구하는 삶이 무엇인지 배우기 시작합니다. 혈연을 넘어서 신앙 안에서 하나의 교회공동체를 어떻게 세워가야 하는지를 실제 삶에서 배워갑니다.

대구에도 성령의 불길이: 1907년 대부흥운동

하나님께서 한국인들의 마음을 움직이셨습니다. 그들을 변화시키셨습니다. 1907년 1월 2일부터 평양 장대현교회에서 열린 겨울 남자사경회(the winter Bible Training class for men)에서 일어난 엄청난 사건은 대구뿐만 아니라 일본에도 전해졌습니다. 무교회주의자로 알려진 우치무라 간조(內村鑑三, 1861~1930)는 영적으로 자유를 얻은 한국을 부러워했습니다.

소문에 의하면 한국에 대단한 성령강림이 있다고 합니다. 행복한 한국. 한국은 이제 정치적 자유와 독립은 잃었으나 그 심령의 자유와 독립을 얻고 있는 듯합니다. 한때 동양 문화의 중심에 서서 이를 해동(海東)의 섬나라에게까지 영향을 주었던 그 나라가 이제는 또다시 동양 복음의 중심이 되어 그 빛을 사방에 비치기를 바랍니다. 하나님은 한국을 버리지 않으시고 그 나라를 사랑하십니다. 그들에게 군대와 군함을 주지 않으셨으나 그보다 더하고 능력이 강한 성령을 부어주셨습니다. 한국은 실망할 것 없으며 옛 유대가 그 정치적 자유를 잃은 후 종교를 가지고 서양 제국을 교화시킨 것처럼 한국도 역시 정치적 독립을 잃은 오늘 새로이 하나님의 복음에 접하여 동양제국을 교화시킬 수 있습니다. 나는 한국에 새로 성령이 내렸다는 말을 듣고 동양의 장래가 큰 희망 가운데 있고 또한 하나님의 섭리란 역시 사람의 생각을 넘어서 넓고 큰 데 놀라울 뿐입니다.[1]

평양에서 시작된 성령의 불길은 한국기독교역사의 이정표입니다. 그날에 일어난 성령의 불길이 이곳 대구에서도 일어나기를 바라며 동계사경회를 시작하였습니다. 실제로 건장한 남성이 죄악에 대항해 고뇌하며 투쟁하고, 그것을 넘어서 눈물을 흘리며 회개하는 일이 가능한지 그리고 기도의 형식에 걸맞은 것인지 고민이 되었습니다. 평양에서 들려온 기도의 모습은 교회에서 가르치는 기도의 방식과는 거리가 멀기 때문에 대구의 선교사들은 조심스럽게 다뤄야겠다고 생각했습니다. 실제로 그 엄청난 일을 목격한 선교사들의 증언을 볼 때, 그날의 엄청난 사건은 인간의 사유와 논리로 재단할 것이 아니라 성령의 인도하심과 역사하심에 있음을 고백합니다. 그렇기 때문에 그날에 행하신 하나님의 뜻이 인간의 제한된 사고로 방해되지 않기를 부해리 선교사는 기도하였습니다.[2]

1907년 장대현교회 남사경회에서 일어난 평양대부흥운동

평양 장대현교회 제직 사진. 길선주 목사(가운데)와 마포삼열 선교사(왼쪽)와 그래함 리 선교사(오른쪽). 그 외 사람들은 교회의 중진으로 보인다.

1907년 1월 14일 월요일 저녁 집회

평양 장대현교회에서 열린 사경회에서 헌트(William B. Hunt, 한위렴, 1869~1953) 선교사가 설교를 한 후 그래함 리(Graham Lee, 이길함, 1861~1916) 선교사가 통성기도를 요청했습니다. 2000명의 회중이 하나가 되어 합심하여 기도했습니다. 그때 놀라운 역사가 일어났습니다. 매큔(George Shannon McCune, 윤산온, 1873~1941) 선교사는 그날을 이렇게 기록하고 있습니다.

> 헌트(Mr. Hunt)의 설교 후 리(Mr. Lee)가 몇 마디 하였습니다. 리가 "우리 다 같이 기도합시다."라고 말하자 곧 남자들로 가득 메운 실내는 하나님께 올리는 기도 소리로 가득 찼습니다. 나는 그 실내의 남자들 대부분이 큰 소리로 기도하고 있었다고 확신하였습니다. 그것은 장관이었습니다. 그렇다고 시끄럽게 기도한 사람은 아무도 없었습니다. 만약 당신이 귀를 기울였다면 그 둘의 차이를 분명히 구분할 수 있었을 것입니다. 그중에 얼마는 울부짖으면서 자신들이 지은 죄를 하나님께 구체적으로 거명하면서 (자신들이 범한) 죄를 용서해 달라고 간구하였습니다. 모든 사람들은 성령의 충만을 간구하였습니다. 비록 그곳에는 너무나 많은 기도 소리가 있었지만 혼란은 전혀 없었습니다. 거기에는 하나의 통제된 완벽한 조화가 있을 뿐이었습니다. 그것을 나는 말로 형언할 수 없습니다. 혹자는 그것을 이해할 수 있도록 확실히 증거해야 할 것입니다.[3]

1907년 1월에 일어난 부흥운동은 한국교회의 미래를 밝게 만들었습니다. 어드만(Walter C. Erdman, 어도만, 1877~1948) 선교사는 연말에는 교인수가 50~60%로 다시 증가할 것이라고 예측하였습니다. 이 수치는 믿음이나 기대에 따라 산출한 결과가 아닙니다. 진취적인 통계전문가가 그

시기에 보고된 내용을 근거로 산출한 결과였습니다. 그 전문가는 작금의 증가율이 계속된다면, 13년 안에 한국의 영적 지도는 바뀌게 될 것이라고 예측하였습니다. 한국의 백성들은 적극적으로 예수 그리스도를 믿고 적어도 신실한 신앙인으로 변화될 것입니다. 이 통계는 분명하게 한국에 복음이 퍼져나가는 진척도가 얼마나 높은지를 분명하게 보여주었습니다.[4]

한국 교회는 평양의 부흥운동으로 인해 고무되었습니다. 대구에서도 평양에서 일어난 영적 각성이 일어나길 기대하며 3월의 사경회를 준비하였습니다. 이 사경회에 300~400명가량이 대구와 경북 지역에서 올라와 등록하였습니다. 그들은 열성적으로 공부하고 기도하였습니다. 마음 깊숙이 감춘, 자신만 아는 죄를 고백할 용기를 얻기 위해서 바닥에 드러누워 몸부림치기도 했습니다. 그렇지만 평양에서처럼 죄악을 깨달아 슬픔을 토해내며 우는 현상이나 몸부림치며 바닥을 뒹구는 일은 대구에서 일어나지 않았습니다. 매일 기도로 모였지만 어떤 일도 일어나지 않았습니다. 그렇게 시간만 흘러갔습니다. 성령의 역사를 보지 못한 채 사경회가 끝나지 않기를 기도할 뿐이었습니다.

그렇게 그날도 저녁 집회로 모였습니다. 여느 때처럼 저녁 집회를 위한 순서를 갖고 난 뒤 찬송을 부르고 다 같이 기도했습니다. 기도의 순서를 맡은 사람들이 나와서 기도를 인도하였으나 지금까지 해오던 방식에서 벗어나지 않고 그대로였습니다. 그때 한 영수가 나서서 "여러분, 이것이 우리의 목적은 아닙니다. 차마 담아 둘 수 없는 죄악의 부담을 느끼는 자는 기도를 하도록 하고 나머지 사람은 묵념합시다."라고 외쳤습니다. 집회에 모인 사람들이 무릎을 꿇고 기도를 시작하자 용서를 구하는 기도가 나왔고, 동시에 참회의 기도가 터져 나왔습니다. 하지만 숨겨진 죄악을 토로한다는 심적 부담이 여전히 사람들의 마음을 누르고 있었습니다. 이로 인해 기도를 시작하면 지속하지 못

상, 하 사진 출처 대구제일교회

1901년 대구 남자 사경회

1902년 대구 여자 사경회

하고 번번이 중단되었습니다. 찬송가를 부른 후 영수가 기도에 끌림이 있는 사람들은 주저하지 말고 기도를 계속하라고 격려하였습니다. 다른 사람이 하는 기도에 귀 기울일 필요 없고, 자신이 하는 기도를 다른 사람이 듣고 자기를 어떻게 생각할지 고민할 필요도 없이 성령이 이끄는 대로 기도를 하면 된다고 격려하였습니다. 그의 발언이 있고 난 뒤에 회중 전체에서 기도가 터져 나왔습니다. 100명 혹은 200명이 한꺼번에 소리 내어 기도를 하는데, 어떤 혼란도 없었습니다. 대구에서도 평양에서처럼 그런 일이 벌어졌습니다.

이런 기도는 선교사 부해리에게 생소한 경험이었습니다. 여기저기에서 나오는 흐느낌과 우는 소리를 들을 수 있었습니다. 우는 소리와 함께 한 남자가 큰 소리를 지르며 자기 죄를 참회하는 용기를 내기 시작하였습니다. 그는 한참이나 괴로워한 끝에 일어서서 고백을 들어달라고 했습니다. 그는 2년 전에 성경학교에서 돈을 훔쳤던 일을 고백했습니다. 이 일을 시작으로 하여 여기저기에서 사람들이 일어나 죄를 참회하기 시작했습니다.[5] 그날 이후로 비슷한 일이 일어났습니다. 죄의 고백이 일어났고 그에 따른 배상이 이루어졌습니다. 사경회에 참여한 자들의 죄를 살펴보면 다양했습니다. 어떤 조사는 자신이 맡은 회계업무를 제대로 처리하기 못한 것 같다고 고백하였습니다. 나이든 청년은 부해리 선교사에게 빚진 1엔을 갚겠다고 고백하기도 했습니다. 그 청년은 몇 년 전에 서울에서 1엔을 빌리면서 대구에 돌아가면 갚겠다고 해 놓고선 아직까지 갚지 못했다고 고백했습니다. 이제 와서 갚으려고 하니 부끄럽지만 이자까지 합하여 1.6엔을 갚겠다고 했습니다. 부해리 선교사가 그 돈을 받지 않겠다고 하자, 액수가 너무 적어서 이자와 함께 돌려주지 않으면 마음이 편치 않을 것 같다고 거듭 받기를 애원하였습니다. 어쩔 수 없이 부해리 선교사는 그 돈을 받았습니다. 이 사경회를 계기로 잘못 기입된 회계 내용이 바로 정리될 것이라 여겨집니다.

이제부터 깨끗한 양심과 깨끗한 장부로 새롭게 다시 시작할 수 있는 계기가 된 것은 분명합니다.[6]

부흥운동이 남긴 과제

사경회에서 일어난 죄의 고백을 들으면서 부해리 선교사는 한 가지 의문이 들었습니다. 공적인 죄의 고백에 대한 타당성의 문제입니다. 개인의 죄를 공적으로 고백하여 많은 사람이 듣고 알게 되는 것이 교회의 하나됨을 유지하는 데에 적절한가입니다. 어느 날 저녁 한 젊은 남자가 일어나서 말하기를, "저는 큰 죄악을 저질러서 제 아내와 저는 그 일을 위해 기도했습니다. 이제 그것을 고백하겠습니다. 제가 맥파랜드 씨 댁의 요리사로 있었을 때 달걀을 사러 시장에 갔습니다. 계산서는 1냥 10전(금화 약 10센트)이었습니다. 이를 '목사'에게 받아서 달걀 장사에게 주려고 했더니 그는 1냥만 내라고 했습니다. 그래서 저에게는 10전의 현금이 남았습니다. 저는 '목사'에게 돌려줄 작정으로 주머니 속에 이를 넣어 두었으나 시간이 지나 버렸고 오늘 저녁 저는 큰 죄를 저질렀다는 것을 깨달아 내일 아침에 그 두 배인 2냥을 돌려줄 것입니다."라고 하였습니다.

부해리 선교사는 이것이 공개적으로 고백해야할 죄인가에 대한 의문이 들었습니다. 빌린 10전은 당연히 되돌려 줘야 하지만, 여러 분주한 일로 인해 깜박 잊어버려 일어난 일이었습니다. 어떤 측면에서 사소한 실수로 넘어갈 수 있는데, 진지하게 자기 죄로 인식하고 고백하는 모습을 어떻게 받아들여야 하는지 난감하였습니다. 별 것 아닌 것처럼 보이는 사소한 실수조차 고백하는 한국인의 모습이 오히려 순수하게 보이기도 하지만, 다른 한편으로는 좀 지나치다는 생각이 들었습니다. 사실, 이러한 죄는 사적으로 고백하는 것이 더 적절하지 않은가 생각이 들었기 때문입니다.

그리스도인으로서 하나님께 어떻게 기도를 해야 하는지에 대해서 곰곰이 생각해 보았습니다. 즉흥적으로 소리 내서 하는 기도와 예배의 공적 기도는 다릅니다. 공적 기도는 다른 사람들을 대표하여 하는 기도이므로 예배에 참여한 모든 사람들이 그 기도를 따르도록 유도합니다. 하지만 즉흥적으로 소리 내 하는 기도는 각자가 자기 자신을 위해 하는 기도입니다. 간절함 때문에 도저히 침묵할 수 없는 경우에 소리 내서 하는 기도로, 개인의 간절함에서 나오는 사적인 기도입니다. 큰 범주에서 보면 공적 기도와 사적 기도는 참회의 기도라는 점에서 비슷합니다. "모두의 귀에 들어가길 원한 것이 아니라 더 이상 숨길 수 없는 죄악의 번민에 대한 참회라는 점에 있어서 대체로 비슷합니다."[7] 게다가 "기도의 두 가지 방식은 다른 이들을 돕기 위해 주님이 사용한 것입니다. 한 친구의 간절한 고백은 아직 회개하지 않은 자의 영혼을 움직였습니다. 우리가 하찮은 죄라고 여기는 것에 대한 고백이 다른 사람의 마음속에서는 아예 죄악의 테두리에 포함되지 않았던 수많은 죄악을 노출시키게 된 것입니다. 우리는 이러한 정화의 결과로써 아직 개종하지 않은 자들 사이에서 자각이 일어나기를 기대"했습니다.[8] 하지만 공적으로 죄를 고백하여 많은 사람들이 알게 되는 것은 올바르지 않다고 생각됩니다. 물론 지도자들과 임원들이 죄악을 공적으로 범했음을 이 기도회를 통해서 알게 되었고, 의심할 바 없이 그들이 참회해야 한다는 것을 깨달았지만 말입니다.

1907년 대구의 부흥운동을 두고 익명으로 해외 선교부에 보낸 다음의 편지를 주의 깊게 읽어볼 필요가 있습니다.

> 이곳에서 있었던 참회의 문제는 당신께(그리고 아직 깨달음 이전에 여기 있는 우리 중 몇 분께) 걱정을 조금 끼쳐 드렸습니다.

그들은 저지른 죄가 제법 심각했다고는 하나 그것은 순전히 그들이 믿기 전, 다시 말해 대부분 세례를 받기 전에 저질렀던 것이라는 사실이 충분히 강조되지 않았기 때문입니다. 그 죄들은 유죄판결을 받아야 할 만큼 끔찍하기도 합니다만 그들이 새로 믿음을 갖게 되었기에 깨닫게 된 것이고, 단순히 그들에게 찾아온 성령의 힘으로 말미암아 갑작스레 두려운 감동을 느끼게 된 것입니다.

나는 한국에서 일어난 이러한 현상을 과거에 조금이라도 알고 있다가 냉담과 무관심의 태도로 돌아서게 된 이들을 '부흥'시킨 사건으로 이해하지 않습니다. 오히려 하나님께서 보시기에 올바른 윤리적 가치의 판단이나 영적 실재의 깨달음이었다고 말하고 싶습니다. 이는 교회 안에서 마귀의 역사가 있었던 것이 아니라 성령의 특별한 역사에 의해 갑작스레 바람처럼 나타나 건강한 성장을 예고하는 가장 강력한 증거가 될 수 있습니다. 성령에 대한 올바른 이해가 없는 바깔세상 사람들이 올바른 영적 기준도 없이 어떻게 이 모든 일들을 잘못 해석하고 오해하여 잘못 판단하게 되었는지 우리는 충분히 알 만합니다. 그러므로 우리는 이제 이를 분명하게 설명해 줄 수 있도록 주의를 기울일 필요가 있습니다.

하지만 최악의 경우 그 자리, 즉 이곳 대구에서 계속 있었던 사람 가운데 아무도 우리의 이해나 통제를 명백히 벗어난 이러한 사태를 막을 수 있는 대담함이 없었을 수도 있습니다. 윤리적인 문제에 관한 한 나는 이번 특별모임에서 남녀가 각각 다른 곳에서 만났으며, 한두 차례의 예외를 제외하고는 서로 다른 사람

의 참회 내용을 듣지 않았다는 사실을 언급하고자 합니다.[9]

평양에 이어 대구에 열린 사경회에 참여한 자들의 참회의 고백은 중생 전에 저지른 죄악이었습니다. 적어도 예수 그리스도를 믿고 난 뒤에 자기 죄에 대한 자각이 일어났으며, 그 죄를 고백했다는 점을 지적합니다. 그리고 이들이 기도 중에 고백한 죄에 대해서 서로 듣지 않았다는 것, 강력한 성령의 역사가 일어났고, 이는 건강한 영적 성장의 증거가 될 것이라고 확신하였습니다. 그러므로 대구에서 일어난 영적 각성은 윤리적 가치 판단이나 영적 실재의 깨달음에 기초합니다. 이는 성령의 간섭으로 일어난 사건이며 특별한 성령의 역사입니다.

어둠 뒤에 빛을!

1907년 영적으로 부흥의 시기를 지나간 한국의 그리스도인들은 국가적으로 어둠의 터널을 지나고 있었습니다. 1904년 러일전쟁이 일어났고, 이 전쟁에서 승리한 일본은 다음 1905년에 일본군을 강제로 한국에 주둔시킨 후 을사늑약을 체결하였습니다. 이를 계기로 일본은 한국 땅에서 일본의 지배권을 더욱 확대해 나갔습니다. 그리고 미국, 영국, 러시아와의 밀약을 통해 조선에 대한 침탈의 정당성과 합법성을 얻어냈습니다. 이에 한국에는 반일항쟁이 거세게 일어났습니다. 평양에서 대각성운동이 일어난 뒤, 1907년 7월 일본은 '한일 신협약'을 체결하고, 헤이그 밀사사건을 빌미로 고종을 퇴위시켰습니다. 급기야 8월에는 군대를 해산시켰습니다. 한국이 일제 통치 아래에서 정치적으로 혼돈의 늪으로 빠져들고 있던 시기에 대부흥운동이 일어났습니다.

황제의 퇴위와 관련하여 심각한 소요가 한국에서 일어났고, 한

때는 크게 확산될 수도 있었습니다. 이 당시 교회의 행동은 가장 칭찬할 만했습니다. 서울과 소요가 일어난 모든 지역에서 그리스도인들은 법과 질서의 측면에서 노력을 기울여서 무질서의 영을 통제하는 데 크게 공헌했습니다. 북쪽에서는 정부에 대항한 소요가 하나도 발생하지 않았습니다. 평양과 북쪽 지역의 사람들이 제국 내에서 가장 흥분을 잘하고 격한 사람들인 것을 감안한다면 이것은 정말로 놀랄만한 일입니다. 평정을 유지하도록 공헌한 요소들을 공정하게 검토한다면 교회가 끼친 영향력이 가장 컸음을 분명히 알 수 있습니다. 북쪽과 서울 등 전체지역에서, 거짓 애국자들이 선교사들과 전도인들의 목숨을 위협했는데, 이는 그들이 무질서에 대항하는 데 힘썼기 때문이었습니다. 그러나 기독교 사역자들의 충고와 노력으로 유혈 참사가 벌어지지 않았고 질서가 유지되었습니다. 이 일이 일어난 지역에서 부흥운동이 교회를 먼저 준비시켜 놓았기에 교회들이 더욱 기꺼이 법과 질서를 굳게 지킬 수 있었다는 것은 주목할 만합니다.[10]

일본의 무단 통치 아래에서 한국의 백성들은 희망도 없고 기댈 곳도 없게 되었습니다. 중국으로부터 독립을 선언하여 대한제국의 황제가 된 고종에게도 기댈 수 없었습니다. 그는 이미 퇴위되었기 때문이지요. 유림 세력으로 조선의 정치를 이끌어 온 양반에게도 기댈 수 없었습니다. 한국의 백성들은 누구에게도 기대하지 못한 채로 깊은 어둠의 터널을 지나가고 있었습니다. 이 터널의 끝에서 비치는 빛이 일본이 되어서는 안 된다는 것만큼은 분명했습니다. 일본이 스스로 국권을 되돌려 줄 것이라 기대할 수 없으니까요. 한국의 백성은 스스로 독립을 쟁취할 만큼 힘을 가지고 있지도 못했습니다. 그렇다고 이대로 주저앉아 있을 수 없었습니다. 한국은 새로운 국가 공동체를 원했습니다. 한국인이 원하는 '새로운' 공동체는 어떤 공동체이며, 어떻게 그 공동체를 이루어나갈 것인가가 한국인의 최대 과제였습니다. 그 여정에서 신앙공동체 교회는 한국이 나아가야 할 국가 공동체의 유형을 찾아가는 발판이 되어 주었습니다.

사랑의 공동체, 성도의 교제

성령의 임재를 체험한 한국의 그리스도인들은 하나님의 말씀에 따른 윤리를 실천합니다. 기독교인의 윤리적 기준과 한국인의 삶을 지탱해 온 윤리 강령과 대척하게 됩니다. 조선은 유교의 정신에 입각하여 삼강오륜(三綱五倫)을 국가의 지도자인 임금과 신하의 관계, 가족을 형성하는 부부의 관계, 그리고 나아가 부모와 자식의 관계에서 지켜야 할 윤리 강령과 실천(三綱)으로 삼았습니다. 이 관계를 유지하는 힘은 복종입니다. 신하는 임금에게, 아내는 남편에게, 자식은 부모에게 순종해야 합니다. 순종의 끈 위에 맹자의 가르침인 오륜(五倫)이 자리합니다. "부모는 자녀에게 인자하고 자녀는 부모에게 존경과 섬김을 다하며(父子有親), 임금과 신하의 도리는 의리에 있고(君臣有義), 남편과 아내는 각기 본문을 다하고(夫婦有別), 어른과 어린이 사이에는 차례와 질서가 있어야 하며(長幼有序), 친구 사이에는 신의를 지켜야 합니다(朋友有信)." 이 가르침에서 나이가 많은 연장자와 나이가 적은 연소자 사이의 차례와 질서에 따라서 연장자를 존중해야 하는 장유유서가 이웃의 관계를 규정합니다. 유교의 윤리 강령에서 "차례와 질서"가 중요합니다. 나이가 많은 어른의 권위가 때로는 강압적으로 나타나 사회적 부작용을 낳곤 하였습니다.

이웃과의 관계를 규정하는 유교의 윤리 강령은 기독교의 윤리인 십계명의 다섯 번째 계명과 유사합니다. "네 부모를 공경하라"는 5계명은 유교의 부자유친을 넘어서 장유유서, 더 나아가 군신유의를 담고 있습니다. 기독교의 윤리는 예수의 두 계명에 기초합니다.

> 예수께서 이르시되 네 마음을 다하고 목숨을 다하고 뜻을 다하여 주 너의 하나님을 사랑하라 하셨으니 이것이 크고 첫째 되는 계명이요 둘째도 그와 같으니 네 이웃을 네 자신 같이 사랑하라 하셨으니 이 두 계명이 온 율법과 선지자의 강령이니라 (마 22:37~40).

가족 공동체를 넘어서 이웃을 돌보는 행위는 그리스도인이 행해야 할 참된 행위의 근간입니다. 이웃을 사랑하라는 명령 앞에 "네 자신과 같이"라는 사랑의 방식은 자신을 다스리는 데서부터 시작하는 유교의 가치관인 '수신제가치국평천하'(修身齊家治國平天下)와 유사합니다. 하지만 사랑의 기원이 다를 뿐입니다. 기독교의 이웃을 향한 윤리 강령은 바로 첫 번째 계명인 하나님을 "마음을 다하고 목숨을 다하고, 뜻을 다하여" 사랑하는 그 사랑에서부터 나옵니다.

어느 날 한 여인은 신앙공동체 모임에 참석하던 한 할머니가 걱정되어 그녀의 집을 방문합니다. 75세의 할머니는 오두막집에서 영하의 날씨에 땔감이 없어서 추위에 떨고 있었습니다. 설상가상으로 할머니는 먹을 것도 없어서 굶주린 상태를 넘어서 아사 직전의 위험에 처해 계셨습니다. 거의 죽음 직전에서 신음하던 할머니를 발견한 그녀는 할머니를 위해서 무언가를 해야 한다고 생각했습니다. 할머니를 살리기 위해서 그녀는 5마일의 길을 걸어가 의사에게 할머니의 상태를 보이고, 할머니를 극진히 보살폈습니다. 할머니는 그녀의 도움으로 배고픔과 추위를 극복할 수 있었습니다. 그녀는 교회가 사랑의 공동체로서 서로 연결되어 있음을 몸으로 실천하였습니다. 기독교인이 되었다는 이유로 조카들로부터 버림받은 할머니가 경제적으로 어려워지자, 교회의 성도들이 자발적으로 도울 방법을 찾았습니다. 성도들은 서로 어려움에 처한 성도의 상황을 살폈고, 그 어려움을 외면하지 않고 가족처럼 보살폈습니다. 이들은 교회 안에서의 성도의 교제가 어떤 방향으로 나가야 하는지를 명확하게 알고 있었을 뿐만 아니라 주님이 주시는 은혜로 하루하루 사랑을 나누며 살아가는 법을 실천하였습니다. 극심한 가난 가운데서도 그들의 사랑과 온정은 부유할 정도로 풍부했습니다.[11]

한국의 그리스도인들은 어려움에 처한 지체를 도와 줄 뿐만 아니라 하나님이 주신 달란트에 따라서 교회의 지체로서 자기 자리를 찾아갈 수 있도록 도왔습니다. 그렇게 그들은 올바른 교회를 세워나갔습니다. 하나님의 말씀을 배우고자 하는 열정으로 사경회에 참석하고자 많은 사람들이 대구로 몰려왔습니다. 먼 시골에서 올라오는 사람들로 인해 사경회는 더 북적거렸습니다. 자발적으로 사경회에 참석하여 말씀을 배우려는 성도들, 사경회에서 말씀을 배워서 고향 교회의 지체들을 가르치고자 하는 성도들, 그리고 교인 중에 가르치는 은사를 지닌 성도를 대표로 보낸 지방교회 등, 사경회는 다양한 목적으로 말씀을 배우려는 성도들로 가득 찼습니다. 이렇게 한국 교회의 성도들은 교회를 올바르게 세워나가기 위해서 배우는 일에 열심을 내었습니다. 선교사들은 단지 사경회에서 필요한 종이와 연필만 제공할 뿐이었습니다. 첫 세대의 교회 지도자들은 교회의 형편에 따라서, 성도의 열심에 따라서 교회의 지체로서의 사명을 감당하였습니다.[12]

하나님의 돌보심 아래에서 한국의 그리스도인들은 교회를 사랑하는 성도로 성장하였습니다. 한국 군대가 무장해제 당한 후에 세상은 더욱 혼탁해지고 백성들은 무방비 상태에 놓였습니다. 그런 상황에서 어느 날 밤 한 무법자가 무단으로 침입하여 집 안의 사람들을 깨우고 가지고 있는 모든 것을 내놓으라고 협박하였습니다. 그때 한 노인이 계단을 내려와서 그의 무기를 빼앗았으며 조용히 꾸짖었습니다.

> 자네가 이 집에서 실수를 한 것 같군, 자넨 우리가 누군지 모르고 있어. 그렇지? 우리는 전능하신 하나님의 종이고, 그분께서는 밤낮으로 우리와 함께 계신다네. 그러나 우리가 자네처럼 형편없는 인간을 조금도 두려워할 이유가 없어. 당장 돌아가게!

이 일이 있은 후, 그 무법자가 노인의 집과 교회에 불을 질러 집과 교회는 재가 되고 말았습니다. 잠잘 거처가 없어진 노인은 자기 집을 먼저 짓기보다 교회를 이전보다 더 크고 훌륭하게 지었습니다. 자기 집은 손도 대지 않은 채 말이지요.[13] 교회를 먼저 생각하는 마음이 귀해 보입니다.

세상의 변혁을 위해서!

그리스도인의 삶은 개인뿐만 아니라 마을 공동체의 삶을 변화시킵니다. 한 사람의 변화가 마을 공동체를, 그리고 더 나아가 국가를 변화시켜 나갑니다. 유교를 중심으로 하는 조선시대부터 우리에게 내려온 하나의 관습이 있습니다. 종갓집이 사당을 관리하는 것입니다. 조상들의 유골을 모시는 사당은 종갓집의 권위를 나타내는 중요한 증표입니다. 어느 날 관하에 한 사람이 사당을 보수하기 위해서 집안사람에게 부여된 돈, 3센트(30~40전)에 해당하는 돈을 내지 않아서 붙잡혀 왔습니다. 현감은 어떻게 이런 불효를 저지를 수 있는지 격노하며 그에게 돈을 내라고 명령했습니다. 하지만 그는 이를 거절하였습니다. 현감은 그를 발가벗겨 형틀에 매달아 돈을 낼 때까지 매질하라고 명령을 내렸습니다. 그가 매질을 시작하기 전에 잠시 항변을 할 시간을 가져도 되는지를 물었습니다.

> 존경하는 재판관님, 제가 돈을 내지 않겠다는 것은 돈이 아까워서가 아닙니다. 단지 주님을 믿는 한 사람으로서 그것이 틀린 일이라고 믿고, 제가 옳다고 믿는 것을 행하기 위해서입니다. 3센트가 무엇입니까? 아무것도 아닙니다. 하지만 누군가는 3센트로 큰 죄를 저지를 수 있습니다. 제 목숨은 당신의 손에 달려 있습니다. 당신은 저를 매질해 죽일 수도 있지만 이 돈을 내도록 만들 수는 없습니다. 그러니 재고해 주시기 바랍니다. 사람의 목숨이 3센트만도 못한 것입니까?[14]

관아에까지 끌려온 그리스도인은 결코 조상의 혼을 모시는 우상숭배를 할 수 없었습니다. 조상의 혼을 모시는 사당을 보수하기 위하여 돈을 내는 일도 우상숭배에 동조하는 일이기에 목숨을 내놓는다 할지라도 할 수 없었습니다. 가족의 전통과 사회적 관습에 대항하여 그리스도인으로서의 정체성을 당당하게 표하는 모습이 자랑스럽습니다.

1907년의 대부흥운동은 개인이 아닌 마을 공동체를 변화시켰습니다.

> 평양은 변하고 있고 점점 더 그리스도교적 도시로 되어가고 있습니다. 이제 도시를 다닐 때에 무당의 북소리를 거의 들을 수 없고, 내가 선교사 주택지역 근처 바깥 마을들 중 하나에서 소리를 들은 것은 이미 오래 되었습니다. 한국의 새해 이른 아침에 나는 내 방 옆방에서 잠을 잤던 나의 성경부인이 외치는 소

리를 들었는데, 그 말은 '새 세상이다'라는 말이었습니다. 나는 그녀를 불러 그것이 무슨 의미인지를 물었습니다. 그녀는 '모든 이웃 집의 굴뚝에서 연기가 올라오고 있다.'고 말했습니다. 몇 년 전에 사람들은 조상 제사를 하느라 밤을 지새고 제사 때 드린 음식을 가지고 늦게까지 잔치를 하곤 했습니다. 그렇게 잔치를 한 후에 깊은 잠에 빠져서 이른 아침 식사를 위해 불을 피우는 사람이 하나도 없었습니다. 이른 아침 식사도 없었습니다. 새해 첫날 새벽에 굴뚝에서 올라오는 연기는 전에는 이교도였던 집들이 이제는 그리스도인이 되었다는 것을 이 여인에게 웅변적으로 말해 주었고 흥미롭게도 '새 세상이요'라는 문장이 그녀의 입에서 나왔습니다.[15]

대부흥운동 이후 한국의 음력 설날 아침 풍경을 기록한 내용입니다. 베스트의 성경부인은 설날 아침 굴뚝에서 난 연기를 보고 감격했습니다. 성경부인이 "새 세상이요!"라고 외친 그 목소리가 우리에게까지 메아리쳐 울립니다. 설날에 제사를 지내던 '이교도' 가정이 그리스도인의 가정으로 변한, 그 감격은 그 어떤 것과도 비교할 수 없으리라![16] 이렇게 조선을 지탱해 온 유교의 관습은 기독교의 신앙으로 무너지기 시작했습니다.

기독교의 신앙은 또한 사회적 기득권을 지닌 양반 계층을 변화시켰습니다. 안동의 양반들은 선교사들이 다가가기 어려운 사람들이었습니다. 양반들은 보수적이라 새로운 것을 멀리하고 외국인과 모든 외래문화를 경멸했기 때문입니다. 안의와 선교사가 전도순회 사역으로 안동을 방문했을 때, 그들은 마치 상놈을 다루듯이 안의와 선교사에게 반말했습니다. 그러한 고압적인 태도를 지닌 양반에게 엄청난 변화가 일어났습니다. 그들이 하나님의 말씀을 배우는 일에 열정을 내기 시작한 것입니다. 그들에게 말씀을 가르치기 위해서 들어간 조사는 두 달 동안 움직이지 못하고 안동에서 머물러야만 했습니다.[17] 기와집이 교회로 탈바꿈했습니다. 양반들은 사서삼경을 공부하듯 하나님의 말씀을 공부하였습니다. 그러니 3개월 만에 수백 엔에 해당하는 책이 팔 수 있었습니다.[18]

양반들이 하나님의 말씀을 공부하기 시작하자 이보다 더 엄청난 일이 벌어졌습니다. 어떻게 이런 일이 일어날 수 있었는지, 이 일은 결코 사람이 만들어낼 수 없는 일입니다. 오직 하나님이 하셨다고 고백할 수밖에 없었습니다.

> 훈련반을 돕기 위해 3주 전에 서울로 갔던 길 장로가 토요일에 집으로 돌아왔습니다. … 길 장로가 양반들에 관해 말하는 것을 듣는 것은 흥미로운 일입니다. 부흥회가 시작되기 전에 그들은 연못골 교회의 방 한쪽에 앉기 시작했고 '상놈들'은 다른 쪽에 앉았는데, 부흥회가 끝나기 전에 양반들과 상놈들이 형제의 사랑 안에서 함께 앉았습니다.[19]

양반과 상놈이 서로 한 자리에 앉는 기적이 교회 안에서 일어났습니다. 조선사회를 지탱한 계급구조가 무너졌습니다. 무너진 그 자리에서 한 형제라는 사랑의 공동체가 움트기 시작했습니다. 그리스도의 사랑으로 서로 묶인 새로운 공동체 의식이 싹트기 시작했습니다. 또한 영적 공동체 교회는 한국의 백성들이 소망하는 국가의 공동체를 찾아가는 길목에서 쉬어가는 쉼터가 되어주었습니다.

> 일본 경찰이 교회로 몰려드는 그리스도인 무리를 보고 이들은 왜 이렇게 자주 모이고 또 도대체 모여서 무엇을 하고 있는가

베스트 선교사는 30세때인 1897년에 내한, 1937년에 은퇴하여 미국으로 돌아가기까지 40년간 숭의여학교 초대 교장, 평양여자성경학교 초대 교장, 여자고등성경학교 교장을 역임했다. 사진은 베스트 선교사와 평양 여자성경학교 졸업반 학생들과 함께 수업하다 찍은 것이다.

를 성가시게 알고자 했습니다. ... 수많은 무리가 모여 '믿는 사람들이 군병 같으니 앞서가신 주를 따라 갑시다.' '십자가 군병들이 주 위해 일어나'와 같은 찬송가를 부르고, 그리고 난 다음 선교사 조오지 맥큔은 뜻이 옳고 마음이 순전한 사람이 약할지라도 힘센 자를 능히 이길 수 있다는 전래의 교훈을 강조하면서 다윗과 골리앗의 이야기를 하였습니다. 이것은 반역적인 가르침이라 하여 즉각 식민당국에 보고되었습니다. 왜냐하면 맥큔이 다윗이 연약한 조선 사람들이고 골리앗이 힘센 일본 사람으로 상징화시켜 가르치려 했음이 분명하기 때문입니다. 한 목사는 천국에 대하여 설교했다고 체포되었다고 합니다. … 조선에 있는 일본 경찰은 조선 교회의 엄청난 조직이 '반일혁명의 온상'(hotbed of relvolutionary opportunities)이라고 항상 생각하였고, 그래서 방심치 않고 감시하였습니다.[20]

그리스도인의 윤리 회복은 국가 독립에 대한 의지를 불태웠습니다. 일제의 식민통치 당국도 기독교를 반일혁명의 온상으로 볼 정도였으니, 교회의 역할을 정치적으로 어디에 자리를 매김 하였는지 알 수 있으리라 여겨집니다.

일본이 (이곳에서) 악의 상징인 것처럼 애굽은 죄악 권세의 모습입니다. 이스라엘 민족이 죄악 세력을 알게 된 것처럼 조선 사람들도 악의 본질을 배우고 있습니다. 이스라엘 민족이 하나님을 알게 된 것처럼 조선 사람들도 하나님을 알아가고 있습니다. 이것은 우리가 조선 사람들에게 복음을 가르치는 주된 이유 가운데 하나입니다. 왜냐하면 하나님은 의로우시고 권능을 가지고 계시다는 것을 우리가 알고 있기 때문입니다. 그래서 조

> 선의 그리스도인들에게 기독교는 권능이며, 이를 가지고 조선 사람들이 구원을 받을 수 있을 것입니다. 이스라엘 민족이 하나님의 도움으로 번성한 것처럼 일본통치 아래서 조선 사람들도 번성할 수가 있습니다. ... 정의의 적은 하나님의 백성을 핍박하고 억누르지만, 이 진리의 증거를 파괴할 수도 없고 또한 그것을 방해할 수도 없다는 것을 출애굽기는 가르쳐 주고 있습니다.[21]

일본의 지배 아래에서 선교사의 눈은 분명 한국인에게 있었습니다. 한국인이 독립된 나라에서 자주적으로 일을 하길 원했습니다. 한국의 그리스도인은 일본의 격렬한 박해 가운데서도 신앙을 지켜내었습니다. 농촌에서는 우물이 주민의 식수이기에 우물을 사용하지 못하게 막는 것은 삶을 포기하라는 폭력에 해당합니다. 사람들이 살아가는데 물은 절대적으로 필요합니다. 마을 주민들은 우물을 사용하지 못하는 불편한 상황임에도 불구하고 3마일이나 떨어진 먼 곳으로 가서 물을 길어 와 마셨습니다. 이런 수고를 마다하지 않을 만큼 그들은 그리스도인으로서의 삶을 선택하며 신앙을 지켜냈습니다.[22] 한국교회의 부흥은 이렇게 성도들의 결단과 인내를 통해서 만들어졌습니다.

선교사는 한국의 그리스도인이 각자의 변화를 넘어서 공동체의 변화로까지 성장할 수 있었던 동력은 자기가 전하는 설교에 있지 않고 성도들의 신실한 믿음에 있음을 고백합니다. 한국의 그리스도인은 복음을 이웃에게 전하는 전도자의 의무를 충실하게 수행했기 때문입니다. 당시 기독교인의 학력이나 계급은 낮은 단계에 속해 있었지만, 그들이 복음을 전하는 일에는 문제가 되지 않았습니다. 오히려 그들은 기득권이 없었기에 마음 편하게 복음을 전할 수 있었습니다. 또한 그들은 예수를 믿는 대가를 치를 준비가 되었기 때문에 예수를 사랑한

1938년 황해도 재령 겨울 여사경회에 참석하기 위해 흰 두건을 쓴 부인들이 걸어가고 있다. 추운 2월의 날씨에 두 손을 모으고 볼을 감싸며 예배당으로 향하는 모습을 애니 로이드 선교사가 찍었다.

다고 말할 수 있었습니다. 이 땅에 뿌려진 복음의 씨앗은 싹을 틔어 30배, 60배 혹은 100배의 열매를 맺었습니다. 세상의 변화와 정치적 혼돈이 닿지 않는 산골짜기 마을의 사람들을 믿음의 사람으로 수확하게 하니, 그것이 더욱 놀랄 뿐입니다.[23]

그 변화와 열매의 출발은 복음에 대한 그리스도인의 열정, 바로 그것입니다. 다음은 부해리 선교사가 아버지 제임스 브루엔 목사에게 보낸 편지입니다. 이 편지는 그의 아버지가 시무하는 벨비데르 제일교회의 아침 예배시간에 낭독되었고, 미국의 성도들에게 큰 감동을 안겨 주었다고 합니다.

> "사람들이 붐비니 일찍 오시오"라는 말은 미국교회에서는 농담처럼 들릴 것입니다. 오늘 아침 우리 교회의 입구가 복잡한 것을 보고 어떤 사람이 한 말입니다. 서로 밀치는 사이에 모자(갓)가 짓눌러지고 옷이 찢겨지는 놀라운 광경이 벌어졌습니다. 왜 이런 일이 일어났는지 궁금하실 것입니다.
>
> 동계 남자사경회가 진행되고 있을 때였습니다. 학생들과 이 지역의 남성 성도들이 한꺼번에 앞마당에서 여성 예배가 끝나 교회가 비워지기를 기다리고 있습니다. 성경 공부를 하러 시골에서 올라온 500명의 남자들과 이 지역의 성도들은 교회 건물을 양쪽으로 나누어 지정한 남성 예배실로 모두 들어갈 수 없었습니다. 그래서 여성들은 9시 30분에 모이고, 남성들은 11시부터 건물 전체를 활용하기로 정했습니다. 이 남성들은 11시에 예배를 드리려고 기다리고 있던 사람들이었습니다.
>
> 마침내 문이 열리자 1,000명 남짓 되는 남자들이 서둘러 안으

로 밀려들어오기 시작했는데 이때 제가 카메라를 들고 있지 않았던 것이 아쉬웠습니다. 이 모습은 프린스턴 – 예일의 미식축구를 정면 관람석에서 보기 위해 우르르 몰려가는 관중을 떠오르게 했습니다. 이것은 2월 20일에 있었던 일입니다. 예배당 안에 있는 유일한 기구는 난로 한 개였으니 사람들이 서두르는 이유는 편안한 의자에 앉기 위해서가 아니라 나무로 된 맨바닥에라도 자리를 잡기 위함이었습니다. 그리고 그들이 예배를 마치며 부른 찬송가는 무엇이었는지 아십니까? 다름 아닌 "올해엔 주님을 향한 백만 영혼을"이었습니다. 이 구호는 한국의 모든 개신교 단체들이 받아들인 것이며, 공중예배에서 이 찬양 혹은 구호가 불리지 않는 경우는 거의 없습니다.[24]

미주

1. 필자가 경어체로 경남 지역. 서정민, “한국교회 초기 대부흥운동에 대한 사회적 반응”, 「한국기독교와 역사」 26(2007): 99.
2. Bruen, 『100년 은혜, 세상과 나누리』 2권, 124.
3. G. S. McCune, “The Holy Spirit in Pyeng Yang”, *KMF* III: 1(Jan. 1907), 1.
4. Bruen, 『100년 은혜, 세상과 나누리』 2권, 112.
5. Bruen, 『100년 은혜, 세상과 나누리』 2권. 122~123.
6. Bruen, 『100년 은혜, 세상과 나누리』 2권, 2권, 123.
7. Bruen, 『100년 은혜, 세상과 나누리』 2권, 124~125.
8. Bruen, 『100년 은혜, 세상과 나누리』 2권, 124~125.
9. Bruen, 『100년 은혜, 세상과 나누리』 2권, 130~131.
10. W. Noble & G. H. Jones, *The Religious Awakening of Korea: An Account of the Revival in Korean Churches in Korea*, 29. 이만열, “1907년 평양대부흥운동에 대한 몇 가지 검토”, 「한국기독교와 역사」 26(2007): 52. 재인용.
11. Adams, 『황무지』, 183.
12. Adams, 『황무지』, 387.
13. Bruen, 『100년 은혜, 세상과 나누리』 2권, 137~138.
14. 기록에는 원화로 기록되어 있지 않아서 원문대로 옮겼다. Bruen, 『100년 은혜, 세상과 나누리』 2권, 138.
15. Letter of Margaret Best to A. J. Brown, March 12, 1907.
16. 이만열, “1907년 평양대부흥운동에 대한 몇 가지 검토”, 20.
17. Bruen, 『100년 은혜, 세상과 나누리』 2권, 186.
18. Bruen, 『100년 은혜, 세상과 나누리』 2권, 187.
19. Letter of Margaret Best to A. J. Brown, March 12, 1907.
20. Arthur J. Brown, 『극동의 지배』 (서울: 한국기독교역사연구소, 2013): 568~570.
21. 당시 1907년에 사용된 주일학교 교본 W. S. Swallen, Sunday School on the Book of Exodus 서문의 한 구절이다. Kim Yong book(ed.).
22. Bruen, 『100년 은혜, 세상과 나누리』 2권, 279.
23. Bruen, 『100년 은혜, 세상과 나누리』 2권, 165.
24. Bruen, 『100년 은혜, 세상과 나누리』 2권, 201~202.

같은 듯, 다른 두 서양 종교

고난의 길, 선교지

"꽝꽝꽝"

소란스럽게 문을 두드리는 소리가 새벽의 적막을 깨뜨렸습니다. 안의와 선교사는 조사 김재수와 함께 길을 떠났다가 돌아왔기에, 지친 몸으로 깊은 잠에 빠져있었습니다. 그날 새벽 미명에 선교사 안의와를 찾아 온 사람은 매형 배위량이었습니다. 대구로 선교를 떠난 매형이 새벽에 이곳 부산까지 내려온 것을 보니, 무슨 급한 일이 눈앞에 놓여 있음을 직감했습니다. 아마도 누나 안애리가 보냈는지도 모릅니다. 홀로 있는 동생을 걱정하는 누이이니까요.

매형 배위량 선교사는 대구의 척박한 상황에 도움의 손길이 필요하기에 급하게 내려왔습니다. 그는 앞으로 사역하게 될 대구의 상황과 더불어 선교사로서의 사명감을 안의와 선교사에게 다시 한 번 물었습니다. 매형이 들려준 멕켄지 선교사(William John McKenzie, 1893~1895)의 죽음은 안의와 선교사를 더 깊은 고민과 번민에 빠뜨렸습니다. 안의와 선교사는 미국의 선교사 수련회에서 멕켄지 선교사를 만난 적이 있었기에, 그의 사망 소식에 더욱 놀라지 않을 수 없었습니다. 맥켄지 선교사는 한국

멕켄지 선교사(1861~1895)

어를 빨리 배우기 위해서 서울의 선교지부를 일찍 떠났습니다. 서울 정동에 자리 잡은 선교지부는 많은 방문객을 접대하느라 시간을 허비하고 있었기 때문입니다. 그렇다고 하더라도 자기 의사를 간단하게라도 표현하지도 못하는 상황에서 서울을 떠나는 것은 매우 위험스러운 일입니다. 그때 멕켄지 선교사는 한국어 단어 몇 개만 알고 있었고, 그의 한국어 교사도 영어 몇 단어만 알고 있는 상황에서 소래로 떠났습니다.[1] 그 곳에서 그는 조선의 전형적인 초가집에서 생활했습니다. 선교지의 생활양식에 따라서 살아야 한다는 원칙대로 온돌방에서 지냈습니다. 그뿐만 아니라 조선인의 음식을 먹었고 무명으로 만든 조선인의 옷인 한복을 입었습니다. 조선인과 더불어 살았습니다.

> 저(멕켄지 선교사)의 집주인이 친절하게 저를 위해 만든 한국식 양말(버선) 한 켤레를 주었습니다. 이중 면과 솜으로 되어 있고 집에서 신기 매우 편합니다. 사람들은 모두 흰색 무명옷을 입습니다. 꽤 따듯하고 사이사이에 솜을 넣어 두껍게 만듭니다.[2]

멕켄지 선교사의 삶은 조선인의 삶과 다르지 않았습니다. 먹는 것, 입는 것, 사는 것, 어느 하나 조선인의 삶과 다른 어떤 것도 취하지 않았습니다. 동학군이 소래에 들어왔을 때, 조선인 사이에 있는 이방인 멕켄지를 알아보지 못했다고 합니다. 눈과 코, 얼굴 생김새가 다름에도 조선인과 구별되지 않을 정도였다고 하니, 얼마나 그가 조선인의 삶에 동화되었는지를 알 수 있습니다. 그는 어떤 어려움이 있더라도 예수 그리스도의 복음을 들고 온 선교사가 선교지를 이탈하거나 외국인 거주지로 되돌아가서는 안 된다고 생각했습니다. 그는 조선에 널리 퍼진 콜레라와 말라리아 전염병에 걸렸을 때도, 일사병으로 인해 구토와 고열로 어려움을 겪을 때도 사역지를 이탈하거나 서울의 외국인 거주지로 돌아가지 않았습니다. 조선인처럼, 그들과 생활했던 그가 장연읍에 전도하러 다녀 온 뒤에 장티푸스에 걸렸습니다. 조선에는 이 병을 고칠 수 있는 방법이 없었습니다. 열과 복통으로 심한 고통 속에 있었던 것으로 보입니다.

> 일주인 전에 60리 떨어진 장연에 갔다고 저는 타는 듯한 뜨거운 햇빛 아래 이틀 만에 집에 가기를 서둘렀습니다. 줄곧 걸어서 집에 왔습니다. 꽤 시원해질 때까지 하루 저녁 밖에 앉아 있기도 했습니다. … 일주일 전 낮부터 저는 입안에 열이 나는 것을 느꼈습니다. 기력을 다 잃었습니다. 뜨거운 물병과 옷을 많이 입어서 땀을 흘렸습니다. 오늘 처음으로 밖에 나가지 못했습니다. 덥지 않습니다. 그러나 오! 끔찍한 기분입니다. 이런 상태로는 오래 견디지 못할 것 같습니다. 수면 부족으로 제 상태는 좋지 않습니다. 저를 도우러 오실 수 있으신지요? 아니면 다른 누군가 올 수 있는지요? … 저는 도움이 필요합니다. … 가능하다면 오셔서 한 동료의 생명을 구해 주시길 부탁드립니다.[3]

얼마나 아팠으면 도와달라고 했을까요. 어떤 어려움이 있더라도 동료 선교사에게 도움을 요청하지 않겠다던 멕켄지 선교사였습니다. 그리고 어떤 어려움에도 사역지를 떠나지 않겠다고 다짐한 그가 사역지를 떠나서 서울을 방문할 생각했다고 하니, 안의와 선교사의 마음이 아려왔습니다. 멕켄지 선교사는 이 편지를 보내지 못하고 죽음을 맞이합니다. 그의 유품을 정리하는 과정에서 이 편지를 발견했다고 합니다.

그는 소래 땅에서 오롯이 고열을 견뎠습니다. 매일 한두 번씩 구토를 해야 하는 상황에서도 일기를 씁니다.

지난 이틀 동안 거의 걷지를 못하였습니다. 매일 한두 차례 구토를 했습니다. 배편으로 서울로 가기로 결심했습니다. 내일 누군가 한 사람이 여기에 오도록 서울에 전보를 쳤습니다. 시간이 갈수록 수면을 취할 수 없습니다. 오늘은 사람들을 오지 못하도록 했습니다. 그리고 나도 밖에 나가지 않았습니다. 몸이 너무나도 쇠약해진 것 같습니다. 오후가 되자 한기가 났습니다. 가능한 한 옷을 많이 껴입고 온수통을 댄 후 땀을 흘렸습니다. 몸이 훨씬 풀렸습니다. 이대로 죽어서는 안 된다는 생각이 듭니다. 한국을 위해서라도, 그리고 내가 한국인들과 같은 생활방식으로 살다가 죽었다는 소리를 듣지 않기 위해서라도, 뜨거운 햇볕을 받으면서 여행을 감행했고, 밤늦게 차가운 이슬을 맞으면서 밖에서 이야기 한 것 등이 나의 실수였습니다.[4]

이 와중에도 자신이 감내하는 고통이 그가 택한 조선인과 더불어 살면서 복음을 전하는 선교 방법에 대한 비판으로 이어지지 않을까 걱정하는 모습이 선교사로서의 삶에 진한 연민마저 느껴집니다. 알아보기도 힘든 필체로 써 내려간 그의 글에서 당시의 고통이 얼마나 컸는지를 짐작할 뿐입니다.

다음 날 주일에 멕켄지 선교사는 서경조 장로와 그 외 몇 사람을 불렀습니다. 곧 죽을 것 같다고 말하면서 요한복음 12장 24절의 "한 알의 밀알이 땅에 떨어져 죽지 않으면 한 알이 그대로 있고"라는 말씀에 따라 살았다는 사실을 상기시켰습니다. 멕켄지 선교사는 자기가 죽으면 옷과 돈을 가난한 사람들에게 나눠주고, 교회 앞에 묻어달라고 부탁했습니다.[5] 머리가 깨질 듯이 아프다고 하고서 주일예배를 드리도록 조선인들을 내 보냈습니다. 그리고 난 뒤 맥켄지 선교사는 총을 들어서 머리에 대고 그대로 방아쇠를 당겼습니다.

멕켄지 선교사 무덤 옆과 서경조의 둘째 아들 서봉호. 멕켄지 선교사는 1893년에 독립적으로 선교사로 내한하여 1894년 2월 3일에 소래교회의 초대목사로 부임했다. 거기서 학교와 병원을 운영하다가 일사병과 장티푸스로 인한 신열로 1895년에 사망하였다. 그의 죽음은 캐나다 장로교가 1898년에 최초 내한 선교사를 파송하는 계기가 되었다.

"땅!"

멕켄지 선교사의 죽음은 조선 선교사들에게 엄청난 충격을 안겨주었습니다. 그는 선교의 짐이 되느니 전염병의 근원을 없애는 편이 낫다는 생각했을 겁니다. 선교사로서 하나님의 부름을 받은 그 자리에서 선교의 짐이 되는 상황을 견디기 어려웠을 겁니다. 안의와 선교사는 멕켄지의 마음을 이해할 수 있었습니다. 뜨거운 열정과 용기로 조선인의 삶으로 들어간 멕켄지 선교사를 애도하며 안의와 선교사는 그의 몫까지 열심히 선교 사역을 감당하겠다고 다짐했습니다.

> 외로움과 역경, 그리고 물질적 궁핍을 영혼의 양식으로 삼았던 나의 멕켄지 선교사여, 내가 당신의 몫까지 다 하리다. 당신에게 부디 하나님의 은총과 평화가 있기를…[6]

매형 배위량 선교사는 다시 한 번 선교사의 길이 얼마나 척박한지 일깨워주었습니다. 그리고 옮겨가야 할 선교지 대구가 어떤 곳인지를 알려주었습니다. 대구에 처음으로 들어온 이방인인 로마 가톨릭교회의 신부 이야기를 들려주었습니다.

1886년 조불수호통상조약

조선과 프랑스의 조약체결로 사실상 로마 가톨릭교회는 조선 땅에서 선교를 할 수 있게 되었습니다. 배위량 선교사보다도 10여 년 전에 이미 가톨릭 신부가 대구에 들어왔습니다. 국가 간의 조약체결로 선교의 길이 열렸으니 천주교 신부가 길에서 말씀을 전하는 일은 하나도 이상한 일이 아니지요. 그렇지만 여전히 선교의 길은 험하고 위험했습니다. 관리들의 횡포가 심했을 뿐만 아니라 선교사와 신자들을 박해하고 음해하는 이웃들이 많았다고 합니다. 조선 백성은 여전히 천주교에 호의적이지 않았습니다. 그래서 프랑스 신부 로베르(Achille Paul Robert, 金保祿)가 초대 주교로 대구본당(현 계산성당)에 왔을 때, 그는 인근 산속에 숨어서 지내야만 했습니다.

1886년 조불조약이 체결되고 선교의 자유가 허락되자 1887년경에 새방골, 즉 지금 대구시 서구 상리동의 죽밭골로 거처를 옮겼습니다. 초가집 한 채를 지어 임시 성당으로 사용하였습니다. 그는 조불조약으로 인해 조선에 거주할 수 있는 권리를 법적으로 보호를 받고 있기는 하지만, 외국인에 대한 반감과 천주교에 대한 배척은 여전했기에, 극히 조심스럽게 선교활동을 하였습니다. 1887년 2월 대구에서 로베르 신부의 복사(服事)-미사를 드릴 때 사제를 도와 시중드는 사람-를 비롯한 몇몇 신자들이 체포되었습니다.[7] 그리고 1890년 2월에는 경상도 함안에서 한 군졸이 신자인 어머니의 장례를 천주교 식으로 치렀다는 이유로 박해가 일어났고, 이후 박해는 경상도 각지로 확대되었습니다.[8] 서양과 동양의 낯선 문화의 만남에서 이루어진, 오해에서 비롯된 갈등입니다.

신부가 대구의 중심에 들어와 성사를 집전하게 되자, 자연스럽게 그의 사제관이 대구의 주민들에게 알려졌습니다. 호기심을 가진 이들이 그곳을 방문하기 시작했습니다. 로베르 신부는 찾아온 사람들에게 천주교의 교리를 가르치기 시작했습니다. 낯선 사람이 전하는 이상한 교리가 마음에 감동으로 다가온 사람이 있는 반면, 오히려 반감만 일어난 사람도 있었습니다. 반감을 가진 사람들은 자연스럽게 천주교를 비난하였습니다. 서양인에 대한 반감은 1890년 12월 25일에 폭발하였습니다. 김영옥, 윤남출 등 대구의 백성들이 사제관을 침입하여 하인들을 구타했습니다. 그때 로베르 신부는 경상도 지역을 돌보려고 이미 길을 떠난 뒤였습니다. 로베르 신부가 다시 대구로 돌아와 그 소식을

1889년 세워진 십자형 한옥성당인 계산성당(위)과 1903년에 세워진 고딕형 계산성당(아래). 십자형 한옥성당은 1901년 지진으로 소실되어 고딕형 성당으로 건축되었다.

접한 것은 1891년 2월입니다. 로베르 신부가 대구로 돌아왔다는 소식을 듣자 천주교에 반감을 가진 자들이 사제관에 찾아와 신부를 위협하였습니다. 그뿐만 아니라 죽밭골과 그 인근의 신자들까지도 모욕했습니다.

신자들이 모욕을 당하자 로베르 신부는 이 사건을 그대로 묵과할 수 없었습니다. 그는 자신과 신자들을 모욕한 자들을 붙잡아 오도록 하였습니다. 신자들은 김가(金哥)라는 자를 붙잡아다가 모욕한 일행의 이름을 묻고는 그를 풀어주었습니다. 그런데 김가는 대구로 돌아가서 서양인과 신자들이 자신을 학대하고 때렸다고 거짓말했습니다. 갈등은 더욱 증폭되었습니다. 로베르 신부는 사제관에 더이상 있을 수 없음을 직감하였습니다. 자기 때문에 신자들이 당하는 모욕과 박해를 그대로 두고 볼 수만 없었습니다. 신부는 지방관을 찾아가 자신과 신자가 당한 모욕과 협박을 고발하기로 결심했습니다. 2월 25일 로베르 신부는 전교(傳敎)회장이자 통역인 김문일과 두 명의 마부를 대동하고 대구 판관을 찾아갔습니다. 그는 명함을 제시하고 판관을 만나기를 청하였으나 판관은 병을 이유로 거절하였습니다. 로베르 신부는 마부를 통해 자신을 협박했던 주민들의 이름을 전달하고 재판을 열어달라고 청하였습니다. 하지만 판관은 경상 감사의 명령이 없이 아무것도 할 수 없다고 답변하였습니다. 이에 로베르 신부 일행은 경상 감사를 만나려고 길을 나섰습니다. 그런데 가는 도중 관원과 대구 주민들이 그들에게 돌을 던지며 위협하였습니다. 왕실이 맺은 국제조약이 지방에서 그 효력을 발휘하기까지 시간이 필요했습니다.

로베르 신부 일행이 감영에 도착한 후 감사와의 면담을 청하였습니다. 하지만 감사는 면담을 거절하고 통역사만 만나겠다고 했습니다. 감사는 김문일에게 서양인이 감영을 찾아온 이유와 그가 천주교를 믿는지 등을 물었습니다. 김문일은 주민들의 위협 행위를 고소하기 위해서 찾아왔고, 서양인과 자신이 천주교를 믿는다고 대답했지요. 그러자 감사는 통역사를 성 밖으로 쫓아내고, 서양인도 내쫓으라고 명을 내렸습니다. 아전(조선시대 지방관청에서 일하던 하급 관리)들은 김문일과 마부들을 구타했고, 주민들은 로베르 신부를 위협했습니다. 위험을 직감한 로베르 신부는 감사가 호위해 주지 않는다면 감영을 떠나지 않을 것이고, 자신이 죽게 된다면 감사에게 모든 책임이 돌아갈 것이라고 경고하였습니다. 이에 감사는 군졸 2명에게 로베르 신부 일행을 호송하도록 하였습니다. 추방당하는 도중에도 통역사와 마부는 군졸에게 구타를 당했고, 로베르 신부는 주민들로부터 모욕을 당했습니다. 로베르 신부는 경상도 경계 밖으로 쫓겨났고, 이후 감시가 소홀한 틈을 타서 도피하여 신자들의 도움을 받았습니다. 그는 사제관이 약탈당하고, 대구와 인근 지역의 신자들이 피신했다는 소식을 들었습니다. 로베르 신부는 3월 5일 자로 서한을 작성하여 뮈텔 주교에게 이 사건을 보고하였습니다.

뮈텔 주교는 3월 8일 주한 프랑스 공사 콜랭 드 플랑시(Collin de Plancy)에게 보고했습니다. 조불조약이 체결되었기에 이 사건은 프랑스와 조선 사이에 맺은 협약을 위반한 중대한 사건이라 여겼기 때문입니다. 로베르 신부가 외국인들에게 내주던 여행권인 호조(護照)를 지니고 있었음에도 불구하고 조선인들로부터 위협을 받았으니 말입니다. 그리고 로베르 신부가 지방관에게 보호를 요청했음에도 추방을 당했으니, 이 사건은 작은 사건으로 치부할 수 없었습니다. 주한 프랑스 공사는 외무부 장관에게 전보를 쳐서 이 사건을 해결할 군함 1척을 보내달라고 하였습니다. 외무부 장관은 이 사건을 신중하면서도 단호하게 처리하도록 전보로 지시했습니다. 프랑스 정부는 조선을 압박하기 위해서 함포외교를 실행하고자 했습니다.

만약 일개 구역의 부사(府使: 지방관리직)나 목사(부(府) 아래의 목(牧)을 관할하는 지방관)였다면 본인이 좌천이나 파면을 요구하고 본인의 힘으로 요구를 관철시킬 수 있었을 것입니다. 그러나 본 사건은 조선의 계급 서열 중 가장 높은 지위를 차지하고 있는 고관과 관련이 있습니다. 조선에서 감사는 관할 지방에서 독립을 보장받았다고 할 수 있습니다. 감사들은 알아서 세금을 징수하며 군인들을 징집하고 관리합니다. 간단히 말해 감사는 통제를 받지 않고 행동하며 일반적으로 서울에서 내려오는 명령을 꼭 지켜야 한다고 여기지 않습니다. 게다가 현 경상 감사는 그 직위가 갖는 명성뿐만 아니라 왕실에 속하는 권력도 지니고 있습니다. 그러한 중직을 말을 나이가 되지 않았음에도 불구하고 그가 감사직을 차지할 수 있었던 것은 특혜를 받았기 때문이었음을 덧붙입니다. 이러한 인물을 공격하는 것이 더욱 어려웠던 것은 제 동료들과 마찬가지로 본인의 요구사항은 영향력이 없으며 지위가 낮고 국왕에게 직접 간언할 수 없는 통리교섭통상사무아문(1882년 외교통상 사무를 관장할 목적으로 통리아문을 확충·개편한 중앙관청) 독판에게 전해야 했기 때문입니다. 통리교섭통상사무아문 독판은 본인의 요구를 정승들 앞에서 변호해야 했지만, 그는 분명 자신보다 지위가 높은 관리들에게 타격을 입힐 수 있는 제안에 지원하는 것보다 차라리 사임하는 편을 택했을 것입니다.[9]

이 보고에서 눈여겨 볼 것은 "부사나 목사였다면", 자신이 직접 요구하여 좌천이나 파면을 시킬 수 있었다는 구절입니다. 실제로 이전에는 드 플랑시가 통리교섭통상사무아문에 알리거나 혹은 지방관과 직접 접촉하여 사건을 해결했던 적도 있었습니다. 하지만 이 사건은 높은 고관과 연관되어 있기에 그렇게 할 수 없다는 말입니다. 그러면

'직위가 갖는 명성'뿐만 아니라 '왕실에 속하는 권력'을 가진 특혜를 받는 인물은 누구일까요? 당시 경상 감사는 민정식이었습니다. 그는 왕후 민씨 가문 사람으로, 왕후의 총애를 받는 사람이었습니다. 민씨 가문은 고종의 친정으로 당시 권력의 중심부였기에 그의 징계를 왕실에 요구한다는 것은 어려울 것이라 여겨집니다. 그렇다고 민정식의 문제를 그대로 간과하고 지나갈 수는 없는 일이었습니다. 민정식에 대한 징계가 어떤 형태로든 이루어져야 앞으로 프랑스가 조선에서 힘을 발휘할 수 있기 때문입니다. 이 문제를 원칙에 따라서 처리하지 않는다면, 프랑스 선교사에 대한 적개심을 감추려 하지 않을 뿐만 아니라 조선과 맺은 협약도 아무런 소용이 없게 됩니다. 그래서 그는 민정식의 면직과 함께 조선 왕실을 압박하기 위한 프랑스 군함을 요청했습니다.

드 플랑시는 통리교섭통상사무아문의 으뜸 벼슬인 독판에게 경상 감사가 면직되어야 마땅하지만, 조선 정부가 우호적인 태도를 보여준다면 시정조치에 만족할 것이라고 하였습니다. 만약 충분하게 시정하지 않는다면, 공식 문서를 작성하여 감사의 면직을 요구하겠다는 점을 분명하게 하였습니다. 이에 민정식은 로베르 신부가 모욕과 학대를 당한 사실을 인정하였습니다. 하지만 그가 대구에 온 날은 장날이었기에 사람이 많아 소란이 일어날까 염려되어 그렇게 했다고 해명했습니다. 신부 일행을 추방한 이유는 통역사와 외국인이 모두 천주교 신자라고 했기 때문이며, 그것은 관할 지역에서 그들을 추방할 수 있는 이유로 충분하다고 항변했습니다.[10] 드 플랑시는 이 문제가 쉽게 해결되지 못 할 것이라 생각했습니다. 왕후가 총애하는 관리였기에 더욱 그러하리라 여겼습니다. 3월 15일에 프랑스 해군부 장관은 프랑스 극동함대 베나르 해군 소장에게 최대한 빨리 제물포로 군함을 파견하라고 지시했고, 3월 21일에 아스픽호가 제물포에 도착하였습니다.

아스픽 호가 도착한 그날 민종묵은 뮈텔 주교를 찾아가 중재를 부탁하였습니다. 민종묵은 드 플랑시가 요구한 조건을 가지고 협상을 시도했으나 왕후와 민씨의 가족들은 조건을 거부했습니다. 협상이 난관에 봉착한 시점에 함대가 제물포에 도착하였으니 진퇴양난입니다. 그에게 남은 희망은 뮈텔 주교뿐이었습니다. 민정식이 징계를 모면할 수 있도록 중재에 나서길 부탁하였습니다. 뮈텔 주교는 민정식의 징계가 어렵다는 것을 잘 알고 있었습니다. 또한 민씨 가문 사람의 징계로 인해 선교회가 눈 밖에 나는 것을 원하지 않았습니다. 때마침 대구로부터 긍정적인 소식이 들려옵니다. 지방관이 명령을 내려 천주교 신자들이 더 이상 괴롭힘을 당하지 않도록 했으며, 로베르 신부의 사제관에서 약탈당한 물건을 돌려주도록 했다는 것입니다. 그는 감사가 잘못을 깨닫고 이를 바로 잡으려는 것으로 이해했습니다.[11]

로베르 신부의 사건은 선교지로서 대구의 상황이 녹록치 않음을 극명하게 드러내줍니다. 그렇다고 안의와 선교사는 대구로 떠나는 것을 멈출 수 없었습니다. 대구의 상황이 녹록치 않으나, 그것이 떠나지 못할 이유가 되지 않았습니다. 선교사로서의 길을 떠나면서 편안하고 안락한 삶만을 꿈꾸지 않았습니다. 그래서 로베르 신부의 사건이 그의 발목을 붙잡지는 않았습니다. 오히려 천주교 신부가 이미 그곳에서 복음을 전하고 있기에 대구를 향해서 하루라도 빨리 떠나야겠다고 결단했습니다. 이 길이 하나님이 주신 길이자 선물이라고 생각했습니다. 하나님께서 함께 하시니 주저할 이유가 없었습니다.

개신교와 가톨릭의 갈등

이 시대를 살아가는 백성에게 가장 큰 어려움은 외부에서 오는 서양국가의 공격뿐만 아니라 백성들을 돌보아야 할 책무를 지닌 관리들의 횡포가 한 몫을 담당하였습니다. 관리들은 정당한 법적 절차를 무시하며 백성들을 체포하고 그들을 때리고 돈을 갖다 바칠 것을 강요했습니다.

> 관리들은 보통 서울에서 내려오기 전에 많은 금액을 그의 상관에게 바치고, 그들이 부임하자마자 그리고 다른 사람이 그 자리에 부임하기 전에 가능한 한 빨리 그리고 그들이 확보할 수 있는 한 많이 그 돈을 변상 받으려고 합니다. 관리들의 임기는 정해져 있지 않으며 그들이 재임해 있는 동안에는 거의 절대적인 권력을 행사합니다. 그리고 그들은 또 다른 사람이 그 자리를 위해 충분한 돈을 지불하자마자 교체됩니다. 이런 체제가 가난한 사람들에게 미치는 결과는 몹시 끔찍합니다. 그들의 통상적인 세율은 그들 수입의 20%에 이르는데 그들은 그 이상으로 말로 표현할 수 없을 만큼 벗겨지고 또 벗겨지며 뜯기고도 또 뜯깁니다. 프랑스 혁명전 루이의 통제 아래 있던 소작농 계급을 떠올리게 합니다.[12]

동학운동으로 서구 열강의 전쟁터(청일전쟁)로 변한 조선은 청일전쟁으로 새롭게 거듭나고자 청과 동등한 대한제국을 선호하였습니다. 하지만 러일전쟁을 거치면서 대한제국의 주도권을 쥔 일본에 의해서 강제로 을사늑약을 체결하면서 백성의 삶은 더욱 힘들어졌습니다. 일본의 강압적 개입으로 건설된 철도는 수백 명의 일본인들을 전국으로 퍼져가게 했습니다. 일본은 근대화된 국가의 기초를 놓는 전화국이나 은행 등과 같은 부대시설을 한국에 도입하였습니다. 이뿐만 아니라 일본에서 배로 싣고 온 수많은 물품을 기차로 옮겼습니다. 그렇게 일본의 세력은 내륙지방까지 퍼지기 시작했습니다.

출처 국립중앙박물관

Le Petit Journal

TOUS LES JOURS
Le Petit Journal
5 Centimes

SUPPLÉMENT ILLUSTRÉ
Huit pages : CINQ centimes

TOUS LES DIMANCHES
Le Supplément illustré
5 Centimes

Cinquième année — LUNDI 13 AOUT 1894 — Numéro 195

LES ÉVÉNEMENTS DE CORÉE

Agitation à Séoul

Le Petie Journal 프랑스 신문 표지에 청일전쟁 무렵 서울에서 청국인들과 일본인들이 술렁이는 모습의 삽화가 실려있다.

이 나라는 불안과 소요가 점점 커지고 있습니다. 저희 입장에서 볼 때 일본인들은 이 나라에서 정책을 수립함에 있어 조금도 과장하지 않고 말해서 터무니없는 실수를 저지르고 있습니다. 가장 나쁜 것은 그들이 매우 불필요해 보이는 실책을 한다는 것입니다. 사람들을 효과적으로 끌어들이는 방식으로 동일한 목적을 달성할 수 있는데도 불구하고 그들은 쓸데없는 모욕을 주고 잔학행위를 하고 있습니다. 그 끝이 어떻게 날지는 알기 힘듭니다. 일본은 전쟁을 시작하면서 이 나라와 동맹을 맺을 때 체결한 조약을 지키려는 의지가 분명하게 전혀 없어 보입니다.[13]

한국의 백성들은 일본에게 나라의 주권을 빼앗기고 일본의 통치를 받게 되었습니다. 이제 어느 누구로부터 정치적 보호를 받지 못하는 상황에 떨어지고 말았습니다. 대한제국 황실의 권력도 유명무실해진 상황에서 기댈 곳은 선교사들뿐이었습니다. 하지만 한국인의 눈에 낯선 두 이방인, 천주교와 개신교 선교사를 구별하기는 쉽지 않았습니다. 특히 종교적 확신에 따라서 교인이 된 한국인에게는 문제가 되지 않습니다. 하지만 정치적 또는 경제적 이익을 누리려는 목적으로 종교집단에 소속된 한국인은 천주교와 개신교를 구별하는 일이 쉽지 않았습니다. 서양 사람들은 동양인인 일본인과 중국인, 한국인을 구별하지 못하는 반면, 유럽국가에 속하는 프랑스인과 독일인, 영국인은 구별할 수 있다고 합니다. 이는 동일하게 우리에게도 적용됩니다. 우리는 중국인과 일본인은 구별할 수 있는데, 프랑스인과 독일인을 외모로만 구별하하기 쉽지 않은 것과 마찬가지입니다. 당시에는 종교적 확신에 따라서가 아니라 눈앞의 놓여 있는 경제적 또는 정치적 문제를 해결하기 위해서 천주교나 개신교인이 되는 경우도 많았습니다. 안의와 선교사는 개신교 신자들 중에 신앙적으로 개신교에 속했다고 하면서도 여전히 로마 가톨릭교회를 떠나지 못하고 머물러 있는 이들의 문제를 해결하고자 하였습니다. 안의와 선교사는 그들이 로마 가톨릭 공동체로부터 어떤 세속적인 이익을 얻고 있기 때문에 그 공동체를 나오지 못한다고 생각했습니다. 그래서 이 문제를 두고 그는 로마 가톨릭교회의 신부를 만나서 의논하고자 하였습니다. 가장 강력한 가톨릭 중심지 중에 하나가 대구이기에, 가능한 한 문제를 일으키지 않는 한에서 해결하고 싶었습니다. 세속적 이익 때문에 로마 가톨릭교회를 떠나지 못하는 이유를 천주교의 신부를 만나서 설명하여 그들이 평화롭게 신앙생활을 할 수 있도록 돕고자 하였습니다.[14]

천주교는 개신교보다 오래 전에 조선에 들어와 자리를 잡으면서 조선 왕실로부터 심한 박해를 받았습니다. 그래서인지 천주교의 신부들은 어떤 종류의 억압이든지, 그로부터 로마 가톨릭교인을 보호하기 위해 가능한 한 모든 방법을 사용해야 한다고 생각합니다. 천주교의 신부는 신자가 명백한 잘못을 저질렀음에도 불구하고 무조건 그들이 천주교 신자라는 이유만으로 가능한 한 모든 방법을 동원하여 그들을 도왔습니다. 이 방법에 안의와 선교사는 회의가 들었습니다. 그는 한국사회가 정치적으로 일본의 통제 아래에 있어서 부당한 대우를 당할 때가 많다는 것을 잘 알고 있었습니다. 그래서 나라의 주권을 잃어버린 한국의 백성이자 성도들의 아픔을 깊이 공감할 뿐만 아니라 최대한 기꺼이 함께 하고자 하였습니다. 그렇지만 죄를 범했음에도 불구하고 그들이 단지 교인이라는 이유로 죄를 덮어주는 것이 하나님 앞에서 올바른 대처인지 의문이었습니다. 천주교의 대응책을 한국의 백성들이 이용하는 일까지 일어나곤 했습니다. 그들은 명백한 범죄임에도 불구하고, 그에 합당한 형벌을 면하고자 로마 가톨릭교회의 울타리 안으로 들어갔습니다. 한국의 관리들도 이미 로베르 신부의 사건을 경험했기에 함부로 로마 가톨릭교회의 신부들에게 손대기를 두려워했습니다. 한국인은 "신부가 좋은 사람이면 신부를 속이고 혹은 신부가 나쁜 사람이면 그의 편에 서서는, 그들의 무법적인 본능에 자유통치를 허락하여 다른 사람에게 저지르는 잔인무도함에 있어서 관리들보다 더 나쁜 짓"을 저질렀습니다.[15] 천주교 신부의 이런 태도로 인해 개신교 교회의 성도들은 천주교로부터 자주 고통을 당했습니다. 그뿐만 아니라 명백한 범죄임에도 불구하고 관리들의 통제와 재판을 받지 않고 자유를 얻게 되는 나쁜 실례를 보여주어 하나님의 말씀에 합당한 올바른 행위를 가르치는 일이 힘들어졌습니다. 개신교 성도들은 심지어 왜 개신교 선교사들이 교회 성도들을 위해 도움을 주지 않느냐고 공공연하게 항의하기도 하였습니다. 팔은 안으로 굽는다는 속담을 이야기하며 도와주지 않는 선교사들을 원망하기도 합니다. 이러한 현상은 한국인들이 스스로 옳고 그름을 판단하는 윤리적 판단능력을 마비시키기에 더욱 위험한 일이라고 판단했습니다. 관리의 부당한 재판으로 인해 불이익을 당하거나, 천주교의 개입으로 인해 부당한 판결을 받게 된다면, 그것은 분명 마땅히 알아야 할 올바름의 기준을 잃어버리는 일이 되기 때문입니다.[16] 선교사의 책무는 이 땅에 사는 백성들에게 예수 그리스도의 복음을 전하고, 하나님의 말씀에 합당한 행위를 하는 그리스도인을 양육하는 일이 아닌가! 단지 천주교의 신부들처럼 천주교인이라는 이유만으로 죄를 덮어주는 행위는 하나님의 말씀에 합당하게 사는 그리스도인의 삶이 아니지 않은가! 한국의 그리스도인들이 하나님 앞에서 올바른 판단에 따른 윤리적 행위를 하도록 가르치는 것이 선교사의 의무가 아닌가![17]

경상북도 경주에서 천주교와 개신교 사이에 갈등이 일어났습니다. 안의와 선교사는 반천주교 조직으로 인한 이 갈등을 선교부에 보고하고 있습니다. 그는 보고서에서 "그 지역 신부는 통제를 거의 할 수 없게 되어 마침내 관찰사를 찾아가 법에 따라서 재판해서 처벌할 것을 요청"했다고 기록하고 있습니다.[18] 도대체 무슨 일이 일어 난 것일까요? 안의와 선교사는 천주교의 신부를 정말 좋은 사람이고, 신부가 올바르게 처신했다고 보고합니다. 그가 천주교와 개신교 사이에서 일어나는 사건을 자세하게 기록하고 있지 않습니다. 하지만 부해리 선교사가 1904년 5월 1일 자로 브라운 총무에게 보내는 편지에서 그 갈등을 읽을 수 있습니다. "천주교 신자들이 자기 마음대로 사람들을 붙잡아 때리고 심지어는 약탈하는 위법행위"를 하고 있다고 보고합니다. 이에 대항하여 "예수교리교회(Jesus Doctrine Church)"라는 개신교 무리가 일어났다고 합니다. 안의와 선교사는 이 무리를 "비열한 추종자들을 모아서 개신교회의 이름으로 천주교에 대항"했다고 사건을 서술하고 있습니다.[19] 이들이 자체적으로 지도자를 뽑았고, 발기회비도 징수했다고 합니다. 이들이 주일에 행한 행위는 기이하기까지 합니다. 그들은 신약 성경 복사본을 조심스레 형틀에 올려놓고 주변에 둘러 모여 재판을 했다고 합니다. 이들이 천주교 신자들에 대한 불만을 토로하면, 지도자가 재판관으로 판결을 내렸다고 합니다. 그들은 여기에서 멈추지 않고 재판관이 내린 결정에 따라서 범죄자를 데리고 와서 다시 재판했다고 합니다. 재판관의 판결에 따라서 심지어는 매질하는 등의 형벌을 행했다고 합니다.[20] 이들은 돌아가며 헌금을 했고 그것으로 술을 사서 마시고 취한 채로 하루의 일과를 준비하기도 했다고 합니다.[21]

이 사실을 알게 된 선교사는 영수를 먼저 내려보내어 사건을 조사하도록 하였습니다. 그 후에 부해리 선교사가 내려갔을 때, 이미 지도자는 자기 죄를 회개하였고 매질하던 사람은 스스로 교회를 떠났습니다. 부해리 선교사는 이 일을 처리하는 과정에서 천주교 신부의 처신을 높이 평가합니다. 천주교 신부는 스스로를 천주교의 신도라고 하면서 잘못을 저지른 자들의 명단을 관아에 넘겨서 그들이 저지른 잘못에 합당한 벌을 받도록 하였습니다. 관찰사는 법에 따라서 재판하였고 이에 따라 천주교와 개신교의 갈등은 어느 정도 호전이 되었습니다.[22] 이렇게 단호하게 문제를 해결한 천주교 신부의 결단이 놀랍습니다. 안의와 선교사도 천주교 신부의 특별한 조치를 만족스럽게 생각했습니다. 이 일로 천주교의 교세가 약화하였습니다.[23] 교세의 약화는 개신교에서도 마찬가지였습니다. 전성기에는 약 70~80명 회원을 가지고 있었다고 공공연히 공표하였는데, 지금은 한 그룹은 8명, 다른 한 그룹에는 4명뿐일 정도로 그 교세가 줄었습니다.[24] 안의와 선교사는 개신교의 이름으로 "예수교리교회"를 설립한 자들이 개신교의 교리에서 벗어나 우상숭배를 하는 자들이기에 이들에 대한 그의 태도는 단호합니다. 그는 과감하게 그 공동체를 해산시킵니다. 복음이 전해지는 자리에서 생기는 가라지, 그리고 종교개혁 이후로 대립 구도에 선 천주교와 개신교의 갈등은 여전히 한국 땅에서도 이어지고 있음을 보게 됩니다.

천주교와 개신교의 갈등은 황해도에서 1901년 7월에 일어난 장연 사건으로 시작합니다. 이 사건은 1903년 1월에 이르러 교안(敎案)으로 확대됩니다. 천주교인인 조병길이 1901년 7월 장연 사람 개신교도 김윤오가 공금을 유출했다고 본군과 관찰부에 고소하였습니다. 그런데 재미있게 조병길이 구속되었습니다. 이에 풀려난 조병길은 1902년 봄 법부에 소송을 제기했습니다. 이때 평리원(平理院)이 김윤오에게 배상할 것을 판결했습니다. 이렇게 사건이 정리되는 듯했습니다. 그런데 그 후에 해서사핵사로 파견된 이응섭에 의해 무죄 판결을 받아 판결이 번복되고 말았습니다. 이렇게 판결이 일관성을 잃게 되자, 황해도 일대에서 사역하던 조셉 빌렘(Joseph Wilhelm)신부가 강력하게 항의하면서 문제가 서방의 선교사에게 의존하는 양상을 띠게 되었습니다. 1903년 1월 15일 신천의 천주교인 안태건을 비롯한 12명의 천주교인이 법부의 훈령과 빌렘 신

출처 서울역사박물관 『韓國風俗風景寫眞帖』(京城日韓書房, 1910)

1910년 대구 관찰부(관아)의 정면 모습. 삼문 안쪽에 보이는 '선화당(宣化堂)' 편액이 뒤집어진 것으로 보아, 좌우가 바뀐 채 잘못 인화된 것이 아닌가 한다.

부의 서찰을 갖고 장연관청에 들어가 염출한(필요한 비용 따위를 어렵게 걷거나 모으다) 돈을 반환해 달라고 요구하였습니다. 장연 군수는 이 사실을 관찰부에 보고하고 장연 교우 여섯 명을 체포하였습니다. 천주교의 빌렘 신부는 이 사건을 단순히 한국인 천주교 신자와 개신교 신자의 법정 다툼이 아니라, 그 뒤에 개신교 선교사들이 개입하여 법정 판결에 영향을 끼쳤다고 생각했습니다. 그래서 그는 교구장인 뮈텔(Mutel)에게 서한을 보냈습니다. 그는 서한에서 개신교 신자인 김윤오는 탐관오리의 앞잡이이고 개신교 선교사들이 개입하여 일어난 문제로, 천주교의 신부가 해당 지역의 주민과 관리로부터 존경을 받는 것을 시기하여 벌인 일이라고 보고하였습니다.

> 본인은 장연 군수 박래훈의 방문이 마지막 책동이었다는 생각을 하지 않을 수 없습니다. 주교님께서 미리 말씀하시지 않았더라면 저희들은 완전히 이용당하고 말았을 것입니다. 이번 사건은 모두 개신교도들의 착상에 의한 것인데 신부들이 당국자들로부터 존경을 받고 있음을 주의해 개신교도들이 위태롭게 생각한 데서 비롯되었습니다. 그들은 그들의 원통함을 황주, 장연, 재령에 전염시켰습니다. 관찰사는 김윤오가 향장(지방의 수령을 보좌하던 자문기관)이었다고 주교님에게 거짓말했습니다. 그는 적어도 이미 일 년 전에 향장을 그만두었습니다. 그는 자신에 대한 비난의 소리가 높아가고 있음을 알고 있었습니다. 또 하나 분명한 것은 개신교도들의 생소한 착상이 바로 관찰사의 계략이었다는 사실입니다. 즉 그것은 신부들을 모르는 체하고 신부들과는 아무런 관계도 맺고 있지 않으려 하는 술책이었습니다.[25]

빌렘 신부가 추정하는 대로, 한국의 개신교 신자 뒤에 개신교 선교사가 있어서 판결에 영향을 끼쳤을까하는 의문이 일어납니다. 이 사건과 관련하여 언더우드 선교사는 김윤오가 구타를 당하고 잡혀간 것이 빌렘 신부의 지시로 천주교인들이 한 것이라고 지적합니다. 그리고 세 가지를 지적하며 항의하였습니다. 첫째, 비난을 받아야 할 사람은 김윤오가 아니라 장연 군수입니다. 둘째, "만일 김윤오에게 잘못이 있으면 조선 국법에 의해 재판을 받아야 할 것입니다." 셋째, "서경호와 윤제경을 제거해야 일이 해결될 것인데 그렇게 되면 프랑스 신부와 미국 선교사의 싸움이 될 것입니다."[26] 언더우드 선교사는 분명하게 한국인이 범법을 저질렀다면 한국인에 의해서 재판을 받아야 하며, 프랑스 신부와 미국 선교사의 싸움으로 번져가는 상황에 대해 우려감을 드러내었습니다.

이에 빌렘 신부는 언더우드 선교사에게 회답을 보내며 세 가지를 지적하였습니다. 첫째, "장연 군수는 도둑질을 하였고, 김윤오는 그것을 도왔습니다." 둘째, "이들은 해주와 서울에서 모두 유죄 선고를 받았습니다. 그럼에도 불구하고 형을 면제 받았다고 하며 활보하고 다니니 교우들이 격분할 수밖에 없었습니다." 셋째, "목사는 교우들의 유죄를 선고하겠습니까? 아니면 백성들을 배신하고 도둑질을 한 군수와 김윤오의 편을 들겠습니까?"[27] 김윤오의 공금 유출이 혼자 이루어진 일이 아니라 그의 상관인 장연 군수의 지시 아래에서 이루어진 일입니다. 그래서 언더우드 선교사도 이 일로 김윤오에게 잘못이 있다면 당연히 한국의 법에 따라서 형벌을 받아야 한다고 지적하였습니다. 이런 맥락에서 개신교 선교사들과 천주교의 빌렘 신부가 대화를 통해서 문제를 해결할 수 있는 길이 있었지만 이 사건으로 인해 천주교와 개신교의 갈등은 심화되었습니다. 천주교 신부들은 한국의 관리들을 더욱 신뢰하지 못하게 되었을 뿐만 아니라 군수가 책정하는 세금은 불법이기에 바치지 않아도 된다는 소문이 퍼지기도 하였습니다.

선교사 헐버트는 코리아 리뷰(The Korea Review)에 다음과 같이 기고하였습니다.

> 우리는 지난 여러 달 동안 신구교 분쟁에 대해 침묵을 지켜왔으나 더 이상의 침묵은 대단히 중요한 문제에 대해서 정보를 기대하고 있는 일반대중에 대한 우리의 책임을 저버리는 일이 될지도 모르는 지경까지 이르렀습니다. 우리들이 근거하고 있는 증거는 단지 상황추측이 아니라 직접적으로 문서에 근거한 것으로 그에 관련된 사람들의 서명 날인에 의한 것입니다.[28]

헐버트는 적어도 이 문제를 직접적으로 해명해야 한다고 생각했습니다. 사건상황에 대한 추측으로 인해 오해가 일어나지 않도록 처치해야 한다고 생각했던 것이지요. 빌렘 신부는 헐버트 선교사에게 인신공격을 하며 불만을 토로하였습니다. 이렇게 천주교와 개신교의 갈등은 한국 사람을 넘어서 서양의 선교사들의 갈등으로 번져가는 양상을 띠었습니다.

천주교와 개신교의 묘한 갈등의 기류가 1902년에 또 하나의 사건으로 더욱 격렬해집니다. 천주교 성당을 건축하면서 천주교인이 개신교 신자인 어노방의 주민들을 방문하여 건축기부금을 요청하는 일이 벌어집니다. 어노방의 주민이 이에 불응하자 이들을 감금하여 구타하는 일이 벌어졌습니다. 이 일이 일어나게 된 원인은 개신교의 교세가 확장하자 이에 대한 위기의식에서 비롯된 것입니다. 본래 이 지역은 천주교가 강세인 지역이었습니다. 그런데 개신교의 교세가 확장하기 시작하자, 성당건축을 빌미로 박해한 것입니다. 이 일은 그해 8월 20일에도, 9월 23일에도 일어났습니다. 연이은 구타로 개신교도가 이를 관청에 알렸습니다. 관청이 체포 명령을 내렸으나 체포에 나선 사람이 천주교인이었기 때문에 이들을 구속하기보다는 피해자들을 잡아 천주교 회장에게 끌고 갔습니다. 이런 일 처리로 사건 자체가 호도되고 왜곡되는 일까지 일어났습니다. 사건이 왜곡되자 개신교 측은 해주 감영에 정식으로 소송을 제기하여 천주교 신자를 체포하도록 했습니다. 그러나 문제는 호송해 가는 도중에 벌어집니다. 천주교의 곽(Le Gac, 곽)신부가 이들을 만나 체포하라는 명령이 잘못되었다며 이들을 당장 풀어줄 것을 강요했습니다. 어떻게 이런 일이 일어날 수 있었던 것일까요? 곽신부가 중앙으로부터 천주교도를 호송하는 순검을 체포하라는 공문을 가지고 왔다고 하자, 이에 겁을 먹은 순검들이 순순히 풀어주었다는 것입니다.[29] 사건 자체가 교묘하게 얽히고설킵니다. 이 사건이 더욱 복잡해진 것은 신환포에서 생긴 이승혁의 우질 사건 때문이었습니다. 우질(牛疾)은 소가 전염병으로 잇달아 죽는 일을 뜻합니다. 당시 개신교인 이승혁의 소가 갑자기 죽은 후, 천주교 신자 김향명의 소도 잇달아 죽는 일이 벌어진 겁니다. 소는 조선사회의 경제를 담당한 중요한 동물입니다. 백성들이 소중하게 여기는 소가 갑자기 죽었습니다. 왜 갑자기 소가 죽은 걸까, 그 원인을 찾아서 책임을 누군가에게 뒤집어씌우려 했습니다. 이승혁의 소가 처음으로 죽었으니, 천주교인 김향남, 최제우 등은 이승혁을 결박하게 솟값을 배상하라고 수통기에 매어 놓고 거의 죽음에 이를 정도로 구타했습니다. 이승혁을 들것으로 옮기다 천주교 신자 김향남이 금비녀를 잃어버렸다고 합니다. 문제가 더 꼬입니다. 천주교인은 이 문제를 관아에 고소하지 않고 천주교인이 이 문제를 직접 해결하겠다고 나섰습니다. 빌렘 신부가 이들을 옹호하고 나서면서 갈등은 더 악화의 길을 걸어가게 됩니다. 천주교의 위세는 당당했고 그들의 힘은 조선의 관아를 능가할 정도였습니다. 이때 천주교의 기세에 놀란 동리 주민들은 우선 비녀값 300냥을 거두어 주었으니

까요. 소의 전염병에서 시작된 사건이 천주교와 개신교의 갈등으로 번집니다.[30]

이 사건에서 프랑스 신부는 천주교인들을 권면하여 그들의 죄를 교정하기보다는 단지 천주교인이라는 이유로 옹호하였습니다. 이런 태도가 한국인들 사이에 널리 퍼지게 되었고, 개신교인들은 하나님의 말씀에 따른 옳고 그름을 가르치고자 한 개신교 선교사들의 행동에 불만을 토로하는 일까지 일어나게 되었습니다. 천주교와 개신교의 갈등은 한국기독교 역사에서 종교라는 이름 아래에서 이루어진 교인 쟁탈전의 양상을 띠며 부끄러운 흔적을 역사에 남겨 놓았습니다.

미주

1. McKenzie to Bobbott, Sorae, February 6, 1894.
2. McKenzie to Bobbott, Sorae, February 6, 1894.
3. McKenzie to Avison, Sorae, June 23, 1895.
4. McKenzie's Diary, June 23, 1895.
5. 김인수, "윌리엄 메켄지선교사의 소래 선교: 그의 일기를 중심으로", 「장신논완」 21(2004), 180.
6. 김중순, 김병희, 『겨자씨 속에 담은 천국』, 54.
7. 〈로베르 신부 → 블랑 주교, 1887년 2월 5일자 서한〉, 《대구의 사도 김보록(로베르) 신부 서한집》 1 , 대구효성가톨릭 대학교 부설 영남교회사연구소, 1995, 53~55. 양인성, "1891년 대구 로베르 신부 사건 연구", 「교회사연구」 44(2014): 221.
8. 〈드 프랑스 → 프랑스 정부, 1890년 3월 16일자 보고〉, 《프랑스 외무부 문서》 4(1890), 2005, 104~110. 양인성, "1891년 대구 로베르 신부 사건 연구", 221.
9. 〈드 플랑시 → 프랑스 정부, 1891년 3월 17일자 보고〉, 《프랑스 외무부 문서》 5, 양인성, "1891년 대구 로베르 신부 사건 연구", 39.
10. 〈드 플랑시 → 프랑스 외무부, 1891년 3월 17일자 보고〉, 《프랑스 외무부 문서》 5, 양인성, "1891년 대구 로베르 신부 사건 연구", 42.
11. 〈뮈텔 주교 → 드 플랑시, 1891년 3월 23일자 서한〉, 《프랑스 외무부 문서》 5, 양인성, "1891년 대구 로베르 신부 사건 연구", 48~50.
12. Adams, 『황무지』, 303~305.
13. Adams, 『황무지』, 417~419.
14. Adams, 『황무지』, 228.
15. Adams, 『황무지』, 305.
16. Adams, 『황무지』, 305.
17. Adams, 『황무지』, 305.
18. Adams, 『황무지』, 345.
19. Adams, 『황무지』, 345.
20. Bruen, 『100년 은혜, 세상과 나누리』 2권, 285.
21. Bruen, 『100년 은혜, 세상과 나누리』 2권, 285.
22. Adams, 『황무지』, 343.
23. Adams, 『황무지』, 345. Bruen, 『아, 대구!』 1권, 285.
24. Adams, 『황무지』, 345.
25. 빌렘 신부의 1903년 1월 31일자 서한, Mutel 문서, 1903-2.
26. 윤경로, "초기 한국 신구교 관계의 사적 고찰 - 해서교안과 문서논쟁을 중심으로", 그리스도교와 겨레문화 연구회 편, 「한글성서와 겨레문화」(서울: 교문사, 1885), 380. 박용규, "초기 개신교와 천주교의 갈등", 「신학지남」 68(2001): 93.

27. Mutel 문서, 1903-3. 박용규, "초기 개신교와 천주교의 갈등", 93.
28. The Korea Review, vol. 3(1902), 27. 박용규, "초기 개신교와 천주교의 갈등", 95.
29. The Korea Review, vol. 3(1903). 22. 박용규, "초기 개신교와 천주교의 갈등", 94.
30. 박용규, "초기 개신교와 천주교의 갈등", 95~96.

아담스와 함께 걷는 — 청라언덕

청라언덕 걷기

청라언덕

새로운 선교부지를 찾아서!

대구의 선교지부 형성

1897년이냐? 1899년이냐?

대구 지역에 선교지부가 개설된 해에 대하여 의견이 분분합니다. 선교지부가 개설되는 조건에는 소속 선교사 세 가정이 대구에 부임해야 한다고 합니다. 백낙준 박사는 1897년에 안의와 선교사와 장인차 의사가 대구에 정착한 그 해에 대구지부가 개설되었다고 전합니다. 클라크(Allen Clark, 곽안련, 1878~1961)도 동일한 내용을 전하고 있습니다. 하지만 이 기록에 따르면, 안의와 선교사와 장인차 박사, 두 가족뿐이므로 선교지부의 설립 조건에 적합하지 않습니다. 배위량 선교사가 여러 차례 대구를 방문하였고, 그곳에 처음으로 거주한 선교사이기 때문에 선교지부로서의 조건을 충족했다고 보지 않았나 생각됩니다.

언더우드 선교사는 그보다 2년이나 늦은 1899년으로 보고 있습니다. 언더우드 선교사는 '비록 배위량 선교사가 대구를 여러 차례 방문했고, 안의와 선교사가 1897년에 대구로 이사를 했고, 그해 겨울에 장인차 부부가 합류하여, 배위량 선교사 가족까지 세 가정이 대구에 머물게 되는 것이니, 선교지부의 조건을 충족하지만, 선교지부로서는 1899년에 개설되었다'라고 밝히고 있습니다. 로드도 이와 동일한 입장을 취합니다.[1] 그러면 대구에 선교지부가 건립된 해를 1897년으로 볼 것인지, 아니면 1899년인지를 결정해야 합니다.

이 결정에서 배위량 선교사를 어떻게 바라보는지가 중요한 관건입니다. 배위량 선교사가 처음으로 대구에 선교지부를 설립하기 위하여 집을 구입하였고 그곳에 선교사로서 머물렀습니다. 배위량 선교사가 대구 경북 지역 선교를 위한 준비 작업을 하였으나, 본격적인 선교가 이루어지기 전에 서울로 사역지를 옮겼습니다. 그러니 배위량 선교사가 대구의 선교사로 안의와 선교사, 그리고 장인차 선교사와 함께 사역했다고 보기 어렵습니다. 선교지부 성립 조건이 선교사 세 가정이 사역을 감당하는 것으로 본다면, 부해리 선교사가 대구에 파송되어 정착한 그 해가 적절하다고 봅니다. 부해리 선교사는 1899년 5월 1일에 한국 부산에 입국하였고, 그 해 가을 10월 26일에 부해리 선교사 부부는 장인차 부부와 함께 대구에 도착했으니, 1899년이 대구에 선교지부가 설립된 해로 보는 것이 타당하다고 생각합니다. 부해리 선교사는 대구에 도착한 그 날을 다음과 같이 묘사하였습니다.

> 1899년 10월 26일에 나는 내 일생의 사역이 될 것으로부터 나를 떼어놓는 마지막 고개의 정상에 섰습니다. 존슨 부부와 어린아이 메리를 태워 나르는 가마는 해변에서 출발한 지 3일이 되어서야 목적지에 거의 가 닿았습니다. 가마꾼들은 마치 마지막 속도를 놓이려는 듯 신음소리를 내었습니다. 내 짐을 실은 조랑말의 종은 우리의 계속된 전진을 따라 흥겹게 울렸습니다. 흔들거리며 남대문을 지나 몇 백 피트에 달하는 담벼락을 따라

가다 골목으로 접어든 후에 큰 지붕이 있는 출입문을 통해 마당으로 들어섰습니다. 마당의 중앙에 한 담이 있었고, 양 편에 초가집이 한 채 씩 있었습니다. 문이 작고 깨끗한 사랑(객실)을 나누고 있었습니다. 건너편에 기와집 주택이 한 채 있었고, 다른 작은 뜰에도 초가집이 한 채 있었습니다. 이 마지막 집이 첫해 동안 나의 집이 될 것입니다. 아담스 부인이 건강 문제로 미국으로 갔기 때문에 아담스와 내가 한 묶음이 되었습니다.[2]

부해리 선교사가 드디어 대구에 도착했습니다. 그가 대구로 들어오는 마지막 고개에서 영남대문을 거쳐 약령시장에까지 그 길이 눈앞에 그려집니다. 이제 선교사 세 가정이 함께 대구에 거주하며 사역을 시작하게 되었습니다. 안의와, 장인차, 부해리 선교사는 함께 대구에 뿌리를 내리며 하나님이 맡긴 사명을 감당하였습니다.

선교부지 구입

대구에 선교지부를 개설하는 문제에 대해서 선교사들 간에 이견이 있었습니다. 부산에 선교지부를 개설하는 일에는 찬성했으나 내륙지방인 대구에 세우는 일에는 반대했습니다. 부산은 항구도시이기에 외국인이 거주하는 일에 문제가 되지 않으나, 내륙지방에 선교지부를 건설하는 일은 당시 법을 어기는 일이기 때문입니다. 그래서 알렌은 배위량 선교사의 가족을 자신이 책임을 지고 대구로 데려가겠다는 소식을 배위량 선교사에게 전합니다. 무슨 일이 생기면 공사로서 알렌이 할 수 있는 일이 있으리라 생각했기 때문입니다. 미국의 공사 알렌이 반대한 또 하나의 이유는 당시 대구가 기독교에 적대적이기 때문입니다. 1891년 실제로 프랑스 사제가 공격을 받고 턱수염이 뽑히기도 했

출처 Pearl Digital Collections

부해리 선교사의 남문안 대구 선교부내에 있었던 초가집 사택이다. 사진 속 세 명의 여성은 밥짓고, 아기보고 방 청소하는 조사였던 것 같다.

으니까요(1894년 8월 15일). 그럼에도 불구하고 배위량 선교사는 대구가 선교지부로서 경북을 중심으로 선교 사역을 펼쳐 나가기에 적합한 도시라고 확신했습니다. 그의 안목은 경북 지역의 선교 역사가 분명하게 증명합니다. 대구 경북 지역 산골 마을마다 교회가 세워지고 대구를 중심으로 기독교문화를 만들어가는 역사가 눈앞에서 펼쳐졌으니까요!

선교기지를 건립하기 위한 첫 작업은 배위량 선교사와 그의 가족이 거처할 집과 사역의 장소를 마련하는 일이었습니다. 배위량 선교사도 이 일이 불법임을 분명히 알았기 때문에 하나님의 인도하심을 구하며 실행에 옮깁니다. 이미 평양에서 마포삼열 선교사(Samuel A. Moffett, 1864~1939)가 선교의 거점으로서 집을 '한석진'의 이름으로 구입했을 때, 엄청난 사건이 일어났었으니까요! 관청에서 외국인이 관여했다는 소문을 듣고는 땅을 판 사람들을 체포해서 강제로 취소시킨 일이 벌어졌습니다(1893년 3월). 배위량 선교사는 친구이자 동역자인 마포삼열 선교사가 평양에 정착하는 과정에 겪었던 이야기를 잊을 수 없습니다. 마포삼열 선교사는 조사 한석진(1868~1939)과 함께 선교지부를 설립하기 위해서 "성밖에서 멀지 않고 서북으로 통하는 큰 거리"에 있는 집을 구입하였습니다. 한석진의 이름으로 집을 구입했음에 불구하고 외국인이 집을 구입했다는 소문이 퍼졌습니다. 이 소문을 들은 평양감사는 한석진에게 집을 원소유주에게 돌려주라고 명령하였습니다. 한석진이 집을 돌려줄 때까지 집을 판 사람을 감옥에 가두었습니다. 마포삼열은 당연히 한국의 법을 위반한 것이 아니라고 항변을 해 보았으나, 소용이 없었습니다. 지방에서는 관원의 말이 곧 법이라는 말을 실감하면서 집을 원래의 주인에게 돌려줄 수밖에 없었습니다.[3] 그렇다고 선교 사역을 멈출 수 없었습니다. 장기적으로 볼 때 집을 구입하여 선교지부를 위한 거점을 만들어야한다는 생각은 변함이 없었습니다.

마포삼열 선교사는 다음 해에 다시 한석진의 명의로 집을 구입하였습니다. 그러자, 이번에는 평양의 주민들이 항의를 하였습니다. 사실 이들은 관원들이 미리 매수한 사람들이었습니다. 서양인들이 평양에 들어와 이교(異敎)를 가르치어 주민들 다수를 협잡배로 만들고 있다는 소문을 내어 서양인들을 추방하려는 음모가 있었던 겁니다. 이들은 서양의 선교사를 감옥에 넣으면 국제적 문제로 비화되어 조정이 큰 어려움에 처하게 되니까, 선교사를 도와주는 조선인을 잡아 감옥에 넣어 선교사들을 추방 내지는 협박하여 돈을 뜯어낼 계획을 세웠습니다. 관리들의 음모로 인해 한석진과 당시 집을 판 사람도 체포되었을 뿐만 아니라 심한 고문도 당하였습니다. 평양 관리들의 음모로 인해 고초뿐만 아니라 순교를 각오해야 하는 상황에까지 처하게 되었습니다. 이때 조사 한석진의 마음은 어떠했을까요? 평양에 머물러 있던 북감리교 선교사 제임스 홀은 당시 상황을 "하나님께서는 그의 자녀 몇 사람들의 생명을 요구하시는 것"으로 보인다고 편지를 보냈습니다. 그리고 "우리는 하나님의 뜻을 위해 죽을 준비"가 되어 있다는 각오도 함께 말이지요. 당시 한석진과 선교사가 얼마나 두렵고 떨렸을지 충분히 이해할 수 있습니다. 마포삼열 선교사가 평양에 있지 않으니, 마음이 더욱 참담하지 않았을까 생각됩니다.

하지만 곧 하나님의 일하심은 인간의 시야 너머에 있음을 다시금 깨닫게 됩니다. 당시 마포삼열 선교사는 그래함 리(Graham Lee, 1861~1916) 선교사를 맞이하기 위해서 서울에 올라와 있었습니다. 평양에 있는 선교사는 서울 선교부에 편지로 평양의 상황을 알렸습니다. 마포삼열 선교사가 서울에 있었기에 평양에서 일어난 일의 상황을 선교부에 알릴 수 있었을 뿐만 아니라 조선 왕실과의 관계에서 일을 신속하게 해결하여 그들의 목숨을 살릴 수 있었습니다.

배위량 선교사는 평양의 이야기를 익히 들어 알고 있었습니다. 외국인을 배척하는 분위가 고조되는 상황이라서 대구에서 선교지부를 위한 집을 사는 일이 쉽지 않으리라 예측했습니다. 배위량 선교사는 두렵고 떨리는 마음으로 이 일을 추진합니다. 대구가 경상도 지역 선교를 위한 지부로서 적합하다는 확신했기 때문입니다. 그는 대구에서 가옥 한 채를 구입하였습니다. 당시 실제 가격은 217불 76센트인데, 예산금으로 우선 100불을 지불하였고, 125불은 위원회에서 충당하기로 하였습니다. 대구에서 집을 사는 과정은 평양과 달리 평탄했습니다.[4] 이렇게 평탄하게 집을 구입할 수 있었던 것은 아마도 시대적 국난 때문이라 여겨집니다. 명성황후가 시해되고 고종은 궁 안에서만 지내는 신세가 되었고, 그 사이에 지방에서 동학운동이 일어나 양반들은 시골에서 은둔 생활을 하려고 집을 내놓기 시작했습니다. 아마도 배위량 선교사가 구입하려고 한 집도 그러한 양반집이 아니었을까 생각해 봅니다. 집을 사려는 사람이 외국인임에도 불구하고 계약을 취소하거나 더 높은 가격을 요구하지도 않았습니다.[5] 그렇게 하나님의 은총의 빛이 대구에 비추기 시작했습니다.

선교사는 어떻게 살아야 하는가?: 주거 원칙

안의와 선교사는 성벽 안에 정착하여 순회 전도 사역과 사랑방 사역에 집중하여 복음을 전하였습니다. 그의 가족이 거주하는 집은 겨우 한 가족이 살기에 적합하기에, 그곳을 영구적으로 선교지부의 자리로 생각하지는 않았습니다. 교인이 많아지고 전도자가 아니라 감독자로서의 역할을 수행하게 될 때면, 선교지부의 역할도 달라지니, 다른 장소를 찾아서 옮길 생각을 하였습니다. 전도자로서 피선교국의 주민들과 함께 살면서 복음을 전한다는 원칙에 따라서 성벽 안에 터를 잡았지만, 더 이상 전도자를 찾아서 길을 떠나는 사역이 아니라 사람들이 선교사를 찾아오게 되면, 그때는 건강에 좋은 장소를 선정해 건물을 지을 생각이었습니다.[6] 그때까지는 성벽 안에 함께 머물면서 지내는 것이 선교 활동에 적합하다고 생각했습니다. 안의와 선교사에 이어서 1897년 12월 25일 크리스마스에 대구에 입성한 장인차 박사의 집은 임시방편입니다. 영구적으로 그 집에서 머무는 것은 힘듭니다. 그리고 이후에 들어오는 선교사를 위한 거처를 마련할 부지를 선정해야 합니다. 대구를 중심으로 경상도 전역을 함께 순회하면서 복음을 효율적으로 전하기 위해서는 거주하는 사택이 널리 흩어져 있는 것보다는 함께 머물러 있는 편이 낫기 때문입니다. 안의와 선교사는 이후에 입국하는 선교사도 함께 머물면서 사역을 감당하길 소망했습니다.[7]

선교사는 어떻게 이 땅에서 살아야 하는가? 이 질문에 대한 안의와 선교사의 답변은 확고합니다. 맥켄지 선교사가 조선인의 삶 속으로 들어가 그들과 함께 먹고 마시며 살면서 복음을 전했던 것처럼, 조선인과 더불어 사는 선교가 가장 적합한 선교 방법이라는 생각에는 변함이 없습니다. 선교사가 거주하는 지역의 방언을 배우는 것도 당연하고요. 타국의 언어를 배우는 것은 물론 쉽지 않습니다. 언어를 배운다는 것은 그들의 사유 세계로 들어가는 일이기 때문입니다. 언어에는 민족의 정신이 담겨 있고, 그들의 사고구조가 고스란히 숨겨져 있기에 언어를 배운다는 것은 단어 암기를 넘어서는 일입니다. 그래서 선교사들의 모국어인 영어의 문법구조와 사유체제를 버려야 합니다. 미국에서의 삶이 주는 모든 것을 잊어야 합니다. 그래야 한국어를 배울 수 있습니다. 한국어로 설교를 하며 복음을 전하기 위해서는 더욱 더 열심히 배워야 합니다. 미국인들과의 삶을 거부하고 조선인이 거주하는 곳에 머물면서 영어를 잊고 지내야 합니다.[8] 안의와 선교사가 처음으로 부산에 정착할 때, 그는 한국어를 배우기 위해서 인구가 10,000명 정도 되는 도시 동래에 자그마한 현지인 집을 구입해서 그곳에서 6개월가량 머물렀던 것도 이러한 이유에서였습니다.[9]

안의와 선교사는 대구로 떠나는 길에 매형이 전해준 맥켄지 선교사의 죽음을 기억하며 적어도 조선인처럼 "8×8피트의 조그맣고 더러운 방에서 쌀밥과 짠지를 먹으며 살아야 한다고 막무가내로 말하는 것"은 아닙니다만, 조선인들과 함께 살 것을 원칙으로 삼았습니다.[10] 조선인들의 삶의 공간과 분리되어 어떠한 형태이든 서양식 건축 방식으로 집을 짓는 것을 반대했습니다. 조선인들의 주거 공간과 분리된 독립 공간을 형성하는 것은 조선인과의 분리를 뜻합니다. 그뿐만 아니라, 주거공간이 분리된 상태에서 우리가 믿음으로 하나라고 가르치고 설교하는 것은 조선인들에게 위선으로 보일 뿐만 아니라 거짓말로 들릴 것이기 때문입니다. 조선인의 주거 공간에서 "거실로 쓸 단단하고 편안한 방 넷과 하인들의 거처와 다른 용도로 쓰일 방들"을 가진 집을 구할 수 있었습니다. 작은 규모로 사는 불편함을 감수해야 합니다. 그것이 선교 사역이라 생각합니다.[11] 선교사들은 "익숙한 것보다는 더 조촐하게" 살아야 하고 "사람들에게 더 가까이" 다가갈 수 있는 곳에 머물러야 합니다.[12]

서울에서 열린 연례 회의에서 선교사의 주거환경에 대한 논의가 있었는데, 에비슨(Oliver R. Avison, 어비신, 1860~1956) 박사가 제안한 새 주택 변경 안은 이곳에 온 선교사로서 하나님 앞에서 부끄럽다고 생각했습니다. 에비슨 박사가 제안한 집에는 "32×32피트짜리 방, 가족 방, 식당, 응접실, 세 개의 거실, 아홉 개의 다른 방, 하나의 홀, 온실"이 있는 집입니다.[13] 이 주택 변경 안에 거기에 모인 선교사들이 찬성했다는 사실에 자괴감마저 들었습니다. 선교사 주택 건축 안을 두고 투표를 한 연례 회의 때 안의와 선교사는 자괴감에 하나님 앞에 호소했습니다: "그것은 너무합니다! 주님께서 저희를 축복하시지 않고 고국에 있는 주의 종들이 불평하는 것은 전혀 놀랍지 않습니다!" 이 건축물을 짓고 난 뒤에 선교사가 머물게 된다면, 분명 선교에 비판적 입장을 취하는 자들이 손가

락질하며 비난할 "또 하나의 어리석은 선교 기념물"을 가지는 꼴이라고 생각했습니다.[14] 지금 현재 선교사들이 짓고 있는 집들은 적어도 고국에서 목회를 하며 살고 있는 목회자 가정만큼 편안하고, 사실 전반적으로 훨씬 더 넓은 집에서 거주하고 있기 때문입니다. 선교지에 집을 지을 때 조선인과 더불어 사는 집이 되어 조선인과 분리된 거대한 성을 쌓는 일이 되어서는 안 된다는 사실만큼은 확실했습니다.

새로운 선교지부 터를 찾아서!

성벽 안에 머물면서 선교사의 가정을 가장 괴롭힌 것은 세 가지였습니다. 세 가지 S에 대한 이야기는 유명합니다. 첫 번째 S는 냄새(Smell)입니다. 당시 서울에서도 하수 처리 시절이 되어 있지 않아서 길거리에 버린 오물로 인해 냄새가 진동하였습니다. 대구는 서울보다 더 심하지 않았을까 생각해 봅니다. 안의와 선교사는 대구에 오기 전에 부산에서 우물가에 버린 시체 썩는 냄새로 인해 놀랐다는 이야기가 있으니, 선교사들에게 냄새는 낯선 선교지에서 가장 견디기 어려운 일 중의 하나였습니다. 두 번째 S는 연기(Smoke)입니다. 시골집에서 밥을 지으려면 아궁이에 불을 때야했습니다. 아궁이에 생나무를 태웠기 때문에 연기가 온 마을을 가득 채웠습니다. 세 번째 S는 소리(Sound)입니다. 조선 땅의 개도 서양인의 모습이 낯설지 않았을까요? 서양인만 보면 짖어대는 개소리와 밤마다 여인네들이 두드리는 다듬이 소리, 굿판에서 들려오는 무당의 굿 소리가 선교사들의 밤을 깨웠습니다.[15]

대구에 정착하여 안의와 선교사 가족은 장인차 박사 부부가 오기 전까지 홀로 지내다 보니, 안의와 선교사도 아이들을 돌보아야만 했습니다. 그뿐만 아니라 독신 여성 선교사가 오랫동안 공석으로 있다 보니 넬리 딕은 여성 사역까지 담당하여 건강이 심상치 않았습니다. 사실, 장인차 박사는 안의와 선교사에게 아내 넬리 딕의 건강을 위해서 시내 밖에 나가 새로운 장소를 물색해 봐야 하지 않을까 제안한 적이 있었습니다. 하지만 그때는 아내의 건강과 환경이 서로 연관이 있다고 생각하지 못했습니다. 그래서 장인차 박사의 제안을 대수롭지 않게 여겼습니다. 그러던 어느 여름에 타지역을 순회하던 차에 어빈(Charles Irvin, 1862~1933) 박사와 이야기를 나누게 되었습니다. 어빈 박사도 장인차 박사처럼 대구 성읍 안에 계속 머무는 것이 건강에 좋지 않다는 의견이었습니다. 그는 대구 성벽 안 거주 상태에 대해서 알고 있기에 그의 의견에 귀를 기울일 수밖에 없었습니다. 안의와 선교사는 그때야 쾌적한 생활공간과 건강이 상관관계가 있다는 것을 깨달았습니다. 아내 넬리 딕이 좀 더 건강하게 맡겨진 사역을 감당하기 위해서는 지금의 열악한 공간을 떠나 더 나은 곳에 옮겨야겠다고 생각했습니다.[16] 지금과 같은 좁은 공간에 갇혀서 운동은 둘째 치고 걷는 것조차 어려운 상황에서는 여성 선교사들이 건강하게 지내는 게 놀라운 일일 겁니다.[17] 아이들이 만성 감기에 걸리는 것도 대구의 습기 때문이라고 하니, 하나님의 귀한 선물인 아이들을 위해서라도 안전하고 건강한 거주지를 찾아서 집을 지어야겠다고 생각했습니다. 그리고 집을 짓게 되면, 집에 거하는 시간이 많은 부인이 생활하기에 편리한 집을 지어야겠다고 생각했습니다. 사실 가족이 건강해야 안의와 선교사도 선교 사역에 더 집중할 수 있기에 선교 사역에도 도움이 되는 일임이 틀림없습니다.

하나의 문제가 안의와 선교사 앞에 놓여있었습니다. 사실 안의와 선교사는 지금까지 선교지의 주민들과 함께 먹고 마시면서 선교해야 한다는 원칙을 고수해 왔기 때문에, 선교사의 거주 원칙을 바꾸는 일에 신중해야 했습니다. 그는 자신이 상황에 대한 고려 없이 원칙만 고수하는 원칙주의자는 아닌지 스스로 점검하였습니다. 선교 사역에서 있어서 원칙은 중요합니다. 그것은 하나님의 나라를 위한 중요한 기준이 되기 때문입니다. 그러므로 조선인과 동일하게 먹고 마시며 사는 것이 선교의 원칙임에 변함이 없습니다. 그 원칙이 건강을 잃고 선교활동을 하지 못하게 한다면, 그 또한 하나님의 나라를 건설하는 일에 폐해가 된다고 생각했습니다. 지금 대구는 여성 사역자가 필요한데 그녀가 대구에 건강하게 거주하지 못한다면, 환경을 쾌적하게 만드는 것이 중요하다고 생각했던 것이지요. 원칙을 준수하는 것이 중요하나 선교지의 상황에 대한 고려 없이 원칙만을 고수하는 고집불통의 상태가 하나님 나라의 사역을 가로막는 길이라는 결론에 달했습니다.

> 지금 현재 장인차 선교사가 머물고 있는 집은 임시변통입니다. 방이 세 개 있는 초가지붕의 작은 집입니다. 이 집 뒷마당까지 헐어야 한 가정이 머물 수 있는 거실을 마련할 정도로 작은 집입니다. 그렇다면 장인차 의사 가족을 위한 집을 구입해야 하는데, 현실적으로 읍성 안의 집은 너무 비싸 어렵습니다. 상대적으로 집값이 싼 곳 성 외곽에 적절한 장소를 찾아서 거주지를 마련해야 합니다. 이 곳은 앞으로 대구 경북 선교의 기점이 될 것이기에 두 선교사 가족만이 아닌 더 많은 선교사 가족을 위한 공간을 염두에 두어야 합니다. 그러므로 이후에 들어올 선교사 가족을 고려하여 미리 공간을 준비하는 것이 좋다고 생각했습니다.[18]

선교지에서 어떤 문제에 직면하게 되었을 때, 문제를 해결하기 위한 단서는 하나입니다. 그것은 인간의 아집과 고집이 아니라 하나님의 계획을 먼저 생각하는 것입니다. 안의와 선교사는 하나님의 계획이 인간에게 가장 적합하고 유용한 축복임을 깨달았습니다. 하나님의 인도하심은 "사람들로 하여금 과격한 변화에 적응할 수 있도록 힘을 부여"

해줄 뿐만 아니라 "이전만큼이나 강한 목적을 가지고 사역을 할 수 있게 만들어 주기 때문"입니다.[19] 안의와 선교사는 인간적 아집이 아니라 하나님의 계획을 먼저 생각하며 선교사로서 어떤 고난이 오더라도 이곳을 지키겠다고 다짐해 봅니다. "예수 그리스도의 군사로서 이곳을 홀로 지키기 위해 어떤 고난이 닥치더라도 기꺼이 견뎌 낼 것입니다."[20] 그는 하나님이 원하시는 뜻을 구하며 이 작은 거주지에 선교사들이 몰려 혼잡하게 사는 부담을 가능한 한 빨리 덜어주어야 한다는 결론에 도달하였습니다.[21] 그는 선교부에 조속히 이 문제를 해결해 달라고 요청하였고, 오랜 시간 동안 고민한 선교본부는 이 문제를 최우선으로 해결해야 할 과제로 결정하였습니다. 이제는 전도의 새로운 구심점을 찾아 떠나야 합니다. 대구의 읍성을 떠나서 어디로 가야 할지 그들의 발걸음을 옮겨 갑니다.

> 현재 남문 쪽 도로변에 있는 예배당을 매각하고 그 수익금으로 시장 근처의 도서 매장을 구입하자는 것입니다. 다시 말하면 현재 읍성의 남문 안쪽에 위치해 있는 예배당을 서문 밖으로 이전하자는 것입니다. 그 이유는 다음과 같습니다. 현재의 건물은 봄가을에 각각 3주 내지 6주간 열리는 약령시 때 도서 매장으로 활용하면서 도로변 채플로 활용하는 데는 적절합니다. 그 나머지 기간에는 그 건물을 세를 놓았습니다. 최근 몇 년 간 돌아가는 상황을 보면 이 약령시는 차츰 위축되어가고 있습니다. 변하고 있는 경제 상황도 그렇지만, 일본인들이 점점 많이 유입되어 이곳저곳에 가게를 열기 때문입니다. 동시에 우리로서는 그동안 큰 시장 근처에 도서 매장이 있었으면 하고 바라고 있었습니다. 그렇게 되면 우리는 지금처럼 한 해에 두 번 말씀을 전하는 것이 아니라 시골 5일장에 모여드는 수천 명의 사

람들에게 닷새마다 말씀을 전할 수 있을 것입니다.[22]

대구의 선교사 삼총사, 안의와, 장의차 그리고 부해리는 새로운 선교부지를 찾아서 읍성 밖으로 눈을 돌렸습니다. 읍성 중심에 정착한 선교사는 이제는 읍성 밖으로 나갈 준비를 합니다. 읍성 밖에 거주하기 위한 새로운 부지는 새롭게 변하게 될 대구의 정치·경제체제를 위한 준비였습니다. 하나님께서 미리 일하고 계심을 이것을 통해서도 보게 하셨습니다. 선교 부지를 1900년 3월에 매입하고 그곳에서 주택건설이 시작되고 난 뒤에, 1903년 경부선 철도 건설이 착공되었고 1905년 철도가 개통되면서 대구는 엄청난 변화를 겪게 됩니다. 그리고 을사늑약이 체결되면서 대구로 기차를 타고 이주하는 일본인들이 급증하게 되었습니다. 1904년 6월에 1,000여 명에 불과했던 일본인이 1906년 2년 사이에 배가 증가하여 2,152명이 거주하였습니다. 일본인은 1910에 이르러서는 7,392명이나 되었습니다. 일본인의 수가 빠르게 증가하였습니다. 대구의 두 이방인은 서로 다른 길을 걷게 됩니다. 대구읍성의 남문 밖 도로변(염매시장 남편~달성공원)과 북성 밖의 대구역 근처에서 점포를 열어 그들만의 부락을 형성한 일본인들은 1909년 읍성 성벽이 철거되면서 성 안으로 들어오기 시작하였습니다.

일본인들은 한국인들이 거주하는 성안으로 들어와 한국인들의 삶에 적극적으로 개입하기 시작하면서 대구를 변화시켰습니다. 은행과 우체국과 가게들을 여기저기 만들고, 북문과 동문 바깥에는 넓고 곧게 뻗은 도로를 건설했습니다. 그 자리에 있던 마을을 완전히 무너뜨려 버렸고, 지금은 또 다른 곳에서 도로를 건설하기 위해 읍성의 일부를 허물어 버렸습니다.[23] 한국인들을 암울하게 만드는 역사의 현장에서 선교 방법과 정치적으로 급변하는 한국에서 새롭게 선교의 자리를 마련하는 일은 선교사들에게 또 하나의 동력과 새로운 시대를 여

출처 국립춘천박물관

일제시대 대구역 앞 중앙통 거리 모습. 대구는 1922년 경성과 함께 국내 최초의 도시계획이 추진되었으며 북쪽으로는 일본인촌인 북촌, 달성공원 쪽으로 조선인촌인 남촌으로 구성되었다. 1894년 청일전쟁을 계기로 군부대를 따라 자리 잡은 일본 상인들이 대구 상권 장악을 시작한 이래 1903년 경부선 대구역 철도 공사 이후 수많은 일본인들이 대구에 살게 되었다.

는 계기가 되리라 생각했습니다.

청라언덕

선교부를 읍성 밖으로 옮기는 일은 선교사들에게 닥친 현실적 문제에서 시작되었습니다. 아이들이 태어나면서 선교사들의 식구가 늘었고 밤낮으로 전도 집회를 열었기에 주거시설로는 불편하였습니다. 그리고 성도들이 함께 모여 집회를 진행하기에도 역부족이었습니다. 성문 안에서 부지를 넓히기에는 땅값이 너무 비쌌습니다. 하수처리가 제대로 되지 않아서 냄새가 코를 찔렀습니다. 비가 오면 거리는 온통 오물과 진흙과 분뇨가 진동하여 엉망진창이 되었습니다. 성문 밖에서 집을 지을 터를 찾았습니다. 성문 밖의 동쪽 언덕은 가난한 사람들이 장례를 치르지 못해서 시신을 버리는 황폐한 곳으로 당시의 부호 달성서씨 집안의 문중에 속해 있었습니다. 바로 지금의 동산병원과 성명여중학교 자리인 작지 않은 동산이었습니다.

부해리와 장인차, 그리고 안의와 선교사가 그곳 동산에 올랐습니다. 높은 곳에서 내려다보이는 대구는 마치 바다 위의 섬처럼 솟아 있었습니다. 성벽 안 시내의 악취와 소음에서 완전히 벗어난 듯 공기도 맑고 전망도 탁 트였습니다. 동산에서 세 선교사는 대구를 향한 하나님의 계획을 보았습니다. 그들은 서로 대화를 나누었습니다. 언덕에서 바라본 대구읍성은 성경의 예루살렘 성처럼 보였습니다. 성으로 둘러싸여 있고 사방에 망루처럼 생긴 성문도 있기 때문이지요. 특히 남문인 영남제일관은 예루살렘 성의 다윗 탑을 연상시켰습니다. 시공간의 간격을 뛰어넘어 이곳 대구에서도 하나님께서 일하고 계신다는 생각에 미치자, 대구는 하나님께서 미리 정해주신 거룩한 땅임이 틀림없다는 확신이 들었습니다.

동산에 함께 오른 세 선교사는 그곳에 선교지부를 건립하여 더 높이, 더 멀리 도약하자고 다짐했습니다. 그들은 1900년 3월 청라언덕을 사들였습니다. 언덕에 있는 선교 용지(토지)를 1898~1899년 사이에 맨 처음 매입하였습니다. 그 땅의 일부는 옹기를 굽는 곳이었습니다. 그 언덕 밑에는 호수가 있었습니다. 이듬해 안의와 부부와 장인차 부부 소유의 정원지가 팔렸습니다. 장인차 부부는 새 부지에 있는 작은 집으로 이사했다가 1900년 가을에 새 집을 짓기 시작했습니다. 장인차 선교사의 집과 안의와 선교사의 집은 1901년 9월에 완공되었고, 부해리 선교사의 집은 가을에 건축을 시작했습니다. 선교 사역을 시작하면서 몇 년 동안 건물 문제가 그들을 힘들게 하였는데, 이로써 해결되었습니다.[24] 이 정도 땅이라면 여섯 채의 주택과 정원, 그리고 병원을 세우고도 남을 만큼 아주 너른 땅이었습니다.

> 우선 장인차 박사의 집을 짓는 일부터 시작하였습니다. 건축과 관련된 어떤 경험도 없기에 선뜻 집을 짓는 일에 나서지 못하였습니다. 집을 짓기 시작하면 무엇이 필요한지부터 시작하여, 어디에 지을 것인지, 어떤 집을 지을 것인지, 어떻게 집을 지을 것인지 등 생각해야 할 문제가 많았습니다. 집을 지어야 할 이유는 분명해졌고, 지을 장소도 마련되었습니다. 이제부터 집을 지어야 하는데, 집을 짓기 위해서는 우선 도면이 필요했습니다. 선교사 연례 회의에서 에비슨 선교사가 제안한 도면이 공식적으로 채택이 되었습니다. 하지만 에비슨 선교사가 제안한 도면에 따른 집은 선교사가 건강과 편안함을 누리는 정도에 있어서, 필요 이상으로 클 뿐만 아니라 너무나 정교합니다. 에비슨 선교사가 제안한 방식이 아니라면 어떻게 집을 지어야 하는지 고민에 빠졌습니다. 건축 경험이 많은 평양에 있는 선교지부에

출처 대구제일교회

대구 선교부 부지는 거처가 없는 사람들의 시체를 버리는 곳이었다. 시체를 버리는 곳에 살고 있는 선교사를 측은하게 생각하였지만 다른 한편으로는 집안을 들여다 보고 싶어했다. 그래서 선교사들은 날을 잡아 집을 공개하였다. 사진은 계성학교 교문 앞에서 선교사 사택을 향해 찍은 것이다.

> 도움을 요청했습니다. 평양 선교지부가 제안한 형식이 대구 상황에 적합하다고 판단했습니다. 한두 가지 정도 수정해야 하지만 말입니다. 안의와 선교사가 건축 위원회에서 4년째 위원으로 일한 경험이 있기 때문에 적어도 도면을 읽을 수 있다는 사실이 도움이 되었습니다.[25]

새 주택은 벽돌로 짓기로 결정하였습니다. 벽돌집이라도 나무없이는 집을 지을 수 없습니다. 장인차 박사는 필요한 목재를 구하기 위해 한국인 인부 한 사람을 데리고 약 80km나 떨어진 문경 산간 지역으로 갔습니다. 대구에는 목재상(木材商)이 없었기 때문입니다. 목재를 때에 맞춰서 사는 일이 주택을 짓는 일에 있어서 관건입니다. 강 위로 올라가서 숲을 통째로 사서 집을 짓는 데 필요한 만큼 나무를 베어 아래로 내려 보내야하기 때문입니다. 다음 해 가을에 집을 지을 수 있을 만큼 그해 겨울에 나무를 충분하게 베어 준비해야 합니다. 집을 지어 본 경험이 없으니 얼마나 많은 나무가 필요한지 예측하는 일이 쉽지 않았습니다. 하지만 나무가 모자라면, 시간적으로나 재정적으로 낭비임이 틀림없습니다. 여름 장마가 오기 전까지는 나무를 물에 띄워 보낼 수 없기 때문에 목재가 모자라게 되면 그 해 또는 그 다음 해 장마까지 기다려야 하기 때문입니다. 어쨌든 그해 겨울 초입에 나무를 베어서 필요한 양만큼 충분하게 사는 것이 최상입니다.[26] 나무를 베어서 목재를 강까지 나른 후에 비가 와서 강물이 불어나면 목재를 떠내려 보냅니다. 그러면 장인차 선교사는 한국인 인부와 같이 부해리 선교사의 캔버스 보트를 타고 강에 들어가 떠내려 오는 나무를 육지로 끌어올렸습니다. 때로는 나무가 급류를 타고 대구 반대쪽으로 흘러가기도 했습니다. 하지만 이런 경우는 어쩔 수 없이 그냥 흘려보내는 수밖에 없습니다. 이렇게 하여 일단 육지로 끌어올린 나무들을 짐꾼들이 지게로

젊어지고 건축 현장으로 옮겨 놓았습니다.[27]

대구에서 집을 짓는 일은 이처럼 다른 선교부보다 더 어렵고 더 많은 경비가 드는 일입니다. 평양이나 대구의 기술자와 노동자의 인건비는 별반 다르지 않습니다. 하지만 자재 값과 자재를 구하는 일에 있어서 엄청난 차이가 있습니다. 평양에서는 적어도 바로 문 앞에서 대규모의 목재 거래가 이루어집니다. 소나무와 잣나무가 압록강 위에서부터 오고 전나무는 무한정으로 공급됩니다. 하지만 대구에서는 한국식 건축물에 사용되는 커다란 지붕용 목재를 은화 15불에서 20불을 지불하고 산(山) 언덕 여기저기에서 주워서 황소로 끌어와야 합니다. 이 금액은 평양에서 은화 3불에서 4불에 판매는 되는 것과 비교할 때, 엄청난 차이를 나타냅니다. 이외에 "문짝이나 창문짝, 문틀, 창틀, 마루 등과 같은 모든 집의 틀들은 연한 재목(材木)을 쉽게 구할 수 있는 항구나 다른 곳"에서 만들어야 하므로 이 또한 비용이 만만치 않았습니다. 상황이 이러니 누구도 선뜻 나서서 집을 짓겠다고 하지 못합니다. 건축 경험도 없을 뿐만 아니라 경비를 산출하는 일도, 그리고 집을 짓기 위한 자재와 집을 짓는 노동자들을 어떻게 모집하고 다루어야 하는지도 난감하긴 마찬가지이기 때문입니다. 상황이 이러하니 새로운 집이 급하게 필요한 장인차 선교사도 혼자서 이 일을 감당하기를 꺼려했습니다.[28]

이런 상황에서 집을 순탄하게 짓기 위해서 필요한 것은 무엇보다 돈입니다. 안의와 선교사는 선교부로부터 주택건설을 위한 책정금을 아직 보장받지 못한 상태에서 일을 진행하는 것은 어렵다고 판단하였습니다. 하지만 대구 선교 사역을 지속하기 위해서는 가족이 머물 쾌적하고 편안한 집이 필요했습니다. 미국선교본부에서 절차에 따라서 책정금을 받기까지 6개월 정도의 시간이 필요합니다. 대구에서 목재 공급을 위한 시기를 놓치게 되면 집을 짓는 기간이 늘어나게 됩니다.

건축기간이 연장되면 당연히 그에 따른 건축비를 더 많이 지불해야 합니다. 그뿐 아니라 이번 목재 구입의 시기를 놓쳐 건축 기한이 늘어나게 되면 가족들은 열악한 환경에서 겨울을 보내야만 합니다. 이 상황을 어떻게 해결해야 할지 난감했습니다. 안의와 선교사는 선교본부에 건축 책정금에 대한 의향을 타진해 보기로 하였습니다. 그때 자기 의지를 분명하게 보여주었습니다. 책정금을 받을 수 있다는 선교부의 결의만이라도 미리 안다면, 개인의 비자금으로 일을 먼저 추진하여 시간과 물질을 절약하고자 한다고 당부의 말을 적어 보냈습니다.[29] 안의와 선교사는 책정금을 승인하는 행정절차를 준수하는 원책주의와 선교지의 필요성 사이에서 일의 효율성을 높이고자 하였습니다.

안의와 선교사는 우선 선교지의 필요에 따라서 건축을 시작합니다. 서울에서 벽돌공과 석수를, 일본인 목수를 부산에서 고용했습니다. 타지에서 오는 기술자들이 묵으면서 일할 수 있는 여건을 마련해 줍니다. 이뿐만 아니라 건축에 필요한 자재들은 국내에서 구할 수 없기 때문에 멀리 샌프란시스코에서 철물을 수입해야만 합니다. 이 과정에서 예기치 못한 일로 인해 시간이 지체되기도 합니다. 건축에서 시간은 곧 돈과 직결됩니다.[30] 시간이 길어진 만큼 고용한 노동자들에게 지불해야 할 임금이 늘어나고, 목재와 건축 자재를 옮기기 위한 소도 늘어난 기한만큼 더 오래 필요하기 때문입니다. 집이 거의 절반쯤 지어졌을 때 갑자기 행정 관원이 나타나 작업을 중지하라고 명령합니다. 이 지역에 거주할 권한이 없다고 하면서 말입니다. 당시 법에 따르면 한국 관원의 말이 맞습니다. 하지만 이미 부지를 구입하여 집을 짓고 있는데 난감했습니다. 이 일을 신속하게 해결하지 못하면 당연히 막대한 자금을 투입해야 합니다. 그 뿐만 아니라 선교활동에도 커다란 차질이 빚어지게 됩니다. 그때 로베르 신부가 도시 밖으로 쫓겨났다가 돌아오도록 허락을 받았던 일이 떠올랐습니다. 프랑스와 조선 왕실이 맺은 조불조약(1887)으로 로베르 신부가 거주의 자유를 보장받았던 것처럼, 미국인 선교사들도 그와 동일한 권리를 가지고 있다고 주장했습니다. 이미 조미조약(1882)으로 서울에서도 미국인에게 동일한 권리가 주어졌다는 점을 강조하였습니다. 하나님의 나라를 위한 일을 진행하는 과정에서 예기치 못한 걸림돌로 인해 멈추기도 합니다. 하지만 바로 그 자리에서 하나님은 그가 일하심을 경험하게 하십니다.

집은 내일을 위한 쉼의 공간입니다. 하나님께서 선물한 가족이 더불어 사는 공간입니다. 하나님이 맡긴 자녀들이 건강하게 자랄 수 있는 쾌적한 환경을 만들어주고자 합니다. 어린 아기가 풍토병이나 전염병으로 하늘나라로 가는 아픔을 겪었기 때문입니다. 그리고 전염병의 근원을 막기 위해서 깨끗한 물을 공급해야 합니다. 이는 주택 건설의 필수 조건입니다. 집을 짓는, 돌로 된 작은 언덕 위 부지의 돌은 화강암이 아니라 밑으로 내려갈수록 딱딱해지는 반쯤 썩은 돌의 일종이기 때문에 언덕 위에는 물이 없습니다. 그래서 언덕 아래 우물에서 물을 길어와서 물탱크에 보관하는 방법으로 식수 문제를 해결하고자 했습니다. 하지만 물탱크는 비용이 많이 들 뿐만 아니라 물을 충분히 공급할 수도 없습니다. 시내에서 가까운 한국인 집에 있는 우물에서 물을 길어온다 해도, 물을 가지고 언덕을 오르내리는 일이 쉽지 않을 뿐만 아니라 위생적으로도 깨끗하다는 보장이 없습니다.[31] 남은 것은 한 가지, 선교지부가 형성된 언덕 위의 모든 집을 위한 우물을 만드는 일입니다. 언덕 아래에 물이 있다고 예상된 비탈진 곳에 부지를 구입하여 그곳에서 우물을 파기 시작했습니다.[32] 언덕 위에 안전하고 쾌적한 집을 세우고, 생활에 필요한 식수를 위한 우물도 마련하였습니다. 그렇게 언덕 위에 집은 이 땅의 천국으로 변해가기 시작했습니다.

청라언덕의 집이 완성되었습니다. 예상한 시간보다 많은 시간을 소비하였습니다. 처음으로 집을 지었습니다. 그 과정에서 아쉬움이 남

1910년경 선교사 사택 주변 풍경

출처 Pearl Digital Collections

1917년 대구 선교부 가족들. 부마태 선교사(왼쪽 두 번째), 그 다음 부해리 선교사가 있고, 맨 위쪽 가운데 안의와 선교사가 검정 양복을 입고 서있다.

습니다. 지체된 시간만큼 순회 전도 여행을 떠나지 못하였습니다. 안의와 선교사는 건축 전문가가 아닌 사람이 건축을 알지 못하면서 집을 지어야만 했기에 완공되기까지 예상한 기간보다 더 많은 시간이 걸릴 거라고 생각했습니다. 하지만 건축으로 인해 '한 달 가량' 순회여행을 하지 못한 죄책감이 남았습니다.[33] 한 달, 지금 우리의 눈에 그리 긴 시간이 아니라 생각할 수 있습니다. 하지만 한 달이라는 시간은 많은 사람들에게 복음이 전해질 수 있는 시간이기도 합니다. 그는 대구에 복음을 전하기 위해서 파송을 받은 선교사입니다. 선교사의 본연의 임무인 영혼 구원을 위한 전도 여행을 하지 못했다는 사실이 더욱 깊은 죄책감으로 남았습니다. 이 시기는 한국인들이 일본의 정치적 통제 아래에서 신음하고 있었기에 더욱 그러했습니다. 청라언덕 위에 만들어진 선교지부는 선교사들에게 천국이었습니다. 청라언덕으로 올라가는 길은 천국으로 올라가는 계단이었습니다. 쾌적하고 깨끗한 집에서 선교사역으로 지친 몸을 누일 수 있었습니다. 하지만 한국인의 삶과는 동떨어진 선교사들만의 세상을 만들었다는 비판을 낳기도 하였습니다. 그렇게 선교사로서의 길을 배워갑니다.

하나님의 부름을 받고 온 미지의 땅에서 집을 짓고 사는 과정이 녹녹하지 않습니다. 낯선 자연조건으로 인한 어려움, 그리고 집을 짓는데 필요로 하는 목재와 건축 자재 구입 과정에서의 어려움, 한국의 관아와의 관계에서 발생하는 행정적 어려움 등으로 힘든 시간을 보냈습니다. 그런데도 이 시간 동안 하나님의 보호하심으로 예산 내에서 집을 지을 수 있었습니다.[34] 1900~1906년 4채의 주택과 한 개의 병원이 세워졌습니다. 이 모든 과정에서 선교사는 건축가로, 하청업자로, 대목수로, 그리고 전체 감독관으로 역할을 해야 했습니다.[35] 그렇게 선교사들은 언덕 위에 천국의 정원을 만들었습니다. 대구에 정착한 세 선교사에 의해서 터를 닦기 시작한 청라언덕은 뒤이어 들어온 선교사들에게 육체적 쉼을 넘어서 정신적 안식을 누리게 하였습니다. 건축에 대한 어떤 교육을 받지 않았기 때문에 완성도에 있어서 떨어지지만, 언덕 위의 집은 선교사들이 자라온 고향에서 익힌 생활 습관이 곳곳에 스며들어 지금 우리에게 전해지고 있습니다.[36] 빅토리아 시대에 많이 이용된 베이 윈도우(Bay Window)가 그 증거입니다. 베이 윈도우는 3면이 창문으로 둘러싸여 벽보다 돌출된 창문을 말합니다. 이런 돌출 창은 빛이 많이 들어옵니다.

선교사들의 수고와 노력, 그리고 헌신이 만들어낸 아름다운 청라언덕의 예쁜 벽돌집이 지금 우리에게 주어졌습니다. 그 당시 선교사들의 희망과 고난을 뒤로 한 채, 이층벽돌집은 말없이 그 자리를 지키고 있습니다. 역사의 산물로서 이층벽돌집이 복음의 메아리가 되게 할 사명은 오롯이 우리에게 남긴 채 말입니다.

미주

1. Rhodes, 『미국 북장로교 한국 선교회사』, 177.
2. Rhodes, 『미국 북장로교 한국 선교회사』, 175~176.
3. S. A. Moffett, A New Mission Station at Pyeng Yang," 107. 박용규, 『한국기독교회사』 1 (서울: 생명의 말씀사, 2004), 670~671.
4. 선교본부 총무인 엘린우드가 네드 아담스에게 보낸 편지에서 적어도 선교본부는 조선법을 어기며 선교지부를 내륙지방에 설립하는 것을 재가하지 않은 것으로 보인다. 선교본부는 선교사가 믿음으로 시도하고 선교본부를 설립할 수 있는지를 알게 될 때까지 재가하지 않았다. 여기에 선교지의 법을 어기면서 "믿음으로" 선교를 강행하는 것이 맞는지를 둔 논쟁이 있었고, 이에 대한 선교본부의 입장이 명확하지 않았던 것으로 보인다. Baird, 『배위량 박사의 한국선교』, 99.
5. Baird, 『배위량 박사의 한국선교』, 98.
6. Adams, 『황무지』, 167.
7. Adams, 『황무지』, 167.
8. Adams, 『황무지』, 31~41.
9. Adams, 『황무지』, 31~41.
10. Adams, 『황무지』, 53~55.
11. Adams, 『황무지』, 53~55.
12. Adams, 『황무지』, 53~55.
13. Adams, 『황무지』, 53~55.
14. Adams, 『황무지』, 53~55.
15. Bruen, 『아, 대구!』 1권, 12.
16. Adams, 『황무지』, 219.
17. Adams, 『황무지』, 219.
18. Adams, 『황무지』, 221.
19. Adams, 『황무지』, 221.
20. Adams, 『황무지』, 231.
21. Adams, 『황무지』, 231.
22. Bruen, 『100년 은혜, 세상과 나누리』 2권, 22~23.
23. Bruen, 『100년 은혜, 세상과 나누리』 2권, 19~20.
24. Rhodes, 『미국 북장로교 한국 선교회사』, 176.
25. Adams, 『황무지』, 201.
26. Adams, 『황무지』, 239.
27. Rhodes, 『미국 북장로교 한국 선교회사』, 177.
28. Adams, 『황무지』, 239.

29. Adams, 『황무지』, 237~239.
30. Rhodes, 『미국 북장로교 한국 선교회사』, 176~177. 김중순, 김병희, 『겨자씨 속에 담은 천국』, 84.
31. Adams, 『황무지』, 401.
32. Adams, 『황무지』, 401.
33. Rhodes, 『미국 북장로교 한국 선교회사』, 177.
34. Rhodes, 『미국 북장로교 한국 선교회사』, 177.
35. Bruen, 『100년 은혜, 세상과 나누리』 2권, 91.
36. 권순업, "대구 지역의 초기 양식주거 건축에 관한 연구", (영남대 석론, 1984), 12, 74~75.

거룩한 시작, 계성학교

을사늑약(1905)

러일전쟁에서 승리한 일본은 대한제국과 을사늑약을 체결합니다. 이로써 대한제국은 한 나라가 가져야 할 외교권을 박탈당합니다. 일본의 영향력은 그해에 개통된 경부선을 타고 내륙으로 퍼져나갑니다.[1] 청일전쟁(1904)에 이어 제국의 전쟁터가 된 조선 땅에 분 격변의 풍랑은 대구를 비껴가지 않았습니다. 러시아와의 전쟁(1904)에서 승리한 일본은 대한제국에 대한 탐욕을 노골적으로 드러내기 시작했습니다. 경부선 철도 공사(1903)를 계기로 일본 상인들이 대거 내륙 도시인 대구로 들어와 새로운 시장을 형성하였습니다. 부산 항구에 들어온 배에서 내린 짐은 기차를 타고 한국의 내륙으로 이동합니다. 일본인들은 한국의 농작물과 광공업 제품의 원료들을 철도를 이용하여 수탈하기 시작했습니다.

1893년은 이방인인 배위량 선교사가 대구 땅을 밟은 해입니다. 그해 또 한 이방인이 대구에 정착하였습니다. 그들은 일본상인으로 대구 남문 내의 한옥을 빌려 의약품과 잡화상을 경영하기 시작했습니다. 대구의 중심에 등장한 두 이방인은 대구에 어떤 흔적을 남겼을까요?

일본 상인의 거주지가 형성되자 일본은 자국민을 보호한다는 명목으로 일본수비대 1개 분대를 대구에 주둔시켰습니다. 일본의 군사력이 대구에 배치되면서 그들의 세력은 더욱 확장되기 시작합니다. 1906년 통감부의 지방기관으로 외국인 영사업무를 담당한 이사청(理事廳)을 설치하였습니다. 일본의 감시와 통제가 본격적으로 시작된 셈이지요. 한국에 거주하는 일본인들을 보호한다는 명목으로 들어왔지만, 그들의 감시 대상은 지방 의병들과 연해주의 독립군이었습니다. 한국의 백성들은 일본의 통제 아래에 숨을 헐떡였습니다. 일본인의 원활한 경제활동을 위하여 1905년 최초로 제일은행부산지점 대구 출장소를 설치했습니다. 그 결과 제일은행 발행의 일본화폐가 점차 유통되기 시작했습니다. 정치적 권력을 넘어서 경제권조차 이제 일본인의 손에 넘어갑니다.

일본의 통치 아래서 한국의 미래가 어떻게 펼쳐질 것인지, 어둠의 터널을 지나야가야만 하는 한국인들을 바라보자니 선교사의 마음이 찢어지는 듯했습니다. 일본에 의해서 착취당하는 한국인들을 보호할 수 있는 방법은 없는지, 미국 선교사로서 한국의 백성을 위하여 무엇을 할 수 있는지 고민하였습니다. 러일전쟁 이후 일본이 정치적으로 우위를 점하고 있는 상황에서 미국 선교부도 어떤 정치적 개입도 자제하라고 요구하고 있으니, 어찌할 바를 알지 못했습니다. 미국은 일본과 비밀리에 가쓰라 - 테프트(1905, 미국은 필리핀을, 일본은 대한제국을 지배한다는 것을 서로 승인한 밀약이다) 조약을 체결했기 때문이지요. 안의와 선교사는 일본의 통치 아래에서 신음하는 가련한 한국인을 위해서 무엇을 할 수 있는지 고민했습니다. 그는 한국인이 지금의 상황을 스스로 직면하여 문제를 해결할 수 있도록 도와주어야겠다고 생각했습니다. 한국인은 뛰어난 민족이기에 그들이 스스로 문제를 직면하도록 돕는다면, 스스로 가장 적절한 방법을 찾을 수 있다고 생각했습니다. 한국인이 스스로 상황을 분석하고,

옳고 그름을 판단하고, 옳은 진리를 위해 실행할 능력을 갖추도록 가르치는 것이 최선의 방법이라는 결론에 도달했습니다. 일본인이 외교적으로 그리고 정치적으로, 심지어 경제적으로까지 한국인의 손과 발을 묶을 수 있지만, 적어도 한국인의 정신만큼은 지배하지는 못하니까요. 그는 대구에서 시작한 교회, 학교와 병원 행정 등에 일본이 간섭하지 않는다면, 적어도 대한제국의 백성들이 주체적인 민족성을 가지도록 도울 수 있다고 판단했습니다.[2]

한국인이 스스로 자립하여 길을 개척할 수 있도록 가르쳐야 한다고 생각했습니다. 안의와 선교사는 지속적으로 학교를 운영하기는 힘들기 때문에 지방으로 순회 전도 여행을 떠나지 않는 겨울 두 달 동안 학교나 교실을 운영하는 방안에 대해서 생각해 보았습니다.

> 내가 구상하는 학교는 단순히 한문만 가르치는 서당과 같은 재래식 초등학교가 아니라 한문은 이미 배운 자로서 세상 학문을 공부할 수 있는 곳입니다. 20~30명 정도의 청년들을 선발하여 산술, 지리, 역사, 천문학, 기독교 교리 등을 가르치는 학교입니다. 세상 학문을 가르치되 세속학교에서 하는 것처럼 독립적으로 가르치는 것이 아니라 하나님 사상 중심의 세상에서 사용될 학문을 교육하는 것입니다.[3]

안의와 선교사가 꿈꾸는 학교는 하나님 중심의 신앙을 토대로 한 학교입니다. 참된 그리스도인으로서 하나님과의 관계를 밑바탕으로 삼아 세속적 학문의 기둥을 세우는 그런 학교를 만들고 싶었습니다. 비록 정치적으로나 경제적으로 손과 발이 묶인 채 어둠의 터널을 지나고 있지만, 학교가 한국인에게 한 줄기의 빛이 되길 소망하면서 말입니다.

출처 서울역사박물관 『韓國風俗風景寫眞帖』(京城日韓書房, 1910)

대구 원정(元町, 모토마치)거리의 풍경이다. 당시에는 일본인의 거리를 원정거리라 불렀다.

대구에 들어온 동서양의 이방인은 분명하게 서로 다른 곳을 바라보았습니다. 일본인들은 "성벽으로 대구가 근대도시로 발전할 수 없다"는 이유로 성벽을 헐어서 무너뜨렸습니다.[4] 1906년 11월 대구읍성이 철거되었고, 그 자리에 지금의 동성로, 서성로, 남성로, 북성로를 연결하는 도로가 들어서게 됩니다. 경제의 통로인 도로가 건설되자 일본인들은 대구 전 상권 지역을 장악하여 1909년 십자로를 개통시켰습니다.[5] 수 백 년을 지켜오던 대구읍성이 일본인에 의해 하루 밤사이에 철거되어 버리자 대구의 주민들은 당연 아연질색 할 수밖에 없었습니다. 일본의 야욕은 대한제국을 발판으로 삼아 중국대륙으로 펼쳐나가는 것이기에 대한제국의 백성들을 강제로 징용하여 건설작업에 투입하고 있었습니다. 대구 근대화를 빌미로 일본 상인들은 경제적 이권을 장악하고 제국주의 침탈을 위한 발판을 대구에 닦았습니다.

대구에 발을 내디딘 또 다른 이방인인 미국 선교사들은 조선인의 정신적 변화에 주목하였습니다. 그들은 복음 전파를 통해서 교회를 세웠으며, 지금은 한 인격으로서, 그리고 한 나라의 백성으로서의 주체적 정신을 함양할 수 있도록 돕고자 했습니다.

계성중학교(Boy's Academy)

조선의 지방 교육 기관은 서당입니다. 조선 땅, 방방곡곡 산골에도 있는 교육기관입니다. 서당하면 회초리를 들고 있는 훈장, 그 앞에서 울고 있는 아이, 나란히 앉아 글을 읽는 조선의 화가 김홍도의 그림 속 아이들이 떠오릅니다.

서양에서 건너온 선교사들의 눈에 비친 서당의 모습도 우리와 별반 다르지 않아 보입니다. 선교사 어드만(Walter C. Erdman, 어도만, 1877~1948)의 눈에 제일 먼저 서당 훈장들의 회초리가 들어왔습니다. 소년들이 줄지어서

출처 서울역사박물관(『朝鮮風景人俗寫眞帖』(日韓書房·日之出商行·海市商會, 1911))

1911년 서당의 모습

웅크리고 앉아 있습니다. 멀리 앉아서 아이들이 장난할 때 훈장은 어김없이 단단한 버드나무 막대기와 유연한 회초리로 머리를 툭툭 때립니다. 아이들에게 경종을 주기 위해서 책 위로 회초리를 흔들어 보이기도 합니다. 심지어는 아이들의 머리채를 잡고 흔들어 벌을 내리기도 합니다.[6] 어드만 선교사는 아이들을 체벌하기 위해서 지나치게 회초리를 사용하고 있다고 생각했습니다. 물론, 훈육을 위한 체벌은 서양의 나라에도 있습니다. 성경에서도 아이들을 체벌로 훈육하라고 합니다. 하지만 '지나친' 체벌이 문제입니다. 조선의 훈장은 "회초리를 솔로몬의 지혜"[7]로 여기며 필요 이상으로 처벌하니 분명 문제가 있어 보입니다. 아이들에게 옳고 그름의 경계를 명확하게 가르쳐야 합니다. 그것이 부모에게 주어진 의무이자 책무입니다. 부모님이나 선생님도 한계를 지닌 유한한 존재이기에, 감정이 격해지면 매를 사용하기도 합니다. 그러므로 어떤 마음으로 이 매를 사용하느냐가 중요합니다.

어드만 선교사는 학교 교육에 독일의 유명한 유아교육학자인 프리드리히 프뢰벨(Friedrich Fröbel, 1782~1852)의 교육이론이 필요하다고 제안합니다. 프뢰벨은 아이들의 마음속에서도 하나님을 알 수 있는 본성이 있기에 그것을 "어떻게" 키워 나가야 하는지를 교육의 목표로 삼습니다. 화초 하나를 키울 때도, 식물의 종류에 따라서 햇빛과 물을 조절해야 하듯이, 아이들의 본성에 따라서 적절한 환경을 만들어 주어야 한다고 생각합니다. 이 이론은 당대 유럽에 큰 영향을 끼칩니다. 미국에서도 유치원을 독일어에 어원을 둔 '킨더가르텐'(Kindergarten)이라는 단어를 사용하고 있는 것으로 보아 당시에 프뢰벨의 교육이론이 얼마나 큰 반향을 일으켰는지를 알 수 있습니다. 독일어 킨더가르텐은 킨더(아이 Kind의 복수, Kinder)와 정원의 가르텐(Garten)을 합성한 단어입니다. '아이들의 정원,' '아이들의 뜰'이라는 뜻을 담고 있습니다. 어드만 선교사의 비판적 평가는 미국 선교사의 제국주의적 우월감 또는 인종적 탁월함에 근거하여 당시 조선의 교육을 평가한 것이라고 비판하기도 합니다. 어드만 선교사가 조선 교육 기반인 유교가 모든 인간에게 하늘이 준 사명이 천명(天命)으로 주어졌으며 그 사명이 수신제가치국평천하(修身齊家治國平天下)의 과정으로 이루어감을 가르친다는 것을 알았더라면, 그렇게 비판적 태도를 취하지 않았으리라 생각됩니다. 하지만 어드만 선교사의 비판이 제국적 우월감에서 조선 땅을 점령하고자 한 의도에서 나온 것이라는 평가는 지나친 판단이라고 여겨집니다. 당시 조선은 미지의 땅이었고, 조선으로 들어온 선교사들은 복음을 전하고자 하는 순전한 마음으로 들어왔습니다. 당연히 근대문명의 혜택을 받지 못하는 조선인을 안타까운 마음으로 바라보는 것은 동정심에 기인한 것으로 여겨집니다. 한 나라의 문화를 이해하는 길은 안으로 들어가는 용기가 필요함에도 그런 노력 없이 그의 눈에 비친 회초리만으로 훈장과 소년의 표면적 관계에 근거하여 부정적으로 평가하는 것은 섣부른 판단입니다. 낯선 나라의 문화를 이해하기 위해서는 외부에만 머물지 않고 안으로 들어가는 적극적인 노력이 필요하며, 서로 공감의 단계까지 나아가기 위해서 절대적으로 시간이 필요함을 이를 통해서 배웁니다.

북장로교의 교육선교의 정책

한국에 학교를 설립하기 위한 선교부의 설립 목적 및 교육 정책에 관한 연구와 논의가 이루어졌습니다. 북장로교 선교부는 1897년 8월에 열린 연례 회의에서 선교사 배위량이 입안하여 상정한 교육 정책인 "우리의 교육정책"(Our Educational Policy)을 심의하고 채택했습니다. 이 연례 회의에는 미국 선교본부의 총무인 스피어(Robert E. Speer)박사가 참석한 가운데 열렸기에 선교본부와의 실제적인 효용성의 차원에서도 심도 있게 논의할 수 있었습니다. 이 교육정책을 입안한 배위량 선교사는 이미 한국 선교와 교육에 관한 경험이 있어 한국의 실정에 적절하게 다음과 같은 교육 정책을 제안하였습니다.

선교 정책인 네비우스 방법과 교육부분에 관한 구체적인 실천방안[8]

(1) 학교(설립, 운영)의 기본적인 이념은 (학생들에게) 유용한 지식을 다양하게 교수하여 학생들이 실생활의 여러 부분에서 책임 있는 일꾼이 되도록 합니다.

(2) 학교가 해야 할 무엇보다도 중요한 일은 학생들에게 종교적이고 정신적인 영향력을 함양시키는 것입니다.

(3) 선교학교(mission school)의 주요 목적은 피선교지의 백성에게 적극적인 포교활동을 할 수 있는 교회 육성과 지도자의 양성에 둡니다.

배위량 선교사는 영적으로 건강한 그리스도인을 양육하여 그들이 살아가는 삶의 자리에서 맡겨진 사명을 책임감 있게 감당하도록 길러내는 데 목적을 둡니다. 즉, 대한민국의 백성으로서의 국가적 책임과 교회의 성도로서의 책임을 감당하는 온전한 그리스도인을 양육하는 일이 학교 설립의 목적입니다. 배위량 선교사는 학교 설립을 제안하면서 그의 교육에 대한 신념을 다음과 같이 부연하였습니다.

이상적인 학교는 마치 우물이 바닥에서부터 오염되는 것을 방지하는 것처럼 계속적으로 기독교인 학생이 주류를 이루도록

> 함과 동시에 무엇보다도 토착교회(native church)를 훈련할 수 있도록 설립되어야 합니다. 이렇게 학생들이 교육되었을 때 만약 그 학교의 제일의 원칙이 진리라면 그들이 농부나 대장공이 되건, 의사나 교사가 되거나 혹은 정부의 관리가 되건 간에 복음을 전달하는 능동적인 복음의 설교자가 될 것입니다. 전도교사(missionary teacher)는 무엇보다도 우선적으로 복음 전도자를 만들 수 있는 사람이어야 합니다. 이 일에 실패하면 그가 아무리 교육자로서 성공한다 하더라도 전도교사로서는 실패인 것입니다.[9]

학교의 교육은 교회를 세우는 동력으로 작용할 수 있어야 합니다. 이 원칙이 배위량 선교사의 학교 설립에서 중요한 맥락입니다. 하나님이 주신 사명에 따라서 사회의 일원으로서 어느 자리에 있다할지라도, 그리고 그 자리에서 무슨 일을 감당하게 될지라도, 그들은 모두 "복음을 전달하는 능동적인 복음의 설교자"[10]가 되어야 합니다. 이것이 학교 교육의 목적입니다. 학교는 "폭 넓고 균형 잡힌 마음과 지적인 판단력을 가진 사람"들을 길러내야 합니다.[11] 선교사들과 함께 동역을 할 수 있는, 더 나아가 선교사들이 의존할 수 있는 지도자로서의 자격을 지니도록 가르쳐야 합니다. 인격과 신앙을 갖춘 지도자를 길러내기 위해서는 "오직 유능한 선교사의 지도 아래 행해지는 체계적이고 철두철미한 교육에 의해서, 선교사가 적절하게 그들을 빚고(mold) 성장시키는 기간"을 거쳐야 합니다.[12] 온전한 그리스도인 양성을 위해서는 오랜 시간이 요구되는 교육 과정을 거쳐야 합니다.

계성학교 설립

안의와 선교사는 매형이기도 한 배위량 선교사가 제안한 기독교 학교를 대구에 세우고자 하는 소망을 가졌습니다. 그의 소망은 성도의 자녀들을 상급학교로 진학시키기 위한 요청과 맞물려 계성(啓聖)학교로 열매를 맺게 되었습니다.

> 경상도 지방 기독교인들이 그들 자녀들의 교육에 대한 진지한 요청이 있으며, 우리 스스로도 교회의 보다 지속적인 확립과 결속을 위한 기관이 개설될 필요성을 느끼게 되었으며 그 상황이 긴박함을 믿습니다. 따라서 결의한바 남자 학교 설립 준비를 시작할 것이며 올해(1906) 가을 개교할 것을 기대합니다.[13]

선교사 안의와의 소망과 대구 기독교 가정의 요구가 맞아 떨어지면서 1906년 5월 1일 27명의 학생들로 근대식 학교의 첫걸음을 내디뎠습니다. 그는 10주 동안 학교운영을 시도했는데, 학생들을 가르치는 일은 선교사 안의와와 사이드 보탐의 부인이 담당하였습니다. 학교의 이름은 안의와 선교사의 소망을 담아 박덕일 장로가 계성이라고 지었습니다. 계성은 '영적인 출발'(Spiritual Beginning) 또는 '거룩한 시작'을 뜻합니다.[14] 한국 땅을 거룩한 빛으로 비출 수 있는 학교, 그런 학교를 만들고자 하는 안의와의 소망이 그 이름에 고스란히 담겨 있습니다.

안의와 선교사가 계성학교의 교장으로 취임하면서 다음과 같은 말을 남겼습니다.

> 여러분 오늘은 우리에게 천국이 열린 날입니다. 겨자씨 속에서 잠을 자며 기다리고 있던 천국이 오늘 드디어 싹을 틔운 것입니다. 천국은 처음부터 이 땅에 있었습니다. 하나님께서 창조 때

부터 누구에게나 주신 선물입니다. 그러나 우리는 사악한 일에 눈이 어두워 그것을 보지 못하고 찾지 못했을 뿐입니다. 오늘 계성학교의 개교는 겨자씨만큼이나 작은 우리의 소망 속에 감추어져 있던 천국이 싹튼 것이니, 이제 우리는 이 천국을 열심히 다듬고 더욱 아름답게 지켜야 할 의무가 있습니다.[15]

학생은 이 땅에서 하나님의 나라를 만들어 갈 작은 씨앗입니다. 그 씨앗을 이 땅에 참된 그리스도인으로 싹을 틔어 성장시키고 열매를 맺게 하는 양육이 이루어지는 곳이 학교입니다. 안의와 선교사는 잠언 1장 7절 "여호와를 경외함이 지식의 근본이니라"를 학교의 교훈으로 삼습니다. 이 말을 한자어로 표현하면 인외상제지지본(寅畏上帝知之本)입니다. 계성학교는 기독교 정신에 근거하여 사랑과 헌신으로 나라와 민족을 위한 그리스도인이 되도록 가르쳤습니다.

한국이 깊은 어두움으로 빠져들 때, 하나의 빛으로서 계성학교의 첫 학기를 시작하였습니다. 석 달 동안 진행하고자 계획하였으나, 안의와 선교사가 예상치 못하게 탈진하여 두 주를 일찍 마쳐야만 했습니다. 그러나 하나님의 인도하심에 감사할 따름입니다. 학교가 시작하기 위해서는 선교부의 승인이 필요합니다. 그것이 원칙이자 질서입니다. 하지만 선교 현장의 필요를 고려하지 않을 수 없었습니다. 안의와 선교사는 선교지 한국교회의 필요를 외면할 수 없었습니다. 그는 원칙을 따르되, 선교현장의 실제적 필요를 우선하여 고려하였습니다. 청라언덕 위에 집을 지을 때 북장로교 선교본부가 주택 건축에 대한 안건 승인 여부를 먼저 알려달라고 부탁한 후에 건축을 시작하였습니다. 그것은 원칙을 따르면서 선교 현장의 실제적 필요를 고려하겠다는 그의 의지였습니다. 그런데 정작 학교를 위한 자금이 책정되지 않은 상태에서 안의와 선교사는 학교를 시작하였습니다. 안의와 선교사답지 않습니다. 왜 그렇게 한 걸까요? 아마도 학교 건립에 관련해서는 선교본부가 절대로 거절하지 않으리라는 확신이 있었기 때문이라고 생각합니다. 기독교학교 건립은 선교지부마다 선교 사역으로 시도하였던 것이기에 대구 선교본부가 학교를 세우는 사역은 어쩌면 정해진 수순이었으니까요. 안의와 선교사는 첫 학기, 두 달 반 동안을 위해 절약하여 대략 100엔에 약간 못 미치는 경비를 지출하였습니다. 한국의 그리스도인에게 학교는 꼭 필요합니다. 어두운 시간을 견딜 힘이 생겨나기 때문입니다. 그리고 이 일은 하나님의 일이기에 안의와 선교사는 사비를 들여 진행하였습니다. 안의와 선교사는 추진력을 지닌 사람이었기에 대구의 근대교육의 포문을 열 수 있었습니다.

그렇다고 학교를 사비로만 지속할 수 없었습니다. 학교를 지속하기 위해서는 선교부의 학교 책정금이 필요했습니다. 안의와 선교사는 선교부의 학교 책정금을 받기 위해서 대구에 학교를 설립해야 하는 당위성과 배우고자 하는 학생들의 열망이 끊이지 않음을 강조하였습니다. 그리고 선교본부가 원칙에 따라서 일을 진행하기 위해 필요한 시간동안, 대략 8개월 동안은 자체적으로 학교수업을 진행하겠다고 제안하였습니다. 안의와 선교사는 자신이 적극적 자세로 학교 설립에 임하고 있음을 보여주었습니다. 그는 선교본부의 학교 책정금에만 목매달지 않고, 자체적으로 학교를 위해서 필요한 기금을 마련하기 위해서 노력하였습니다. 안의와 선교사는 원칙과 실제 현장사이에서 필요를 채우기 위한 타협점을 찾아갔습니다.

사실 선교부의 도움이 없다면, 학생들이 학업을 마칠 수 있을지 예측하기 어렵습니다. 계성학교는 입학 조건이 기독교인이어서 입학생은 주로 상인이나, 평민 계층이었는데, 이들은 경제적 어려움에 부딪치면 학교를 그만두기 때문입니다. 안의와 선교사는 입학생이 50여 명이나 달한다고 선교본부에 편지를 보냈습니다. 학생들이 배움에 열의가 있다는 것을 입학생의 숫자로 보여주고자 하였습니다. 실제로 그렇게 많은 학생들이 모일 수 있을지 장담할 수 없었지만, 하나님은 실제로 1907년 8개월 동안에 48명의 학생들이 등록하도록 하셨습니다. 안의와 선교사는 하나님께서 일하고 계신다는 확신이 들었습니다. 배움에 대한 열의가 있는 학생들이 적지 않을 뿐 아니라 그들의 경제적 환경이 열악하기에 선교본부가 책정금을 승인하여 지원해 줄 것을 적극적으로 요청하였습니다.

학생 수가 늘어나게 되니, 다음 단계로 당연히 교실이 필요했습니다. 처음에는 시내에 있는 교회 건물을 학교로 사용했으나, 학생들이 늘어나면서 학업에 집중할 수 있는 학교 건물이 필요했습니다. 문제는 돈입니다. 안의와 선교사는 돈을 마련하기 위해서 개인적으로 5,000불의 성금을 모금해도 되는지를 문의하였습니다. 단지 선교본부가 지원하는 책정금에만 의존하지 않고 적극적으로 학교건물을 지으려는 선교사의 의지를 보여주고자 하였습니다.[16] 미국에 있는 친척들과 친구들은 안의와 선교사의 영원한 후원자들이었습니다. 안의와의 어머니 낸시 해밀턴은 평생 모은 돈을 기부했습니다. 캘리포니아 주 오클랜드 시에 살고 있는 형 아담스(A. L. Adams)와 캔자스 주 토피카 시에 사는 매부 밀스(W. Mills), 그리고 그의 삼촌도 후원하였습니다.[17] 그들은 기쁜 마음으로 안의와 선교사에게 후원금을 보냈습니다. 안의와 선교사는 후원자에게 선교본부의 후원이 있다는 것을 알렸습니다. 선교본부의 책정금이 있다는 이유로 후원을 하지 않을까 염려하면서 말이지요. 선교사에게 숨겨진 인간적인 면을 보게됩니다. 안의와 선교사는 반대로 선교본부에 자신을 신뢰하여 후원하는 친척과 친구들이 있음을 알렸습니다. 후원자들의 열의가 식지 않도록 선교본부가 행정절차를 빠르게 진행시켜 주길 바라면서 말이지요.[18] 안의와 선교사는 선교본부가 책정한 정규 지원금이 줄어드는 일이 일어나지 않도록 조율하며 선교본부의

후원을 이끌어내는 전략적인 행동가의 모습을 보여주었습니다.[19]

안의와 선교사는 미국선교본부로부터 1만원 기부금 약속을 받았으니, 이제 학교 짓는 일에 착수합니다. 우선, 안의와 선교사는 대구 성 밖 서쪽 동산 너머 널찍한 언덕 일대를 학교 신축 부지로 매입키로 결정합니다. 그는 동산 너머의 언덕배기를 평당 1전 안팎의 가격으로 2천여 평을 구입했습니다. 그 땅 역시 예로부터 달성서씨 문중의 땅이었지만, 그 일대는 선교사들이 살고 있는 동산과 마찬가지로 논밭으로 경작할 수 없는 버려진 땅이었습니다. 이 버려진 황무지의 돌산에 그는 학생들과 함께 각종 나무를 심고 터를 닦았습니다. 노아가 방주를 짓는 동안 사람들이 비웃고 조롱했던 것처럼, 돌산에 나무를 심어 언제 숲을 만들 수 있느냐는 비웃음을 견디며 그곳을 돌보았습니다. 안의와 선교사는 언덕 위 선교사의 집과는 달리, 선교사와 한국인의 만남을 상징할 서양과 동양이 서로 조화를 이룬 학교 건물을 만들고 싶었습니다. 그는 우선 2층 건물의 기초와 벽에는 대구읍성이 해체될 때 버려져 있던 돌을 사용하기로 했습니다. 그리고 외관은 고딕의 분위기로 지붕은 조선의 기와를 올려 한식과 양식의 절충을 꾀하고자 하였습니다. 정면 중앙에 종탑을 설치하여 대칭성과 정면성을 강조했습니다. 일 층의 벽면 일부를 붉은 벽돌과 함께 석재로 짜 올리고 종탑부의 측벽과 박공부의 원형창 등은 고딕형태가 되도록 하여 서구식 교회당의 이미지를 느끼게 하였습니다. 지하는 보일러실, 양변기, 난방설비, 세면기 위생설비까지 갖추었습니다. 지붕이 양반 집의 '솟을지붕'처럼 보이게 했습니다. 지붕 아래 강당 벽면에 한문으로 학교 교훈인 '인외상제지지본'을 적었습니다.[20] 솟을지붕은 보수적인 대구 정서에 적절한 안의와의 선교전략의 결과라 할 수 있습니다.

학교의 건물은 1908년 완성됩니다. 그 건물은 지금 아담스 관으로 불립니다. 선교를 위해서 전 재산과 자녀를 바친 한 어머니 낸시 해

1908년 안의와 선교사는 미국 선교부로부터 건축비를 지원받아 양옥식 계성학교 아담스관을 세웠다. 건물에 사용된 창호 재료와 유리, 위생 난방시설은 미국에서 가져왔고, 붉은 벽돌과 함께 쌓은 석재는 대구읍성을 철거한 성돌이다. 이 건물은 영남 지역 최초의 서양식 건축물이라는 역사적 의미가 있다.

안내판 아래쪽의 돌들이 읍성에서 가져온 돌이다. 윗쪽의 돌보다 훨씬 크기가 크고 덜 인위적이다.

밀턴을 기념합니다. 대구 성벽의 돌을 가져다 사용한 그의 의도가 3.1운동에서 빛을 발합니다. 3.1운동에서 발표한 독립선언문과 태극기를 아담스관의 지하실에서 인쇄하였습니다. 이는 안의와 선교사가 꿈꿨던 소망의 결실입니다.

학교는 교실이외에도 많은 건물이 필요합니다. 지방에서 오는 학생들을 위해서 기숙사도 필요합니다. 학교가 너무나 비위생적이어서 거기서 계속 생활하고 공부한다는 것이 불가능할 지경이었습니다. 질병으로 인한 출석률 감소는 매년 약 50%에 달했습니다. 새로운 기숙사 두 동을 학교 앞 경사면 아래쪽으로 건립했습니다(1910).[21] 그리고 다음 해(1911.6.13) 계성학교는 첫 번째 졸업생 12명을 배출합니다.[22] 맥퍼슨관(McPherson Memorial Science Building,1913)은 미국의 독지가 맥퍼슨에 의해서 건립된 과학관입니다. 기초와 지하실의 석재는 대구 성곽을 철거한 돌입니다. 인체골격 같은 표본은 미국에서 가져왔고, 괘종시계, 발전기 등 당시로서는 희귀한 교재들을 구비하는데 정성을 기울였습니다.[23] 직조과를 설치하여 섬유산업에 필요한 인력을 양성하였습니다. 직접 생산체계까지 구축하여 한 학년 12명의 학생에게 무명이나 주단류 등 40여 종의 각종 천을 짜내는 기술을 습득하게 하였습니다.[24] "1911년 보고에 따르면 40명의 남학생이 실업과에 등록하였습니다. 실업과는 학생이 선교부의 지원에만 의존하지 않고 선교원칙에 따라서 스스로 자립할 수 있는 능력을 갖추게 하기 위해서 만든 학교입니다." 1923년에서 1928년까지 이 아카데미의 선교 사역자인 라이온(W. B. Lyon)선교사가 이 과정을 담당하였습니다. 이후 핸드슨(Henderson)이 승계하여 1919년까지 담당하였습니다. 이 아카데미의 학생 수는 대개 100에서 170여 명 수준을 유지하였습니다.[25]

출처 계성 100년사

1913년에 완공된 맥퍼슨관 건축 공사 사진으로 맥퍼슨관도 아담스관과 마찬가지로 안의와 선교사가 직접 설계했고 공사는 중국인 벽돌공과 일본인 목수들이 담당했다. 2003년 4월 30일에 대구광역시 유형문화재 제46호로 지정되었다.

나라를 사랑하는 학생으로!

미국선교본부가 승인한 학교 설립의 목적에 따라 계성학교의 목적은 기독교 정신의 함양과 선교에 있습니다. 신앙 위에 자주, 자조, 자립, 상호 존중(평등)하는 인격형성을 지향하고 있습니다.[26] 선교사가 뿌린 씨앗이 싹을 틔우기까지 그리 오랜 시간이 흐르지 않았습니다. 1907년 12월 초순에 하나의 중대한 사건이 벌어졌습니다. 조선 통감부의 이토 히로부미가 겨우 열한 살밖에 안 된 황태자 이은(李垠)[27]을 인질로 삼아 일본으로 데려간다는 흉흉한 소문이 돌았습니다. 명성황후가 시해당한 국치가 채 가시지 않은 상황에서 학생들은 가만히 앉아 있을 수 없었습니다. 학생들은 결의문을 작성하고 거리로 뛰어 나갔습니다.

> 우리 계성의 학도 20인은 조선 땅이 왜놈의 발아래 더럽혀지는 것을 볼 수 없어 이를 결의하기에 이르렀노라. 왜놈들은 조선의 조정에 침입해 왕비를 시해하더니 이제는 조선의 고귀한 황태자 저하를 바다 건너 왜놈 땅으로 압송하기에 이름에, 우리는 더 이상 분을 참을 수가 없어 일어났노라. 우리는 훗날 이 조선을 이끌고 갈 젊은이들로 나라의 앞날을 부흥시키기 위해 신학문에 몰입하고 있는 바, 대구 시내 상권을 좀먹어 가는 왜인의 처사에 또한 분개를 금치 못하노라. 그들은 우리 조정에까지 들어가 정치권을 행사해 나라를 난세로 몰고 이제는 저잣거리에서 상권을 휘두르며 조선 백성의 살림살이까지 위협하는바, 우리는 그들을 경계하고 축출할 책임을 느끼노라. 조선인의 이름으로 조선을 책임질 젊음과 지성의 이름으로 왜인들에게 고하노니, 그들은 속히 황태자 이은 저하의 압송을 중지할 것이며 이 땅에서 물러갈지어다.[28]

청라언덕에 있는 3.1운동 기념벽화. 계성학교, 신명여학교 학생들은 청라언덕을 지나 3.1운동 집결지로 향했다..

학생들이 체포되었다는 소식을 들은 안의와 선교사는 헌병부대 취조실로 달려갔습니다. 그곳에서 믿을 수 없는 처참한 광경을 보았습니다. 취조실에 피투성이가 되어 널브러져 있는 학생들을 보고 놀라지 않을 수 없었습니다. 헌병대장은 안의와 선교사에게 학생들에게 폭력 시위를 하도록 가르치는 학교를 폐교하는 것이 마땅하다고 협박했습니다. 이 일의 책임을 모두 안의와 선교사에게 덮어씌우고자 했습니다. 안의와는 차분하게 그리고 단호하게 헌병대장에게 다음과 같이 대답했습니다.

> 자기 나라를 지키는 것이 무슨 죄가 된단 말입니까? 그리고 이들은 모두 조선인들이기는 하나, 학생으로서는 엄연히 미국 북장로교 소속입니다. 우리 학생들을 이렇게 함부로 다룬데 대해 나는 우리 정부에 보고를 하겠습니다. 그리고 하나님의 학교인 계성을 함부로 폐교시키겠다는 망언은 당장 취소하시오.[29]

안의와 선교사는 바닥에 널브러진 학생들을 빨리 치료해야 한다며 석방을 요구했습니다. 헌병 대장과의 담판으로 학생들을 석방시킬 수 있었으나, 시위 주모자로 지목을 받은 배동석 학생은 끝내 구할 수 없었습니다. 배동석은 김해출신으로 1894년에 로스 목사를 만나 김해교회를 설립한 배성두 장로의 아들입니다. 학생들의 시위에도 불구하고 이은은 유학이라는 명분으로 인질이 되어 일본으로 끌려갔고, 시위의 주모자 지목된 배동석은 그해를 일본의 부대 감옥에서 지내야만 했습니다.

안의와 선교사는 이제 일본 경찰이 예의주시하는 인물이 되었습니다. 그런데도 1908년 길거리에서 '기독교 신자가 되면 통감정치의 속박에서 벗어날 수 있다'는 취지로 연설을 할 정도로, 그는 한국을 사랑한 선교사였습니다. 그리고 일본의 폭력에 학생들을 먼저 생각한 선생님이셨습니다.

1911년 대구계성학교 학생과 교원 모습

미주

1. Adams, 『황무지』, 350.
2. Adams, 『황무지』, 352.
3. Bruen, 『아, 대구!』 1권, 10.
4. 박창식, 『경북기독교회사』 (서울: 코람데오, 2001).
5. 대구·경북역사연구회, 『역사 속의 대구, 대구 사람들』 (서울: 중심, 2002), 201.
6. Bruen, 『100년 은혜, 세상과 나누리』 2권, 116.
7. Bruen, 『100년 은혜, 세상과 나누리』 2권, 116.
8. 박창식, "미국 북장로교회의 영남지방 선교와 교회형성(1893~1945)", (대구: 계명대학교 박사학위, 2004), 138.
9. 박창식, "미국 북장로교회의 영남지방 선교와 교회형성(1893~1945)", 139.
10. Adams, 『황무지』, 216,.
11. Adams, 『황무지』, 216,.
12. Adams, 『황무지』, 216,.
13. 필자가 경어체로 경남 지역. 『계성 90년사』, 1997.
14. Bruen, 『100년 은혜, 세상과 나누리』 2권, 59.
15. 김중순, 김병희, 『겨자씨 속에 담은 천국』, 97.
16. Adams, 『황무지』, 421.
17. Adams, 『황무지』, 423.
18. Adams, 『황무지』, 433.
19. Adams, 『황무지』, 431.
20. 김중순, 김병희, 『겨자씨 속에 담은 천국』, 103~104.
21. Bruen, 『100년 은혜, 세상과 나누리』 2권, 205.
22. 김윤수, 김찬구(김홍조), 이재인, 최상원, 최자선, 김만성, 원영해, 박영운, 서자균, 임종하, 조기철, 진기은이라고 부해리 선교사의 편지에 기록되어 있다. 이 명단과 『계성 100년사』의 기록과 일치하지 않다고 한다. 김윤수, 김만성은 김용원, 김소석으로, 권영해는 권경도로 나누며, Choi Sung Wom과 Suh Cha Kyoon은 최상원과 서재균의 음역에서 오류를 범한 것으로 보인다. Bruen, 『100년 은혜, 세상과 나누리』 2권, 226.
23. 김중순, 김병희, 『겨자씨 속에 담은 천국』, 106.
24. 김중순, 김병희, 『겨자씨 속에 담은 천국』, 107.
25. Rhodes, 『미국 북장로교 한국 선교회사』, 191~192.
26. 계성90년사편찬위원회, 『계성90년사』 (대구: 계성중고등학교, 1997). 박선원, "1910년 이전 대구 기독교계 학교에 나타난 근대학교교육: 계성학교와 신명학교를 중심으로", 「교육학논총」 25(2004): 12.

27. 조선시대 마지막 황태자로서 어린 나이임에도 불구하고 황태자로 봉해졌다. 당시 친모 순헌 왕귀비가 궁궐에서의 영향력이 커서인지, 어린 시절부터 귀하게 자랐다고 한다.

28. 박경숙, 『약방집 예배당』 (서울: 홍성사, 2006), 206.

29. 김중순, 김병희, 『겨자씨 속에 담은 천국』, 101~102.

출처 대한민국역사박물관, 2010년

근대 의료의 중심, 동산병원

대구 최초의 의료선교사, 존슨

대구선교의 아버지 안의와는 의료의 불모지인 대구로 의료선교사 존슨(Woodbridge Odin, Johnson, 장인차)이 파송된다는 소식에 기쁜 마음으로 그에게 편지를 썼습니다.

> 존경하는 존슨 박사님께.
> 당신이 보내주신 6월 29일자 (1897년) 편지가 며칠 전에 제 손에 들어왔습니다. 기쁘고 감사한 마음으로 읽었습니다. 당신의 편지는 대구에 의사가 온다는 첫 번째 소식이었습니다.… 아담스 부인과 저와 체이스는 이번 가을에 그곳으로 이사 갈 예정입니다. 그곳은 새로 개설한 선교지부입니다. 대구는 우체국이 있는 부산항에서 100마일 멀리 떨어진 곳에 있습니다. 저는 지난해 그곳에서 땅을 고르고 입주할 준비를 하면서 혼자 지냈습니다. 비록 선부지부가 멀리 떨어진 곳에 있고, 우리들은 완전히 고립될 것이지만 당신은 곧 그곳과 그곳에서 하는 일을 좋아하게 될 것입니다. 대구에는 프랑스 신부 외에는 외국 사람

이 없습니다. 이 신부는 이곳에 거주한 지가 몇 년이 되었고, 많은 신도들을 거느리고 있습니다! 부산에는 얼빈 의사가 의료선교사로 와 있습니다. 이곳에 3년간 근무하고 있으며 많은 일을 하고 있습니다. 만일 내가 당신이라면 첫해 동안은 이곳 부산에 머물 것입니다. 여기서 당신은 많든 적든 당신이 원하는 만큼 그와 함께 일할 수 있습니다. 그리고 이 기간 중 어학 공부에 전념하세요. 내륙기지로 가면 의사가 없습니다. 만일 당신이 의사인 줄을 안다면 많은 사람이 당신에게 몰려올 것이고, 그 사람들을 치료해 주다 보면 결국 당신은 어학 공부할 시간이 전혀 없을 것입니다. 제가 현장을 둘러볼 때 당신은 우리가 꼭 필요로 하는 사람입니다. 그래서 우리는 기도하며 당신을 기다리고 있습니다.

안의와 선교사에게 장인차 선교사는 하나님이 준 선물입니다. 아직 내륙지방에는 의사가 없기 때문에, 장인차 선교사는 의료 사각지대인 대구의 선교를 위해서 꼭 필요한 사람입니다. 장인차 선교사가 의사라는 사실이 알려진다면, 대구의 사람들은 진료 받고자 그에게 몰려올 것입니다. 그리고 장인차 선교사가 펼친 치료의 손길은 분명히 복음을 전할 기회가 될 것입니다. 안의와 선교사는 장인차 선교사에게 이 땅에서 큰 기쁨을 누릴 수 있도록 몇 가지 조언을 합니다. 부산에 머물면서 선교사로서 언어를 습득하고, 먼저 의료 선교를 하고 있는 선배 선교사를 통해서 대구에서 펼쳐지게 될 의료 선교를 꿈꾸도록 권면하였습니다.

장인차 선교사는 의사가 없는 지역에서 하나부터 열까지 그의 손으로 직접 처리해야 했습니다. 그는 우선 미국약방이라는 이름 내걸고 진료를 시작했습니다. 약방이라는 말 그대로 약국이 먼저 시작되었습니다. 그때가 1899년 7월이었습니다. 그 뒤로 얼마 되지 않아 장인차 선교사는 제중원이라는 이름으로 진료를 그해 12월부터 시작했습니다. 백성을 구한다는 의미로 이미 서울에서 문을 열었지요. 장인차 선교사는 환자를 진료할 수 있다는 사실만으로도 감사했습니다.

그런데 이상합니다. 왜 처음부터 병원이 아니라 약국으로 시작한 걸까요? 장인차 선교사는 1897년에 크리스마스에 대구에 도착했지만, 의료기구 운반이 늦어져 진료를 시작할 수 없었습니다. 계획한 일이 틀어지니, 마음이 답답해졌습니다. 그렇다고 시간을 허비할 수 없었습니다. 열악한 의료 상황으로 우선 '미국약방'을 열었습니다. 그는 의료품이 오기까지 파계사에 머물며 한국어를 배우면서 시간을 보내기로 결심합니다. 이 시간은 앞으로의 사역을 펼쳐 가는데 귀중한 시간이 되었습니다. 환자를 돌보는 일은 병과 상처를 치료하는 일에서 멈춰서는 안 되며, 환자의 영혼까지 담당해야 하기에, 그들의 마음을 돌보기 위해서 언어는 매우 중요한 자양분입니다.

1899년 10월 1일에 동산동에 새 건물을 마련하였습니다. 비록 초가집이었지만 일꾼들과 함께 진료소를 개원하기 위해서 선반과 서랍장을 만들었습니다. 도착한 지 얼마 되지 않은 부해리 선교사도 도왔습니다. 땀의 수고로 성탄절이 되어서야 병원을 공식적으로 개원할 수 있었습니다. 장인차 선교사는 수많은 환자를 치료했습니다. 개원한 후 다음 해까지 1,700명의 환자를 치료했으니, 엄청납니다. 새로 온 환자들은 800명이나 되었습니다. 이뿐만 아니라 조선인에게 낯선 수술을 50차례 했고, 80명을 왕진했습니다.

수많은 환자들을 홀로 돌볼 수 있었던 것은 장인차 선교사 곁에 듬직한 서자명이 있어서 가능한 일이었습니다. 그는 대구에서 처음으로 세례를 받은 교인입니다. 그는 선교사들이 대구에 정착하여 복음을 전하는 사역을 감당할 수 있도록 도운 유능한 조력자였습니다. 특히,

위, 아래 사진 출처 계명대학교 동산의료원

제중원 개원 전 장인처 선교사가 대구선교지부 한옥에 시약소인 '미국약방'을 열었다. 일반인들의 이해를 돕기 위해 '미국약방'으로 지었다고 한다.

미국약방 하던 곳에 대구 제중원이 세워졌다.

장인차 선교사가 발진티푸스에 걸려 진료를 할 수 없었던 때 그의 역할은 빛났습니다. 진료를 매개로 복음을 전하기 위해서 먼 길을 떠나왔는데, 역설적으로 환자에게서 병을 얻어 치료를 받아야 하는 상황이 되었습니다. 죽음의 목전에서 사역하는 선교사가 바로 의료선교사입니다. 열악한 환경으로 인해 "맨 처음 크게 인명의 손실을 입은 사람"이 의사입니다. 그래서 게일 선교사는 의료선교사의 생활을 "발진티푸스, 한센병, 천연두, 콜레라, 인간을 괴롭히는 모든 무시무시한 운명"과 끊임없이 싸우는 전투[1]에 비유했습니다. 의료선교사의 삶은 생명의 사각지대를 걸어가는 인생길입니다. 장인차 선교사가 발진티푸스에 걸려 진료할 수 없게 되었으니 대구의료 선교에 먹구름이 끼었습니다. 몇 주 동안 진료소의 문을 닫아야만 하는 상황이 되었으니까요.[2] 하지만 먹구름 사이에 한줌의 빛을 남겨두셨습니다. 장인차 선교사와 함께 동역을 한 서자명이 간단하지만 치료를 할 수 있었으니까요.

> 존슨 박사가 심각한 병환 중에 있는 동안 저희가 얼마나 초조했었는지 박사님께서는 상상할 수 없으리라 생각합니다. 마치 저희가 짙은 구름 속에 갇혀 있는 것 같았습니다. 그러나 주님께서는 그를 구해 주셨을 뿐 아니라 간호사들이 그 끔찍한 질병에 감염되지 않게 하셨습니다. 한국인 중에는 아무도 그의 심장 상태를 돌보도록 맡길 수 있는 사람이 없었기 때문에 남편(안의와)과 브루엔 씨는 밤낮으로 그와 함께 있었습니다. 가장 심각한 열흘 동안 로스씨가 도와주지 않았다면 그들은 분명히 쓰러졌을 것입니다.[3]

하나님께서는 장인차 선교사를 보호하셔서 그의 사명을 감당하게 하셨습니다. 그뿐만 아니라 사랑으로 그를 돌본 간호사와 동료 선교사도 보호하셔서 맡겨진 사명의 열매를 맺도록 하셨습니다.

놀라운 서양 의술, 사랑의 빚

장인차 선교사의 의술은 조선인들에게 생명의 길을 열어주었습니다. 조선의 의술이 감당하지 못하는 질병을 고쳐 삶의 기회를 주었습니다. 조선의 의학과 서양 의학은 질병에 대한 인식이 다릅니다. 그러니 치료하는 방식도 다를 수밖에 없습니다. 손목이나 발목이 삔 환자가 왔습니다. 그런데 한의사는 귀에서부터 엄지발가락까지 구멍을 뚫어놓았습니다. 기공이 막힌 곳을 뚫으면 낫는다고 생각했기 때문입니다. 서양 의사 장의차의 눈에는 이해가 되지 않는 치료법입니다. 심지어 세 살짜리 아이가 8인치짜리 오이를 껍질까지 먹고 나서 탈이 났는데 집에서 할 수 있는 치료라는 게 유황으로 채운 골무를 태워 등에 발라주는 정도라니, 의학적으로 상상할 수 없는 행위입니다.[4] 침을 소독하지 않고 환자의 환부에 찔러 넣어 치료하는 행위도 문제가 있는 의료 행위입니다. 이런 의료 행위는 치료를 하는 것이 아니라 오히려 농양을 만들어 내어 관절을 굳게해 병을 악화시킵니다.[5]

장인차 선교사의 서양 의술이 대구 경북의 주민들에게 알려지자 치료를 받고자 원하는 사람들이 많아졌습니다. 대구에서만 수많은 환자들이 몰려와 환자를 돌보는 시간만으로도 하루 24시간이 모자랄 지경이었습니다. 열악한 환경과 쉼 없는 의술 활동으로 인한 피로로 그의 몸은 약화되었습니다(1906). 육체적으로 힘든 상황에서도 장인차 선교사는 '선교사'로서 본연의 임무를 수행하고자 부해리 선교사와 함께 전도 여행을 떠났습니다. 경북의 깊은 산골 지역까지 복음을 전하는 동료 선교사들의 수고가 가슴에 다가왔습니다. 장인차 선교사가 함께 왔다는 소문이 퍼지자 한 아버지가 20살쯤 되어 보이는 아들을 데리고 왔습니다. 그리고 "저도 예수 믿는 사람이니 걱정하지 마시고 집 안으로 들어와서 잠깐 쉬어 가세요"라고 청했습니다. 장의차 선교사는 "아니요. 바빠서 그건 힘들 것 같네요"라며 정중히 거절했습니다. 그러나 아버지는 "바쁘신 건 알지만 제 아들 다리라도 좀 봐주십시오" 라고 간절히 부탁했습니다. 장인차 선교사는 길에 앉아서 진료를 시작하였습니다. 아들의 넓적다리는 크게 곪아 있었습니다. 그런데 그 곪은 자리 주변에 동전 크기의 흉터가 여러 개 나 있었습니다. 10센트짜리 동전 크기의 점이 1년 전부터 나타나기 시작했고, 만져도 아무 느낌이 없었다고 합니다. 아버지와 아들은 한센병이라고 생각하고 한의사를 찾아갔더니, 한의사는 환부를 잘라내고 주위를 깨끗하게 닦아내는 일반적인 조처만을 했을 뿐이라고 합니다. 치료를 받은 후 제법 큰 구멍을 났다고 합니다. 수차례에 걸쳐 깊게 패인 상처에다 쑥과 향 그리고 마른 약초들을 발라 주는 이 치료를 몇 달 동안 하다 보니, 곪은 자리에는 흉터가 남게 되었습니다. 조선인들은 한센병을 무서워해서 종종 문제가 없는 깨끗한 피부까지 제거하기도 합니다. 장인차 선교사는 청년의 병이 한센병인지를 확인하는 것은 곪은 부위를 치료하고 나서야 알 수 있다고 말해주었습니다.[6] 아버지와 아들은 장의차 선교사의 진단 결과에 희망을 가졌습니다. 한의사의 오진으로 인해 병에 걸린 환자의 고통이 더욱 가중되는 상황이 안타까울 뿐이었습니다.

한의사는 칼로 몸의 환부를 자르고 치료하는 행위를 하지 않습니다. 한의학과 서양의학의 차이가 극명하게 드러나는 의술은 수술에 있습니다. 장인차 선교사의 수술은 한국 백성들에게 강한 인상을 남깁니다. 배를 가르는 제왕절개 수술로 산모와 아이의 목숨을 구하다니! 한국의 백성들에게 놀라움 그 자체였습니다.[7] 조선에서 산모가 아이를 낳다가 목숨을 잃어버리는 일이 많으니 서양의 제왕절개 수술에 놀랄 수밖에 없었습니다. 제왕절개 수술 이외에 6년 동안 걷지 못했던 열네

출처 계명대학교 동산의료원

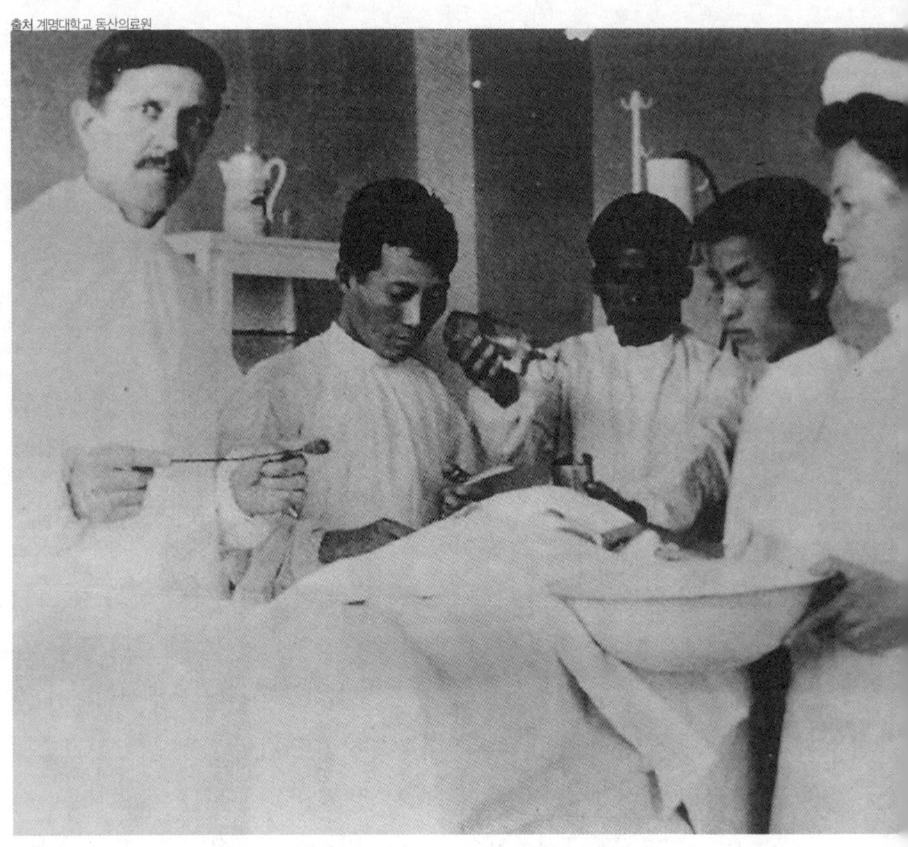

수술 중인 장인차 선교사. 1900년경 사진으로 선교사가 들고 있는 것은 환자의 몸에서 나온 막대기다. 한쪽 끝에 솜뭉치가 감겨져있는데 당시에는 밥 먹은 것이 체해서 넘어가지 않을 때 막대기를 목에 넣고 쑤셨다고 한다.

살 소년을 수술로 걷게 했습니다. 이 수술은 장인차 박사에게 큰 기쁨을 안겨주었습니다. 이런 일은 한국인들에게 기적과도 같은 일이었습니다. 상상도 할 수 없었던 일이 서양인의 손을 통해서 이루어졌습니다. 불치병이라고 여겼기에 가정을 일구는 평범한 꿈을 포기한 언청이 환자가 수술로 완치되었습니다.[8] 언청이로 얼굴이 일그러졌었던 아이는 자존감이 떨어져 사회적 관계까지 포기하고 은둔의 생활을 하였으나 지금은 밝은 아이로 바뀌었습니다. 이 수술은 단지 외모의 변화만이 아니라 마음까지 회복되는 결과를 낳았습니다. 몸과 영혼을 회복시키는 서양 의술을 어떻게 설명할 수 있겠습니까? 수술은 조선인이 불치병이라 여겨, 평생 그렇게 살아가야 하는 숙명으로 받아들여진 질병을 고쳐주었습니다. 그들에게 일상을 회복시켜 주었습니다.

장인차 선교사가 수술을 집도하였지만 수술은 혼자서 할 수 없습니다. 수술실에는 의사를 도울 간호사가 필요합니다. 초기에는 간호사가 없어서 선교사 부해리가 그 일을 담당하기도 했습니다. 의술 경험이 없는 사람이 수술실에 들어간다니, 상상만으로도 두렵습니다. 장인차 선교사는 떨리는 마음으로 수술실로 들어오는 부해리 선교사에게 "내가 하라는 대로 하면 됩니다. 나의 조수는 나의 말을 알아듣지 못하거든요."라고 안심시켰습니다. 장인차 선교사의 위로에 부해리 선교사는 주저 않고 그가 시키는 대로 마취하였습니다. 수술 도중에 환자의 의식이 돌아올 기미가 보일 때마다 부해리 선교사는 마취를 되풀이하였습니다. 그렇게 수술은 성공적으로 마칠 수 있었습니다.[9] 선교사는 선교만이 아니라 선교지의 백성이 필요로 하는 모든 일을 감당하는 전천후였습니다.

장인차 선교사는 의사로서 환자의 질병을 고쳐주는 일을 주로 행했으나, 그는 선교사였습니다. 몸이 아파 신음하는 환자들의 병을 고치지만, 그의 관심은 복음을 그들에게 어떻게 전해야 하는가에 있었습니다. 일반적으로 환자는 병으로 인해 마음까지 쇠약해집니다. 그때가 바로 복음을 전할 절호의 기회라고 여겼습니다. 환자들은 예수 그리스도의 구원이야기를 위로와 용기와 희망으로 받기에 좋은 마음의 밭을 가지고 있기 때문이지요. 어느 날, 박 씨라는 사람이 커다란 종양이 생겨 병원을 찾아왔습니다. 그는 병으로 인해 너무나 쇠약해지고 정신도 희미해져서 질문에 총명하게 대답하지 못했습니다. 그의 어머니와 사위는 "이분은 예수를 믿지 않아서 우리가 하는 말을 듣지 않아요. 제발 당신이 할 수 있는 모든 걸 해서라도 치료해 주세요."라고 부탁했습니다. 수술이 이루어지고 있는 동안 그들은 복도에서 기도하였습니다. 박 씨는 처음에 좀처럼 교리에 흥미를 가지지 않았으며, 아침 기도 때에는 침대에 놓인 찬송가를 슬며시 밀쳐놓기도 했습니다. 그렇게 6주라는 시간이 지나자 그의 몸은 완전히 회복되었습니다. 그가 장인차 선교사에게 감사의 인사를 하기 위해서 찾아왔습니다. 장인차 선교사는 그에게 아직도 예수님을 믿지 않는지 물었습니다. 그러자 그는 '어떻게 제가 감히 저를 살려 준 분이 전해 주시는 교리를 믿지 않겠습니까?'라고 대답했습니다. 그는 서당의 훈장인데 집으로 돌아가서 아이들에게 다음 주 일요일에는 수업이 없을 것이니 같이 교회로 가자고 했다 합니다.[10] 훈장이 어떻게 그리스도인이 되었는지, 그 마음의 변화가 어떻게 일어났는지를 기술하고 있지 않아 알 수 없으나, 단지 수술로 병을 고쳐 주었다는 이유만으로 그가 그리스도인이 되었다고 볼 수 없습니다. 슬쩍 옆으로 찬송가를 밀쳐둔 그에게 6주란 시간은 그가 제중원에서 일하는 그리스도인들의 헌신에 감동을 받기에 충분하기 때문이지요. 그리고 병원에서 이루어진 예배를 통해서 받은 영적 경험이 그를 변화시켰겠다고 짐작할 뿐입니다.

제중원에서의 일과는 숨 돌릴 틈도 없었습니다. 널(M. M. Null, 노의사, 1903~1907 선교기간) 선교보고서에 일과를 다음과 같이 기록하고 있습니다.

나는 오전에는 어학공부하고 오후에는 2시부터 7시까지 예약한 환자를 봅니다. 이렇게 해도 많은 환자들이 치료를 받지 못하고 집으로 돌아갑니다. 우리들은 쉬거나 잠시 숨 돌릴 시간조차 없습니다. 이처럼 업무는 과중하여 건강은 매우 좋지 않습니다.[11]

의료선교사가 베푼 서양 의술은 환자의 아픈 부위를 치료하는 행위를 넘어서 인간의 전 인격을 돌보는 치료였습니다. 대구에 온 의료선교사 플레처(Archilbald G. Fletcher, 별리추, 1882~1970)는 일본인들이 한국인들을 피폐하게 만들기 위해서 모르핀을 진통제로 사용하고 있는 것을 알고 난 뒤, 한국인의 정신을 무너뜨리는 행위라고 분노하였습니다. 그는 일본인을 고발할 뿐 아니라 더 이상 모르핀을 사용하지 못하도록 저지하였습니다.[12] 그는 여기에서 멈추지 않고 한국인을 괴롭히는 질병과 위생 개념을 바로잡기 위해서 헌신했습니다. 안식년을 가질 때도 가능한 한국인이 가장 취약한 질병들, 이를테면 결핵, 한센병, 기타 열대성 질병에 대한 전문 지식을 조금이라도 더 배우기 위해서 영국과 미국을 오가며 전문 지식을 습득하여 한국에 적용하려고 노력하였습니다.[13] 그뿐 아니라 한국인에게 필요한 의료복지사업도 적극적으로 수행했습니다. 1929년 아기를 낳자마자 세상을 떠난 엄마가 남긴 아기를 맡게 되었습니다. 그 아이의 이름이 만복이입니다.[14] 그때부터 플레처는 영아보건소를 겸한 영아복지사업을 시작했습니다. 기금을 모아 건물을 짓고 전문 소아과 의사를 두어 정기적으로 검진하게 하였습니다. 아이들에게 신선하고 영양분 있는 음식을 공급하게 하여, 이곳의 아이들이 보통 아이보다 키가 머리하나 만큼 더 컸다는 말이 나올 정도였습니다. 3년 동안의 교육과 돌봄 과정도 제공하였습니다.[15] 의료선교사의 의술은 병의 치료를 넘어서 인간다운 삶으로, 몸과 마음이 건강

출처 계명대학교 동산의료원

태풍으로 1906년에 재건축된 제중원. 현재의 대구동산병원 위치인 동산동에 세웠다.

한 삶으로 이어지는 데까지 확장되었습니다.

의술을 통한 선교

장인차 선교사는 자신이 왜 의술을 공부하려고 했는지, 무엇을 목적으로 이 곳에 왔는지를 점검해 보았습니다. 병원에 오는 이들은 치료를 받아야 할 환자일 뿐만 아니라 예수 그리스도의 복음으로 다시 태어나야 할 영혼입니다. 그래서 장인차 선교사는 서자명을 시켜서 병원 방문자들에게 전도지를 나누어 주었습니다. 약 봉투에는 전도문을 실었습니다. 이 전도문에 의료선교의 정신이 명확하게 나타나 있습니다.

> 이 약을 조심해 드시면 당신의 병을 반드시 고칠 수 있습니다. 그러나 당신이 아무리 많은 약을 드신다해도 당신은 언젠가는 죽어야 합니다. 자! 당신에게 영생을 줄 수 있는 약이 있습니다. 그 약이 어떤 것인지 남문 안에 있는 예수교리 병원(Jesus Doctrine Dispensary)에 가서 물어보십시오.[16]

서자명은 매일 아침 환자들에게 치료 순서를 알리는 대기 번호표를 나누어 주었습니다. 그리고 난 뒤 대기실 안에 있는 자기 자리로 돌아가 점심시간까지 전도지와 성경책을 팔았습니다. 점심을 먹은 다음에는 장인차 선교사와 함께 기도하며 예배를 드렸습니다.[17] 그는 장의차 선교사가 진찰을 하는 동안 복음을 전하며 영적 치유를 담당하였습니다.

부해리 선교사는 서자명을 탁월한 설교자로 소개합니다. 조선인들이 재미있게 알아들을 수 있도록 예화를 섞어가며 전하는 재주를 가지고 있었다고 합니다. 그의 재치와 열정은 어느 누구와도 비교할 수 없었습니다. 병원에는 환자만이 아니라 잠시 방문하는 사람이나, 놀러온 구경꾼들이 많았습니다. 서자명은 그들에게 다가가 거부감을 주지 않고 복음에 대한 이야기를 풀어냈습니다. 그리고 복음에 관심을 가진 자나 자신이 기독교인라고 하는 사람들의 이름을 적어 보관하였습니다. 선교사가 순회 전도 여행을 떠날 때 참고하도록 명단을 전해주기 위해서 말이지요.[18] 순회 전도를 떠나는 선교사와 조사들은 서자명 조사가 전해준 자료를 토대로 환자가 잘 회복하였는지, 거기에 더하여 신앙생활을 잘하고 있는지를 살펴보았습니다. 순회 전도 여행은 복음 전하는 전도자의 역할 뿐만 아니라 복음을 받아들여 막 신앙생활을 시작한 그리스도인들의 신앙생활을 점검하는 심방을 겸하였습니다. 병원에서 전한 복음이 다시 일상에서 뿌리를 내릴 수 있도록, 그리고 다시 복음이 굳건하게 자리를 잡도록 보살폈습니다.

의료선교사 장인차와 조사 서자명은 그들이 해야 할 본질적인 임무를 잊지 않았습니다. 병원에서 일하는 의사를 비롯한 의료진뿐만 아니라 보조원들도 모두 복음을 전하는 그 사명을 감당하였습니다. 병원은 단지 고통을 피해서 택할 수 있는 임시방편일 뿐입니다. 그렇기 때문에 환자에게 복음을 전해야 한다는 그들의 목적을 잊지 않고 수행하였습니다.[19] 병원에서 일하는 자들은 모두 병원의 업무를 수행 할 뿐만 아니라 전도자가 되어야 합니다. 예수 그리스도의 제자로서 가난한 이들에게 기쁜 소식을 전하고, 눈먼 이의 눈을 뜨게 하고, 상처 입은 이들에게 자유를 선사해야 합니다. 그 목적을 위해 매일 아침 기도를 드렸습니다. 환자들에게 주기도문과 사도신경을 반복해서 소리 내어 읽도록 하였습니다. 서자명 조사는 환자 개개인과 친분을 맺으며, 그들을 위해 소리 내어 기도해 주었습니다. 그리고 그들에게 성경책을 주고 읽도록 권유하였습니다.[20] 장인차 선교사는 의료 보조원들을 중

출처 계명대학교 동산의료원

서자명(왼쪽 앞줄)과 존슨 선교사(맨 뒷줄)의 모습. 서자명은 대구 제일교회 최초의 장로다. 장인차 선교사는 대구에 부임한 지 2년 만인 1899년 12월 '제중원'을 열었다. 의사는 한 명뿐이었고, 간호사도 없던 열악한 환경이었다. 이때 서자명이 장인차 선교사의 가르침을 받아 의료 조수로 활동하였다. 서자명은 안의와 선교사의 전도로 세례를 받은 첫 교인이었다. 그는 제중원을 열기 6개월쯤 전인 1899년 6월 16일 세례를 받았다. 상투를 자르고 예수를 믿는다는 이유로 달성서씨 문중에서 쫓겨났다.

상, 하 사진 출처 계명대학교 동산의료원

1921년 병원전도회 회원들 모습. 전직원이 회원으로 활동했다.

1930년 병원전도회가 개척한 교회 모습. 최초의 개척교회는 1921년 11월에 박덕일 목사가 개척한 고령 반성교회이며, 병원전도회가 147개 교회를 설립하였다고 하나 기록으로는 127개 교회라고 기록되어 있다.

심으로 성경반을 편성하여 환자들이 더욱 큰 은혜를 받을 수 있도록 하였습니다.[21]

대구동산병원이 지닌 목적은 이후 병원을 이끈 별리추 선교사에 의해서 더욱 공고하게 자리 잡았습니다. "직원 모두가 1. 모든 환자에게 복음을 전하기 2. 가급적 많은 환자들을 그리스도에게로 이끌기 3. 교회에 가입하지 않은 새 개종자들이 있는지 살피기 등 3중의 책임"을 지고 있습니다.[22] 병원의 직원들이 환자의 진료를 위해 일할 뿐만 아니라 전도자가 되어야 한다는 원칙을 고수합니다. 병원 내 전도회를 조직하여 환자들이 사는 마을로 전도자를 파송하여 그들의 영혼을 보살폈습니다.[23] 병원의 직원은 스스로가 그리스도인이자 전도인이라는 신앙의 정체성을 잊지 않고, 그 사명을 감당하였습니다. 별리추 선교사는 그리스도인을 병원 직원으로 채용하였습니다. 병원 직원이 자발적으로 병원전도회의 회원이 되어 전도사업을 이끌어갔습니다. 그들은 전도사업에 필요한 재정을 스스로 회비를 내어 감당하였습니다. "원장부터 시작하여 문간에서 신발을 정리하는 소년에 이르기까지 모든 사람이 전도 사업에 있어서 동일한 발언권과 투표권을 가지게 하였습니다."[24] 병원은 신분의 차이가 믿음 안에서 사라진 평등한 조직체계로 거듭났습니다.

병원전도회의 전도법은 3단계로 이루어졌습니다. 첫째, 외래환자(out-patient)단계는 대기실에서 이루어집니다. 대기실에서 진료를 기다리는 환자에게 복음의 씨를 뿌립니다. 두 번째 단계는 입원환자(in-patient)의 단계로, 진료와 치료의 과정에서 환자들에게 밀착하여 복음을 전합니다. 마지막으로 퇴원환자(ex-patient)단계인데, 이때는 치료가 끝난 환자이기에 집으로 돌아가는 길을 동행하면서 환자의 가족과 이웃에게 복음을 전합니다.[25] 영혼 구원을 위하여 그들이 얼마나 적극적으로 그리고 체계적으로 전도하였는지를 알 수 있습니다. 병원의 의료진들은 의료 행위도 소홀히 하지 않았습니다. 환자들은 그들의 지극한 의료 행위에 감동하여 그리스도의 사랑을 먼저 물어오는 경우도 있었으니까요. 이들의 적극적인 전도 방법은 대단히 성공적이었습니다. 이들의 전도를 통해서 완치된 환자의 가족이 복음을 받아들였을 뿐만 아니라 환자의 이웃까지도 복음을 받아들여 마을에 교회가 설립될 정도였습니다.

> 대구 팔달동에 살던 배 군이 뱃속에 덩어리가 있어 오랫동안 고통 받아 병원을 방문하였습니다. 그는 부잣집 농부의 아들이었기에, 그와 그의 가족들은 치료를 위해 무속신앙과 절을 다녔습니다. 병을 고치기 위해서 할 수 있는 온갖 노력을 다 하였습니다. 동양의 의술인 침에도 의존하였습니다. 부자였던 배군의 집은 배군의 치료를 위해서 재산을 탕진할 지경에 이르게 되었습니다. 온갖 방법을 다 해보고 마지막에 지푸라기라도 잡는 절박한 심정으로 배 군은 동산기독병원을 찾았습니다. 가족들의 반대가 있었음에도 불구하고 말이지요. 그는 아무것도 없는 빈털터리 상태에서 병원을 찾아온 것입니다. 병원은 그를 따뜻하게 맞았고 수술을 받도록 도와주었습니다. 치료는 굉장히 성공적이었습니다. 치료가 마무리되어가자 그는 예수가 궁금했습니다. 그는 예수를 구주로 영접했고 그의 몸과 영혼이 새롭게 거듭나게 되었습니다. 그는 건강한 몸으로 고향으로 돌아갔습니다. 병원전도회의 장로와 전도부인이 그를 따라갔고 그의 가족과 이웃에게 복음을 전했습니다. 얼마 후 그 마을의 지도자들 20여 명이 기독교로 개종했고, 석 달 뒤에는 그 마을에 기독교 집단이 생겨났습니다. 이후에 그곳에 교회가 설립되었습니다. 그 후에 타 마을까지 복음을 전하는 역동적인 교회로 성장해갔습니다.[26]

병원전도회의 복음전파가 효율적으로 이루어질 수 있었던 것은 철저히 준비된 자들의 헌신이 있었기 때문입니다. 별리추 선교사는 이들이 체계적으로 사역할 수 있도록 팀을 짜서 질서 있게 순번제로 움직이게 하였습니다. 병원 전도를 위한 구체적인 활동에 대해서 왜 성공했는지, 어떤 경우에 실패했는지 등을 철저히 평가하고 피드백도 받아 다음 활동 계획을 세웠습니다. 기독교 모임이 형성되었으나 교회를 설립하는 단계까지 나아가지 못하고 실패하는 경우도 있었습니다. 그리고 교회를 세웠다 하더라도 이내 그 교회가 해체되는 일도 생겨났습니다. 별리추 선교사는 그 원인을 꼼꼼히 분석하여 그런 일들이 재발하지 않도록 전도자의 영성과 역량을 강화시키기 위해 노력했습니다. 병원전도회의 지도자들은 성경학원과 사경회에 참석해야 했고, 스왈른(William L. Swallen, 소안론, 1865~1954) 박사의 성경통신교육 과정을 구독하도록 했습니다.[27] 그 결과 병원전도회가 조직된 2년 반 만에 26개 기독교 모임이 형성되었고 그 중 16개 교회가 자체 교회 건물을 소유하는 단계로 성장하였으며 개종한 성도의 수가 625명이나 되었습니다.[28]

별리추 선교사의 전도 사역은 대구에 건립된 애락원에서 행해진 한센병 환자들에게 신앙교육을 실시했다는 사실에서도 분명하게 알 수 있습니다. 병원이 개원할 때 주일학교(1917)는 90명의 한센병 환자를 1명의 부장과 8명의 교사가 돌보았습니다. 1920년에 138명이 살고 있었는데, 그해 초에 세례 받은 사람이 36명이고 학습 받은 사람이 33명이었습니다.[29] 한센병에 걸려 버림을 받았던 소년이 애락원에서 치료를 받고 3년 만에 완치되었습니다. 한센병으로부터 고침을 받은 소년이 고향으로 돌아갔고 병원의 선교회 일행이 동행하여 그의 가족과 마을 사람들에게 복음을 전하였습니다.[30] 병원전도회는 큰 성과를 낳았으나 의료전문인력이 직접 전도에 참여하는 일이 어려워지기 시작했습니다. 병원 일과 전도를 병행하다 보니 환자를 돌보는 시간이 부족할 뿐만 아니라 체력적으로도 힘에 겨웠습니다. 현실적으로 병원 전도 사역을 변화시켜야 할 때가 되었다고 생각했습니다. 1921년 2월에 동산병원전도회를 설립하여 병원 선교 업무를 전문 전도인에게 맡기는 대신, 병원 직원들은 전도인이 어떤 어려움이 없이 전도에 전념할 수 있도록 돕도록 지원하는 방식을 취하였습니다. 전문영역의 분리는 일의 효율성의 측면에서, 그리고 사역하는 전문인력의 육체적 그리고 정신적 여력을 마련하기 위한 조치라 여겨집니다.[31]

한센병 환자 보호소, 애락원(愛樂園)

장인차 선교사가 어린 스님의 한센병을 치료하면서부터 처음으로 한센병치료가 대구에서 시작됩니다. 한센병으로 인해 손가락과 발가락이 떨어져 나간 어린 스님이 울부짖으면서 간청합니다. 나을 수 없다면 차라리 죽여 달라고 말입니다. 장인차 선교사는 어린 스님의 한센병을 극진하게 치료해 주었습니다. 그해가 1908년입니다. 한센병 환자들 대부분은 매독에 감염되었는데, 장인차 선교사가 사실은 매독을 치료해 준 것입니다. 그런데 한센병을 치료해 주었다는 소문이 금방 퍼져나갑니다. 1909년 어느 날 10명이나 되는 한센병 환자가 장인차 선교사를 찾아옵니다. 10명이나 되는 한센병 환자를 일반 환자와 함께 돌볼 수 없었습니다. 그는 이들을 치료하기 위해서 별도의 장소를 구해야 했습니다. 장인차 선교사는 병원 근처에 초가집 한 채를 구입해 그들을 돌보기 시작했습니다. 이 초가집이 대구 최초의 한센병 환자 요양시설이 된 셈이지요.[32]

장인차 선교사가 설립한 한센병 환자를 위한 시설은 별리추 선교사에 의해서 병원 설립으로 이어집니다. 별리추 선교사가 한센병에 관심을 가지게 된 계기는 두 명의 한센병 환자인 소년들을 만나면서부

상하 사진 출처 계명대학교 동산의료원

별리추 선교사가 집을 한 채 사서 수용한 6명의 한센병 환자들

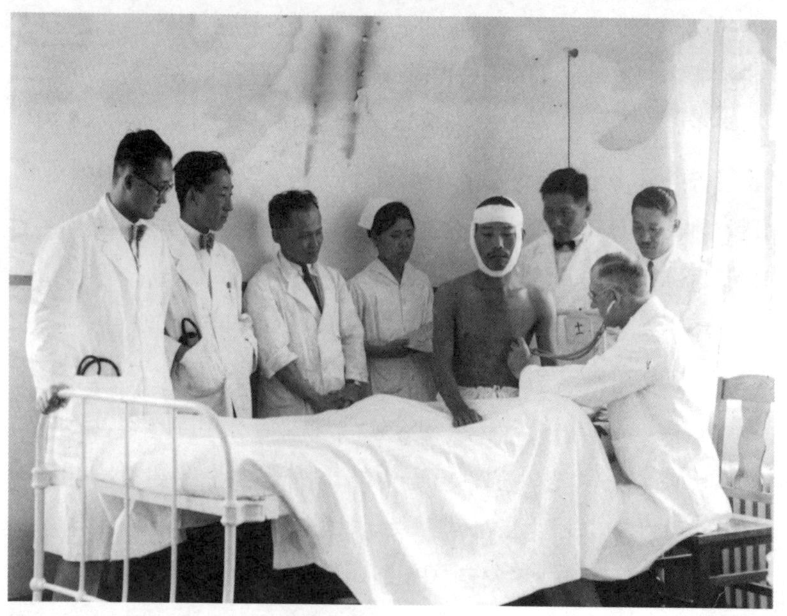

환자를 돌보는 별리추 선교사 모습

터라고 합니다. 그는 1913년 6명의 한센병 환자를 위해서 숙소를 마련하여 치료하기 시작했습니다. 당시 대구에는 아직 근대화된 의료 시설이 없어서 한센병 환자들은 "정처 없이 거리와 골목을 헤매는 비참한 상황"이었습니다.[33] 그래서 그는 초가집을 사 환자 20명을 수용하였습니다(1913.3.1.). 별리추 선교사는 한센병 환자를 위한 병원이 필요하다고 생각했습니다. 1913년 가을 '인도와 동양 지역 한센병 환자구락회'(The Mission to Lepers in India and the East)의 대표 웰즐리 베일리(Wellesley C. Bailey, 1846~1937) 부부와 그 일행이 한국을 순방한다는 소식을 듣게 되었습니다. 그는 이들에게 미리 편지를 보내 한국 방문 중 대구를 방문해달라고 요청하였습니다. 1913년 가을, 영국 구락회가 광주와 부산을 순방하고 그해 12월에 대구를 방문하였습니다. 그들은 별리추 선교사의 안내로 대구의 한센병 환자의 처참한 상황을 보았습니다. 대구의 일정을 마무리하는 날 저녁에 별리추 선교사는 구락회 일행과 대구 선교지부의 목사 그리고 회원들과 함께 모인 자리에서 대구 한센병 환자병원설립을 위한 구체적인 계획과 견적을 제시했습니다. 베일리 일행은 별리추 선교사의 한센병 환자들을 향한 동일한 긍휼과 사랑의 마음을 공유하였기에 지원을 약속하고 돌아갔습니다. 그해 겨울은 대구의 한센병 환자에게 중요한 해입니다. 그들이 돌아간 바로 그 주간에 영국 구락회는 영국인 복지가로부터 큰 기부액을 받았고 그 돈을 대구로 보냈습니다. 하나님은 놀라운 방법으로 이 일을 이루셨습니다. 별리추 선교사는 본격적으로 한센병 환자 병원 사업을 추진할 수 있었습니다.[34]

별리추 선교사는 열악한 영양상태, 인구밀집, 비위생적인 생태와 비참한 생활상 등 병의 원인을 근절하고 깨끗한 주거 환경을 마련하는데 주력했습니다. 수도시설도 증비하였고, 온수와 냉수 모두 가능하도록 만들었습니다.[35] 서로 사랑하며 즐겁게 지내는 곳이라는 애락원(愛樂園)으로 이름을 바꾼 후(1924)에 한센병인들의 생활은 더욱 윤택해졌습니다. 서구에서 들어온 가축과 가금류로 농장을 만들어 한센병인들에게 낙농과 축사 기술을 가르쳐 자급자족을 할 수 있도록 환경을 조성해 주었습니다. 바깥세상에서도 볼 수 없는 우수한 품종의 소와 돼지와 닭 등을 애락원에서 길렀습니다. 그것으로부터 양질의 고기와 우유, 달걀을 얻었습니다. 병이 나아 퇴원을 하는 환자들도 그곳에서 배운 축산 기술과 다양한 종류의 기술들 - 남성들은 페인트, 목공, 길 만들기, 청소, 낙농, 가금(家禽)류 사육기술, 여성들은 주로 옷 수선, 음식, 치료실 도우미 등 - 을 익혀 사회에서 자립하는 데 어려움이 없도록 도왔습니다.[36] 일본의 통치로 국가적 난세를 지나야 했던 한센병 환자들에게 애락원은 적어도 예수 그리스도의 사랑으로 평안과 위안을 누릴 수 있는 작은 천국이었습니다.

부해리 선교사는 챔니스(O. Vaughan Chamness, 차미수, 1898~1987) 선교사와 함께 한센병 환자를 위한 의료 선교를 하였습니다. 부해리 선교사는 대구의 서쪽 지역을 담당하였고, 그 지역에 있는 한센병 환자 요양소 교회를 담당하였습니다. 1920년 보고서에 의하면 부해리 선교사는 60여 개의 교회를 담당했는데 그 중에 한센병 환자를 돌보는 요양소 교회가 있었다고 합니다. 당시 138명을 수용하고 있지만 대기자들이 많았다고 합니다.[37] 차미수 선교사는 애락원의 부원장직을 맡아서 농지조성과 목축업도 지도하여 한센병 환자들의 자활에 크게 기여하였습니다. 애락원의 환자들은 자신들도 극심한 가난에 있었음에도 불구하고 그들은 헌금을 모아 바깥세상의 잃어버린 영혼을 구하는 일에 동역하였습니다. 몸은 고통 속에 있었지만, 그들의 영혼은 기쁨으로 충만했습니다. 가장 비참한 자리에 있는 자들이 전하는 기쁨의 복음이 큰 울림으로 퍼져나갔습니다. 50~80명의 한센병 환자들이 모이는 대구 경북 기독교 단체가 10개나 생겼습니다.[38] 대구 외곽에 설치된 치료소는 한센병을 조기에 발견하여 치료의 효과를 높이는 통로가 되었습니다.[39] 한 출처 서울역사박물관 『ANNUAL REPORT』(GOVERNMENT-GENERAL OF CHOSEN, 1917)

1917년 전라남도 소록도에 있는 한센인 수용소 전경

센병 발병에 대응하여 빠르게 진료와 치료가 이루어지니 감염률도 혁혁하게 줄어들었습니다. 별리추 선교사는 한국인 의사를 병원에 채용하였고, 한센병에서 완치된 자들을 간호 보조사로 채용하여 환자들을 돌보게 했습니다. 한센병을 앓은 경험으로 환자들을 더 따뜻하게 돌볼 수 있으리라 생각했기 때문입니다. 별리추 선교사는 이렇게 "한센병 역사에 새로운 한 장"을 열었습니다.[40]

일제가 소록도에 한센인 수용소를 설립하고 전국의 각 도로부터 중증의 한센병 환자들을 색출하여 강제로 소록도로 보낼 때, 애락원에서는 2명, 즉 박창윤과 차은도를 보냈습니다. 이들은 애락원에서 하던 대로 성경공부와 예배를 비밀리에 계속했을 뿐만 아니라 주변의 한센병 환자를 전도하였습니다. 일제는 소록도에서 신사(神社)를 세우고 성경공부와 예배를 엄격히 금지하였지만 그들의 열정을 막을 수 없었습니다. 결국 일본인이 세운 신사가 예배당으로 바뀌는 결과를 낳았습니다. 더 나아가 새로 부임한 감독관이 소록도 수용소에 종교의 자유를 허락하는 기적이 일어났습니다.[41] 이런 변혁이 일어날 수 있었던 것은 애락원에서의 신앙교육과 그들을 위한 자립 정책의 결과였습니다. 소록도는 한센병 환자 수용소였고 일제의 강압적인 노동착취와 더불어 인권유린의 장이었습니다. 철조망과 길고 높은 담장 안에 한센병 환자들을 가두고 총칼 든 일본 수비대가 항상 감시하였습니다. 반면, 애락원은 병원으로서 착취나 감시가 없었습니다. 기숙시설을 마련하고 병원주변의 땅을 사들여 한센병 환자를 위한 촌락을 형성하여 보다 나은 주거시설과 환경을 만들어갔습니다. 대구 한센병 환자들의 시설을 방문한 소록도의 신임 감독관이 철조망과 담장이 없는 대구 한센병원을 보고 큰 감동받고 돌아가서 소록도에도 신앙의 자유를 허락하였던 것입니다. 이 이야기는 선교역사에서 널리 알려진 유명한 일화입니다.[42]

한센병을 앓는 부모에게서 태어났지만 감염되지 않은 아이를 미감아(未感兒)라고 합니다. 일제가 강제로 한센병 환자들을 소록도로 이송시켜 미감아 문제가 생겨났습니다. 1935년 진주만 공격이 있을 때까지 파괴와 정복의 정책으로 일관하던 일제는 마을에 세워졌던 한센병 환자 치료소를 폐쇄시키고 한센병 환자를 무자비하게 색출하여 격리조치 했습니다. 예배당도 불태웠습니다. 애락원에서도 병색 짙은 환자나 마을의 치료소를 다니던 환자들을 거의 소록도로 이송시켰습니다. 이때 미감아들이 부모와 생이별을 해야 하는 일이 발생했습니다. 미감아를 위한 시설이 시급해졌습니다. 별리추 선교사는 마지막 사비를 모두 털어 미감아를 위한 시설을 만들겠다고 결심했습니다. 말년에 안식하기 위해 준비하던 소래변의 별장을 처분하고 미국에서 온 기부금을 합쳐서 이 아이들을 위한 시설을 구축했습니다.[43] 그는 자신의 모든 것을 바쳐 한국의 한센병 환자를 위한 진료소를 건립했을 뿐만 아니라 그들이 그리스도인의 삶을 살아갈 수 있도록 그들의 삶을 전인적으로 보살폈습니다.

대구의 선교사는 환자의 육체적 질병만 치료하는 병원이 아니라 영을 돌보는 기독교 나라를 꿈꾸었습니다. 육체적 질병으로부터의 자유를 넘어서 영적 평안을 구하는 그들의 선교는 일제의 어둠에서도 대구를 기독교 도시로 탈바꿈시켰습니다.

출처 계명대학교 동산의료원

1931년 동산기독병원. 제중원은 1911년에 동산기독병원으로 개명하였다.

미주

1. Rhodes, 『미국 북장로교 한국 선교회사』, 265.
2. Adams, 『황무지』, 256.
3. Adams, 『황무지』, 257.
4. Bruen, 『100년 은혜, 세상과 나누리』 2권, 106.
5. Bruen, 『100년 은혜, 세상과 나누리』 2권, 165.
6. Bruen, 『100년 은혜, 세상과 나누리』 2권, 75.
7. Bruen, 『100년 은혜, 세상과 나누리』 2권, 161.
8. Bruen, 『100년 은혜, 세상과 나누리』 2권, 105.
9. Bruen, 『100년 은혜, 세상과 나누리』 2권, 161.
10. Bruen, 『100년 은혜, 세상과 나누리』 2권, 162.
11. 계명대학교 동산의료원 전도회, 『동산의료원 전도회 70주년연혁사』 (대구: 계명대학교 동산의료원전도회, 1993), 41.
12. 채승희, "대구 지역 의료 선교의 아버지: A. G. Fletcher에 대한 소고", 「선교와 신학」 56(2022): 505.
13. Fletcher, "Tuberculosis: The Medical Problem of Korea", *KMF* (1922): 145~146.
14. 영아복지사업은 이유분 간호사의 헌신과 이곳에서 최초로 수혜를 입으며 자란 고아 만복이가 훗날 영아 보건소 발전에 크게 기여한 인물로 기억된다. 이유분은 진주만 공격 당시 모든 선교사들이 체포 내지는 가택 구금된 상황에서 영아 보건소의 업무를 혼자 처리했다. 훗날 만복이는 한국교향학단의 지휘자 자리에까지 올랐다. 채승희, "대구 지역 의료 선교의 아버지: A. G. Fletcher에 대한 소고", 527.
15. 채승희, "대구 지역 의료 선교의 아버지: A. G. Fletcher에 대한 소고", 527.
16. 이재원, 『대구장로교회사 연구, 1893~1945』 (대구: 사람, 1996), 148.
17. Johnson, Newton, A. *Surgery, Sorcery and Bible* (California: 1977), 99.
18. Bruen, 『100년 은혜, 세상과 나누리』 2권, 24.
19. Bruen, 『100년 은혜, 세상과 나누리』 2권, 158.
20. Bruen, 『100년 은혜, 세상과 나누리』 2권, 198.
21. Bruen, 『100년 은혜, 세상과 나누리』 2권, 198.
22. *KMF*, Nov. 1924. 이만열, 『한국기독교의료사』 (서울: 아카넷, 2003), 240 재인용.
23. *KMF*, Nov. 1924. 이만열, 『한국기독교의료사』, 240 재인용.
24. 1922년과 1924년에 개제된 이 글은 세계 여러 의료선교사들에게 보내져 읽혀졌다. Fletcher, "Hospital Evangelism", (1922), 240. 채승희, "대구 지역 의료 선교의 아버지: A. G. Fletcher에 대한 소고", 513.
25. Fletcher, "Hospital Evangelism", (1924), 152.
26. 채승희, "대구 지역 의료 선교의 아버지: A. G. Fletcher에 대한 소고", 514.

27. 성경통신교육과정은 스왈른 목사와 그이 보조자들이 실시한 것으로 신약과 구약의 질의응답의 형태로 학생들과 주고받았다. 그들이 질의를 하면 학생들이 응답지를 제출하고 스왈른과 그의 보조자들이 채점하여 돌려주는 방식으로 행해졌다. 이 과정은 여러 선교기지에서 선교사들이 개별적으로 행하기도 했다. Fletcher, "Hospital Evangelism", 241. H. A. Rhodes(ed). *History of the Korea Mission Presbyterian Church, U.S.A.* vol. 1: 1884~1934 (Seoul: Chosen: Chosen Mission Presbyterian Church U.S.A., 1934), 255.
28. Fletcher, "Hospital Evangelium", 241. 도널드 R. 플레처, 이용원 역, 십자가와 수술칼: Dr. 플레처의 선교이야기 (서울: 동산의료선교복지회, 2021), No 34, 197
29. 박창식, 『경북기독교회사』, 211.
30. Fletcher, "Driven Out to Die", *KMF*(1926), 66.
31. 의료 전문 인력과 전도인의 분리가 지금 한국의 병원이 가지고 있는 방법이라 여겨진다. 기독병원이 아닌 경우에는 다양한 종교 단체가 병원에 들어와 있었다.
32. 동산의료선교복지회, 『한 알의 밀알 되어: 70인의 선교사 이야기』 (대구: 동산의료선교복지회, 2021), 57.
33. 채승희, "대구 지역 의료 선교의 아버지: A. G. Fletcher에 대한 소고", 523.
34. 채승희, "대구 지역 의료 선교의 아버지: A. G. Fletcher에 대한 소고", 523.
35. Fletcher, "Annual Report of Taiku Leper Hospital 1931", 139.
36. Fletcher, "A Celebration at Taiku Leper Hospital"(1925), 40.
37. 이만열, 『한국기독교의료사』, 82.
38. 채승희, "대구 지역 의료 선교의 아버지: A. G. Fletcher에 대한 소고", 519.
39. Fletcher, "Taiku Leper Hospital", 230.
40. 채승희, "대구 지역 의료 선교의 아버지: A. G. Fletcher에 대한 소고", 525.
41. 채승희, "대구 지역 의료 선교의 아버지: A. G. Fletcher에 대한 소고", 519.
42. Fletcher, "Taiku Leper Hospital Church", (1928), 10.
43. 채승희, "대구 지역 의료 선교의 아버지: A. G. Fletcher에 대한 소고", 528.

300

안의와의 선교기금

선교사와 조사

조선의 선교는 언어 장벽으로 인해 한국어 선생님과 함께해야 하는 공동 사역입니다. 안의와 선교사에게는 김재수라는 한국선생님이 함께 했습니다. 김재수는 안의와 선교사의 입이 되었습니다. 그는 안의와 선교사가 전하는 복음을 조선 사람들에게 전하는 통역사의 역할을 하였습니다. 안의와 선교사와 함께 전도의 길을 떠났습니다. 그 길에서 김재수는 안의와 선교사의 동무가 되었습니다. 김재수는 안의와 선교사의 손과 발이 되었습니다. 김재수는 조선의 백성들에게 전도 책자를 나누어주었습니다. 김재수는 안의와 선교사가 이국땅에서 처리해야 할 행정적인 문제들이나 재정적인 문제들을 해결하는 해결사의 역할을 합니다. 때로는 선교사의 눈과 귀가 되고 때로는 선교사의 손과 발이 되어 그의 사역을 돕는 조사(助士)로서의 역할을 합니다. 김재수가 있었기에 안의와 선교사는 자신에게 맡겨진 일을 감당할 수 있었습니다.

1895년 5월 29일 고향을 떠나 부산에 도착한 안의와 선교사에게 김재수는 영원한 파트너였습니다. 그는 안의와 선교사에게 한국어와 조선의 풍습을 가르쳐 주어 그가 복음의 통로가 될 수 있도록 도왔습니다. 김재수는 경북 상주 출신으로 심한 종창으로 인해 고통을 당했습니다. 그러던 중에 부산에 용한 의사가 있다는 소식을 들었습니다. 그는 지체하지 않고 부산으로 향했습니다. 그때가 1891년이었습니다. 병을 고칠지도 모른다는 실낱같은 희망을 가지고 걸어서 부산까지 내려왔습니다. 그런데 김재수를 기다린 것은 병을 고칠 수 없다는 마른 하늘의 날벼락 같은 소식이었습니다. 그는 낙담하고 큰 실의에 빠졌습니다. 그때 세무 관계 공무원으로 조선에 와 있던 하딩 박사(Dr. R. A. Harding)를 만나게 됩니다. 김재수는 그를 통해서 기독교인이 되었습니다. 하지만 이 땅에서 가장 큰 기쁨을 맛본 김재수를 기다린 것은 고난과 박해였습니다. 그의 문중은 유교의 전통을 고수하고 있었기에 그가 고향으로 돌아갔을 때, 그는 엄청난 핍박을 받았습니다. 한 나라의 전통인 유교 문화를 오랫동안 지켜왔기에 그만큼 장애물을 넘어야 하는 건 당연한 일일 겁니다. 강도 높은 핍박과 고난의 시간을 인내하며 지내던 중에, 그는 상주를 방문한 배위량 선교사를 만납니다(1894년). 그때 김재수는 배위량 선교사를 따라 부산으로 내려가겠다고 결단합니다. 배위량과 함께 부산에 내려온 다음 해에 김재수는 그의 영원한 동반자 안의와 선교사를 만납니다. 김재수는 하나님께서 안의와 선교사를 위해서 예비한 선물입니다.

김재수는 안의와 선교사의 조사가 되어 대구에 입성합니다. 그는 작은 체구를 가졌지만, 탁월한 이야기꾼으로 이야기를 풀어내는 솜씨가 대단했다고 합니다. 조사 김재수가 풀어내는 이야기에 외국인인 안의와 선교사조차 푹 빠져들 정도였다고 하니, 어느 정도의 실력을 가졌는지 충분히 짐작할 수 있으리라 여겨집니다. 선교사의 눈과 발과 입이 되어 준 조사, 그는 조선 선교를 촉진한 도우미였습니다. 선교사가 복음을 전하는 일에 전념할 수 있었던 것은 옆에 조사가 있었기 때

대구 초창기 목회자들. 왼쪽부터 박영조, 이만집, 김재수, 정재순 목사이다. 김재수는 안의와의 조사였다.

문입니다. 이 둘은 예수님의 파송 명령을 받아 짝을 이루어 떠나는 제자와 같습니다. 선교사는 조사와 함께 걸어 다니면서 복음을 가르쳤습니다. 선교사와 함께 걷는 길은 목회자를 양성하는 신학교였습니다. 선교사와 함께 하는 길 위에서 조사는 복음을 배우는 신학생이었습니다. 더 나아가 그는 복음을 가르치는 선생님이자 목회자로 성장하였습니다. 이제는 홀로 순회 전도를 떠나 영혼들을 돌보는 일을 감당할 수 있게 되었습니다.[1] 조사는 선교사가 조선에 뿌린 복음의 첫 열매이자 복음의 씨를 뿌리는 전도 사역자이자, 복음의 열매를 돌보는 목회자였습니다.

순회 전도 여행

대구는 경상도 지역 어느 곳으로든 떠날 수 있는 매력적인 교통의 중심지였습니다. 선교사들은 대구를 거점으로 삼아 경상도 지역을 발로 두루 다니며 복음을 전하는 순회 전도 사역을 하였습니다. 그들은 새로운 지역을 찾아서 길을 떠났습니다. '새로움'이 주는 흥분과 낯선 두려움은 그들로 하여금 계속 길을 떠나도록 하는 동력이 되었습니다. 그들은 미지의 땅에 복음의 씨앗을 심으러 길을 떠났습니다. 물론 때로는 힘든 일도 있었습니다. 안의와 선교사가 전도 여행을 하는 도중에 대구 집에서 가족이 아프다는 소식을 들었을 때, 그의 마음은 무너지는 듯했습니다. 안의와 선교사는 그때의 일을 회고하며 기록으로 남겨 두었습니다(1898년에 5월 11일 편지). 당시 그는 6주 내지는 두 달 정도를 계획하고 순회 전도 여행을 떠났습니다. 하지만 선교사의 자녀가 아프다는 소식을 듣고 발걸음을 돌려야만 했습니다.[2] 계획한 6주의 기간 동안 복음을 전할 수 있게 하신 하나님께 감사하면서 말입니다. 때로는 무서운 산길을 걸어가야 할 때도 있었습니다. 산에서 도둑을 만나 물건을 빼앗기기도 했습니다. 이런 두려움이 오해로 시작하여 잔잔한 미소를 불러오는 선교 이야기를 남기기도 합니다.

여느 때처럼 산길을 가다가 산 중턱쯤에 이르렀을 때 한 무리의 한국 사람을 만난 적이 있었습니다. 그들은 커다란 바위 위에 걸터앉아 휴식을 취하고 있었습니다. 낯선 무리를 보자 함께 전도 여행을 떠난 맥파랜드(McFarland)는 두려움에 떨면서 산적이냐고 물었습니다. 전도 여행을 다니면서 산속에서 도적 떼를 만났다는 이야기는 선교사들 사이에서 허다하므로 당연히 그렇게 생각할 수 있습니다. 두려운 마음과 경계의 눈초리를 떼지 않고 거리를 두면서 산길을 걸어갔습니다. 그렇게 산 끝자락에 도착하게 되었을 때, 선교사 일행에게 놀라운 일이 일어났습니다. 경계의 눈초리를 떼지 않고 보았던 한국 사람들이 가는 길을 멈추고 점심을 준비하기 위해 땔감을 모으기 시작했습니다. 그 사내들은 흥얼거리면서 언덕을 오르내리며 땔감을 주었습니다. 그때 귀에 익숙한 멜로디가 들려왔습니다. 그들이 부르는 멜로디는 바로 '주의 말씀 받은 그날'(O happy day that fixed my choice)이었습니다. 그 순간 지금까지 가졌던 두려움이 놀라움과 환희로 바뀌었습니다. 갑자기 온 산이 하늘을 향해 찬양하는 듯 기쁨이 마음 깊은 곳에서부터 올라왔습니다.[3] 이처럼 선교사와 조사가 함께 걸어간 길에는 기쁨과 슬픔, 분노와 두려움, 그리고 의심과 놀라움이 있습니다. 그 감정이 그들의 선교 지도에 흔적으로 남아 있습니다. 한 마을에서 다음 마을로 넘어가는 발걸음을 지도에 남겼습니다. 새로운 지역을 개척할 때마다 그들은 이 길을 걷게 될 미래의 선교사를 위해서 선교 지도를 완성해 갔습니다. 그들은 수풀에 싸여 길이 없던 그 자리에 길을 만들었습니다. 새로운 길의 이름도 적어 가며 지도를 완성해 갔습니다. 그렇게 그 길을 따라서 복음이 전해졌습니다.

'새로움'이 주는 설렘이 순식간에 슬픔과 한탄으로 변하기도 합니

남자 선교사 세 명이 순회 전도 여행을 떠나려고 한다. 한 명은 자전거, 다른 두 명은 노새를 탔다. 조사와 마부도 보인다.

다. 새로운 지역을 순회하는 것은 그리 간단하지 않다는 증거이지요. 하지만 하나님은 낯선 길을 떠나는 그들의 발걸음을 헛되게 하지 않으셨습니다. 배위량 선교사가 처음으로 경상도 순회 전도 사역을 시도했을 때는 전도 책자를 거의 나눠주지 못했습니다. 그런데 이번에는 준비한 전도 책자가 모자라 대구로 되돌아가 책자를 공수해 와야 하는 일까지 생겼습니다. 전도 여행 중에 두 번이나 책을 보충하기 위해서 사람들을 보내는 일이 일어났을 때, 그 감격이 얼마나 클지 상상이 됩니다. 순회 전도 여행에서 전부 90,000장이 넘는 분량인 2,500권 정도의 책과 소책자를 팔았고, 가장 많이 팔았던 날에는 시장에서 150권을 팔았습니다.[4] 이러한 변화는 선교의 긍정적인 신호임이 틀림없습니다. 그런데도 여전히 마음 한구석에 의구심이 남기도 합니다. 책자를 사는 이들이 책에 담긴 내용을 진정으로 이해하고 있겠느냐는, 이런 의구심 말입니다. 첫술에 배부를 수 없겠지요. 안의와 선교사는 그들이 적어도 자신이 건네받은 책이 "하나님을 섬기는 것에 관한 교리"를 가르치는 책인 것을 알고 샀다는 것, 그것으로 만족합니다.[5] 이것은 그들이 기독교의 교리에 반응하고 있다는 신호이기 때문입니다. 적어도 그들은 이전에 알지 못했던 것들에 대해 열려 있는 마음의 자세를 가지고 있을 뿐만 아니라 그것을 탐구하는 마음과 그것을 수용할 의향이 있다는 것을 보여주었기에 그것에 만족합니다.[6]

> 저는 그들이 하나님 나라와는 아직 멀리 떨어져 있고 하나님 나라에 들어가고 있는 것은 더욱 아님을 알고 있지만, 이것은 우리로 하여금 하나님께서 우리 앞에 열어 놓고 계시는 사역지에서의 일꾼들처럼 허리를 동여매도록 고무시키고 잠잠하게 하시는, 그분께서 움직이고 계시다는 충분한 신호라고 생각합니다. 주님께서 거룩한 팔을 걷어붙이시고 이 백성 가운데서 크

신 영광을 받으시기를 바랍니다.[7]

안의와 선교사는 여기에서 멈추지 않고 다음 단계를 준비하였습니다. 전도 책자를 통해서 복음의 씨앗을 뿌렸으니, 다음 단계로 안의와 선교사는 "더 천천히 그리고 더 섬세하게" 순회를 하면서 개인전도에 집중하였습니다. 이 두 번째 단계에서는 "더 오래 머물면서 서적 판매보다 개인적인 전도에 더 비중을 두며 가능하다면 첫 번째 파종에서 뿌리를 내렸을 씨앗이 있는지 찾아보고 거둬들이는 일"을 하였습니다.[8] 첫 순회 사역이 온전하게 이루어지기 위해서는 아마 2년 내지 3년 정도 걸릴지도 모릅니다. 안의와 선교사의 두 단계에 걸친 순회 전도 여행은 "선교지부의 정규적인 복음 전도 순회 사역"으로 발전해 나갑니다.[9]

복음의 씨앗이 열매를 맺다

선교사는 조사와 함께 한 영혼을 위한 씨앗을 뿌렸습니다. 그들은 햇빛과 비바람을 맞으면서 그렇게 천천히, 그리고 세심하게 씨앗을 돌봐 싹을 띄었고 꽃을 피우기 시작했습니다. 그들의 노력과 수고가 작디작은 결과로 나타나기 시작했습니다. 그때의 감격은 이 세상의 어느 것과 비교할 수 없는 기쁨입니다. 이 기쁨의 열매의 소유권이 누구에게 있을까 생각해 보았습니다. 이 모든 일을 하나님께서 하셨습니다. 그분께서 복음의 씨앗을 뿌리셨고 열매를 맺도록 일하셨습니다. 어떤 그 누구도 그 열매에 대한 소유권을 주장할 수 없습니다. 하지만 하나님은 안의와 선교사에게 어디에서도 보지 못했던 영성운동을 눈으로 직접 보는 선물을 베풀어주셨습니다. 안의와 선교사는 그 선물을 김해에서 맛보았습니다. 그는 김해에서 일어난 운동을 순수하고 깨끗한 영성운동이라고 고백합니다. 성령이 우리를 감동하여 우리의 영혼을 그의 손에 맡기는 성령의 역사가 기독교 전통에서 흔하게 일어나는 일은 아닙니다. 안의와 선교사는 이 사실을 너무나 잘 알고 있었습니다. 그런데 그런 일이 실제로 일어났습니다. 김해의 영성운동은 한국의 무지한 하층 계급에서 일어난 영적 운동입니다. 그들은 "완전히 새롭고 영광스러운 세계에 막 눈"을 떴습니다. 그들은 신비로운 세상을 체험하였습니다. 그 강렬한 체험으로 그들은 어린 아이와 같이 하나님의 말씀에 대한 강렬한 호기심을 가졌을 뿐만 아니라 하나님의 말씀을 알고자 더욱 열심을 내었습니다. 그렇게 이 땅에 뿌려진 씨앗이 뿌리를 깊숙이 내렸습니다. 그들은 적어도 예수 그리스도를 믿음으로 죄에서 구원을 받았음을 자각했습니다. 성령의 역사로 그들은 흔들리지 않는 확신을 가지고 그들의 신앙을 입으로 고백하였습니다. 한 평생 밥이나 하고 장아찌 만드는 것 이외에 무지한 나이든 주부들이었지만, 지금은 하나님의 은혜 말고는 아무것도 모르는 사람이 되었습니다.[10] 그들은 성령이 베푼 은혜의 선물에 합당하게 살고자하는 소망을 고백했습니다. 구원받은 자의 기쁨을 이웃과 가족에게 전하는 전도의 열정을 내비쳤습니다. 이들에게 안의와 선교사는 세례를 베풀어 주었습니다. 그리고 11명을 학습교인으로 받아들이는 열매를 맺었습니다. 순회전도이기에 지속적으로 돌보는 일이 어려워 열매를 맺는 일이 어렵다고 생각되었지만, 하나님이 하셨습니다.[11]

농부는 자신이 뿌린 씨앗이 모두 뿌리를 내리고 좋은 열매를 맺기를 기대하면서 돌봅니다. 이처럼 선교사와 조사도 자신이 뿌린 복음의 씨앗이 건강하게 성장하여 좋은 열매를 맺게 되길 기도합니다. 복음의 씨앗이 선교사의 바람대로 좋은 마음 밭에 뿌려지길 소망하지만 가시떨기에 떨어진 씨앗도 보게 됩니다. 복음의 씨앗이 뿌리를 내렸으나 건강하게 자라지 못하고 교회를 떠나는 일이 일어나기도 합니다.

다시 교회로 돌이키려고 노력했으나, 그 노력이 허사가 되기도 합니다. 술장사를 하는 사람이 있었는데, 그는 술장사가 죄가 된다는 것을 분명하게 인식하고 있었습니다. 그뿐만 아니라 그 일을 그만두어야겠다는 생각까지 했습니다. 하지만 그는 정작 그 사업을 그만두지 못했습니다. 인간적인 걱정이 그의 발목을 잡았던 것이지요. 이 일로 인해 김해에서 학습교인 중에 2명이 교회를 떠나고 말았습니다.[12] 이런 소식을 접할 때마다 좌절감이 밀려옵니다. 하지만 묵묵히 하나님이 명한 선교사로서 그 길을 걸어갑니다. 복음의 씨앗을 다시 뿌립니다. 그 씨앗을 어떻게 하나님께서 이 땅에 뿌리를 내리게 하고 열매를 맺게 하는지, 하나님의 일하심을 주시하여 바라볼 뿐입니다.

> … 이곳에 와서 거의 첫 번째 선교사로 이곳을 개척하라는 지시를 받았습니다. 저(안의와)는 아마도 주님께서 실수를 하셔서 제가 감당할 수 있는 것보다 더 큰 사업을 하라고 저를 내모셨다고 생각했습니다. 그러나 저는 예수 그리스도와 그의 십자가에 못 박히신 것 외에는 아무것도 알지 않기로 결심했고(고전 2:2) 경상도 지역의 위아래 전역에서 오직 인류의 구원자이신 예수 그리스도만을 전파했습니다. 제가 팔았던 복음서로 인해 경상도 전역에 씨가 뿌려졌습니다. 지금 저는 제가 7~8년 전에 팔았던 책을 읽고 사람들이 찾아오는 것을 보고 있습니다. 그 씨앗이 땅에 심겨서 성령의 단비가 내릴 때까지 기다렸습니다. 여러 번, 한 달 혹은 그 이상 지방으로 나가서 매일 길가에서, 마을에서, 도시에서, 그리고 시장바닥에서, 개인에게 또 대중에게 설교하면서 그리스도의 이름을 들어본 적이 없는 자들뿐이었으며, 그것을 다시 듣기를 원하는 사람이 아무도 없었습니다. 하나님의 능력조차도 제가 망치질하는 바위를 깨뜨리지

못하는 것 같았습니다. 그럴 때면 오랜 가뭄과 같이 사람의 자원도 바닥이 나고 맙니다. 하지만 저는 "그것은 하나님의 능력이다"(고전 1:18)라는 말씀과 "우리의 수고는 주님 안에서 헛되지 않다"(고전 15:58)는 말씀에 의지하여 저를 이곳에 보내신 분께서 그분의 시간에 그분의 뜻을 이루실 것이라고 믿었습니다. 그리고 그분을 그렇게 하셨고 또 그렇게 하고 계십니다. 그날에 저를 지켜주신 주님의 이름을 찬양합니다.[13]

이상과 현실 사이: 네비우스 선교 정책

조선의 선교는 네비우스의 선교 정책에 따른 자진전도(自進傳道), 자력운영(自力運營), 자주치리(自主治理)라는 3대 원칙을 기본으로 합니다.

최근에 세례를 베풀기 위해 15세 소녀에게 문답을 실시했습니다. 친구들에게 복음을 전한 적이 있느냐고 질문하자 그녀는 활짝 웃으며 '예'라고 대답했습니다. 자신을 통해 주님 곁으로 인도받은 사람이 있느냐고 물었더니 뒤돌아보면서 뒤에 있는 소녀 몇 명을 가리켰습니다. '이 아이, 이 아이, 그리고 이 아이요.' 나는 이렇게 어린 나이에 주님의 그릇으로 선택받아 기뻐하는 그녀를 크게 칭찬했습니다. 이런 방식으로 나는 전도의 모범을 세우고자 많은 노력을 했습니다.[14]

한국의 성도는 자발적으로 가족과 친구, 이웃에게 복음을 전하였습니다. 전도는 그리스도인의 참된 삶의 표지가 되었고, 대구 경북 지역에 교회가 세워지는 동력이 되었습니다. 선교본부는 선교사들에게 빠른 시일 안에 재정적으로 자립시키도록 하였습니다. 한국 교회가 재정적으로 최대한 빨리 독립해야 한국의 조사나 전도자를 지원하는 경제적 지출을 줄여나갈 수 있기 때문이겠지요. 자력운영의 선교 원칙에는 선교본부의 재정적 지원을 줄이려는 숨은 의도가 담겨있다 할 수 있습니다.

한국교회는 재정적으로도 자립할 정도로 성장하였습니다. 기근으로 교회의 재정이 힘들었던 시기에도 교회는 세워졌고, 어떤 교회들은 규모가 큰 보수공사까지도 했습니다. 부해리 선교사가 관할하는 교회에서는 국내외 선교사업에 참여했을 뿐만 아니라 성경협회에도 적지 않게 기부하였습니다. 어떤 교회에서는 여성이 교회의 대들보로 세워졌습니다. 남자 집사가 교회를 옮겨가면서 여성이 임시로 집사의 역할을 담당했던거지요. 당시 여성의 일이 집 안에 제한되었다는 사실을 생각해 보면 이는 놀라운 변화입니다. 집밖에서 일하는 여성은 기생뿐이었으니까요. 여성이 교회에서 직분을 맡아 수행한 이 일은 엄청난 사회 변화를 보여줍니다. 그녀는 재정적으로 어려운 상황에서 교회를 위하여 아낌없이 특별헌금을 했습니다. 이 시기 한국의 어머니는 자발적으로 성미(誠米)를 헌물로 바쳐 교회의 재정적 어려움을 도왔습니다. 어머니들은 끼니때마다 식사를 준비하면서 한 숟가락 정도를 덜어서 모았습니다. 한 주는 7일이고, 하루에 세 번씩 식사를 하니, 각 끼니때마다 한 숟가락 정도씩 21번을 떠서 모은 쌀을 교회에 헌금하였습니다.[15] 지금은 성미가 한국교회에서 사라져 거의 모든 교회에서 찾아볼 수 없게 되어 아쉽습니다. 교회를 위해서 끼니마다 쌀을 모으는 한국 어머니의 신앙은 세계 어디에서도 찾기 어렵습니다. 부해리 선교사는 한국의 어머니가 드리는 이 헌금을 "여태껏 발명된 가장 훌륭한 헌금"이라고 칭송했으니까요![16]

네비우스의 선교 원칙에 따라서 한국교회는 재정적 독립을 위해서 다양한 양식으로 헌금을 하였으나, 여전히 재정적으로 어려울 수밖에 없었습니다. 안의와 선교사는 일제강점기라는 정치적 혼돈의 시대에도 불구하고 헌신적으로 교회를 섬기는 조사들을 위해서 선교본부가 어떤 형태로든 재정적으로 도움을 주어야 한다고 생각했습니다. 하지만 선교본부의 재정도 그리 넉넉하지 않았습니다. 그가 선교본부에 제출한 재정 보고는 보는 우리조차 안타깝기만 합니다.

> 의료 사역에 들어가는 경상비가 증가하고 있어서 다른 부서로부터 전용하고 있으며 미국에서 온 인원의 증가와 사역의 증가, 그리고 현지에서 살아가야 할 기본적 생활비는 증가하고 있는데 수입은 증가하지 않아서 저희 사역이 몰락할 심각한 위기에 처해 있습니다. 지난 봄 사이드보뎀 씨가 박사님께 보낸 편지는 이 문제에 대해 변죽만 울렸을 뿐입니다. 한 가지 사례로, 대구에서 책정금의 삭감으로 인해 저희는 어쩔 수 없이 의료 사역을 완전히 폐지해야 했습니다. 전도 사역에서는 지난해의 모든 잔고가 정리된 후에 급여를 제외하면 선교지부 사역을 계속하기 위해 125엔밖에 남지 않습니다. 이것은 불가능한 상황입니다. 지난주에 저는 이 문제를 놓고 고민해 보았는데 더 깊이 생각할수록 더 당혹스럽습니다.[17]

선교본부의 후원금이 지속적으로 줄어든다 할지라도 하나님의 사역을 결코 소홀히 할 수 없었습니다. 어떻게 사역을 지속해야 하는지 걱정이 앞섰습니다. 선교사들은 경상도 전역에 흩어져 있는 800명의 개종자들을 돌보는 책임(1904.9.7.)이 있습니다. 하지만 선교부의 책정금은 2년 전(1902)에 177명을 돌보던 때보다 적은 금액이니, 어떻게 사역을 지속해야 할지 난감하기 짝이 없었습니다.[18] 선교사들은 자신이 가지고 있던 사비를 떨거나,[19] 친인척에게 도움을 호소하여[20] 순회 사역을 지속했지만, 여전히 상황이 호전될 기미가 보이질 않았습니다.

선교부의 지원이 줄어드니 사실상 사역은 정체될 수밖에 없었습니다. 선교사들이 개인적으로 부담해야 하는 재정이 점점 더 커지게 되었습니다. 안의와 선교사는 조사가 복음 전도에 전념할 수 있도록 재정적 후원이 있어야 한다는 생각에는 변함이 없었습니다. 물론 조사들을 많이 고용해야 한다는 것은 아닙니다. 그는 "교회 전반에 걸쳐 자발적인 노력의 정신을 함양시켜야 한다고 믿고 있기에 항상 이들을 최소한으로 유지했습니다."[21] 하지만 선교부가 책정한 금액으로는 급속하게 성장하는 교회 사역과 배우지 못하고 조직되지 못한 교인들을 세워가는 데 턱없이 부족했습니다. 선교사들이 한국 땅에 정착하여 초기 단계에서 꼭 필요했던 조사들조차 일부 내보내야 할 처지에까지 놓였습니다. 성도들을 양육할 선교사와 조사를 줄여야 할 뿐만 아니라 조사들과 진행한 선교사업에 들어간 경비조차도 선교부의 지원금으로 지불하지 못하는 상황까지 초래하였습니다. 안의와 선교사는 선교사들이 자기 주머니를 털어 지불해야만 하는 상황을 개탄했습니다. 이런 상황을 초래한 선교본부는 부끄러움을 느껴야 한다고 안의와 선교사는 강력하게 항의하기도 하였습니다. 하지만 문제는 이런 상황이 확실하게 당분간 계속된다는 사실입니다.[22]

선교본부가 책정한 후원금이 선교사들의 사역을 위한 가장 필수적인 지출의 50% 이상도 만족시키지 못하는 상황에까지 이르렀습니다. 이렇게 되면 지금 진행하고 있는 사역을 중단해야 하는 일이 생길 수도 있습니다. 어떻게 이 문제를 해결할까요? 안의와 선교사에게는 하나의 원칙이 있습니다. 그는 사역하는 동안 문제에 직면하게 될 때마다 그 원칙을 지켜왔습니다.

> 오랫동안 주님께서 그분의 섭리 안에 있는 그분의 뜻을 분명하게 보여주시지 않는 한 저희가 가장 훌륭하고 가장 지혜롭게 계획한 것을 따를 자유가 있지만, 일단 그분이 분명하게 주도하실 때 그리고 그분께서 진행하시는 방향을 보여주실 때에는 어느 정도 저희가 지도하기를 멈추고 그분의 뒤를 따라가야 한다는 것을 일반적인 원칙으로 삼아 지켜왔습니다.[23]

하나님께서 "분명하게 보여주시는 진행 방향을 향해 그분을 따라가는 것"이 그리스도인의 삶입니다. 안의와 선교사는 하나님이 지시한 사역 중에 뚜렷한 열매를 낸 사역들을 먼저 지원해야 한다는 원칙을 세웠습니다. 새롭게 시작해야 하는 사역보다는 이미 진행되어 진전을 보고 있는 사역을 먼저 지원을 한다는 것이지요.[24] 그러다 보니 선교 사역의 진보를 이루어낸 북쪽 평양 지역을 중심으로 선교부의 지원이 먼저 이루어졌습니다. 이런 상황에서 자연스럽게 늦게 사역을 시작한 남쪽 지역의 사역들은 큰 어려움을 겪을 수밖에 없었습니다. 선교본부의 책정금 분배가 본의 아니게 지역을 구분하다 보니, 지역적 분단의 양상을 띠게 되었습니다. 이 분단은 "선교부 회원들의 신념에 분단선"을 형성하여 선교부에서 새로운 선교지부에 관한 표결을 좌우하는 중요한 요인이 되기도 하였습니다.[25]

안의와 선교사는 한국교회의 성장과 확대에 적극적으로 지원하지 않는 선교부에 다음과 같은 글로 불만을 토로하였습니다.

> 만약 사업이 이렇게 성장하는데, 사업을 감당할 적절한 인원과 자금을 본부에서 공급하지 않는다면, 그 회사는 직원에게 사업의 성장에 따라 불가피하게 증가한 업무를 처리할 수 있도록 시간을 주거나, 사역지에 있는 직원이 사업 보고 편지를 보내

는 횟수를 줄여야 합니다. 제 생각으론 이 사업의 어딘가에 무언가가 잘못되어 있습니다. 그것은 좋은 경영방침에 따라 운영되고 있지 않습니다. 해마다 현장에서 일하는 직원이 가져온 커다란 사업 성과를 고려하지 않는 회사는 그런 성장을 누릴 자격이 없습니다. 큰 기회가 될 만큼 충분한 저장소를 가지지 않는 회사, 그리고 그것들을 다룰만한 인력과 자금을 마련하지 않는 회사는 굼벵이입니다. 특히 현장에 오래 훈련된 소중하고 헌신된 직원들을 많이 가지고 있는 회사가 이익을 위해 직원들의 헌신을 이용해서 인력 충원이나 적절한 수단을 제공하지 않은 채 정신이 온전한 회사라면 요구하거나 기대하지 않을 분량의 사업을 하라고 요청하면서 의도적으로 직원과 회사를 망하게 한다면, 그 회사에 대해 박사님은 어떻게 말씀하시겠습니까? 때마침 제가 읽고 있는 선교본부에서 발간한 소책자에, 선교사가 과로로 쓰러지는 것은 영원한 불명예가 된다는 취지로 회교도 선교지에 나간 선교사가 글을 쓰셨는데, 이것은 순전히 바보 같은 소리입니다. 선교사가 과로로 쓰러지게 만드는 것은 교회로부터 인원과 자금을 끌어모으는 임무를 가진 선교본부의 불명예스러운 일입니다.[26]

안의와 선교사는 교회가 확장하고 있음에도 선교부가 재정 지원을 소홀히 하는 것은 불합리할 뿐만 아니라 어리석은 일이라고 비판했습니다. "엄마가 배고파 우는 아이의 울음소리를 외면할 수 있습니까? 바로 그 울음소리에 그녀의 가슴 속에 흐르는 젖이 그녀를 그 아이에게 달려가게 만듭니다. 그 가슴에 구령에 대한 갈망과 그리스도의 사랑이 있는 사람이 사방의 어둠 속에서 울부짖는 배고픈 영혼들의 울음소리에 귀를 닫고 있을 수 있습니까? 이것은 사람들을 찾아다니는 문제가 아니라 생명의 길을 발견했기에 가르침을 받고 인도함을 받기 원하는 사람들, 배고파서 울고 그들을 먹일 손과 돈이 없어서 우는 어린 자녀들에게 다가가는 문제입니다. 그런데 그는 능력에 넘치는 일을 했기 때문에 어리석다고 일컬어집니다. 어리석음이 존재합니다. 하지만 그 어리석음이 누구의 것인지요?"[27] 복음을 갈망하는 자들이 바글바글한데, 여전히 그들에게 복음의 씨앗을 뿌리지 못하는 상황을 누가 만든 것인가란 한탄이 저절로 나옵니다.

대구에 선교지부가 개설된 이래 선교지부에 속한 믿음의 식구는 매년 기하급수적으로 증가했지만 재정 수입은 25% 증가에 머물고 있습니다. 1907년 6월을 기점으로 100개 이상의 교회와 40~50개의 교회 학교, 5~6천 명의 거룩한 예배 참석자, 남학교가 존재합니다. 그리고 "교인들을 훈련시키고 지도자들을 양성하기 위해 각각 열흘에서 3주에 걸쳐 4~5천 명이 참석하는 5~6개의 훈련 과정 시스템을 운영하고 있습니다."[28] 하지만 5년 전보다 더 적은 인원으로 이 모든 사역을 감당하고 있습니다. 1907년에는 2년 된 사역자 맥파랜드와 안의와 선교사, 두 사람이 남아서 전체 업무를 운영하였습니다.[29] 캐나다까지 가서 여성 사역을 위한 지원을 구하는 일뿐만 아니라 영국으로 가서 남학교를 위한 지원을 얻어 오는 일까지 해야만 했습니다. 심지어 다른 사역의 재정 지원을 위해서 장사를 해야만 하는 상황에까지 내몰려지기도 했습니다.[30] 안의와 선교사는 이러한 상황에서 안식년을 받아 미국으로 간 부해리 선교사가 야속하게만 느껴졌습니다.[31] 사역을 감당할 일손이 부족하다 보니 "교육받기를 간청하는 기독교인 남학생들을 돌려보내야 했습니다." 학생들이 공부하는 동안 학비 지원을 위한 일거리를 제공해 줄 수 없었기 때문입니다.[32] 도움을 절실하게 바라는 학생을 앞에 두고도 돌려보내야만 하는 상황에서 동료 선교사에 대한 원망을 토로하는 모습이 인간적으로 느껴지기도 합니다.

1907년은 대구 교회에도 성령의 불길이 일어나 엄청난 열매를 맺은 해입니다. 하지만 재정문제로 인해 상당한 어려움에 봉착하게 되었습니다. 안의와 선교사는 재정적 어려움을 극복하기 위한 방법을 생각해 내야만 했습니다. 그는 신탁관리와 같은 조치를 취하여 기관의 자금을 마련하는 일을 추진하고자 하였습니다. 그것이 좋은 선교 정책인지 회의가 들기도 했습니다. 사실 안의와 선교사는 개인적으로 돈을 빌려줘 본 적도 없으니까요. 하지만 손을 놓고만 있을 수 없었습니다. 재정 마련을 위해 무엇이든 시도해야만 했습니다. 그는 외국과 현지에서 재원을 모아 마련한 자금으로 이윤을 남기려고 투자하였습니다. 하지만 투자에는 언제나 위험이 따릅니다. 인간의 욕망은 한이 없기 때문입니다. 개인적 욕망이 아닌 공공의 이익을 위한 투자가 되도록 지도할 위원회를 만들어야 한다고 생각했습니다. 안의와 선교사는 지역교회 지도자로 구성된 재단 이사회같은 것을 구성하여 기관의 투자가 올바르게 운영되는지를 감독하도록 제안하였습니다. 여기서는 등록된 최상급의 부동산 채권을 통해 연 20%의 이자를 받고 빌려 줄 수 있도록 규정을 정했습니다. 개인이 아니라 기관에 의해서 이루어지기에 의문이 제기되지 않을 뿐만 아니라 한국인에게도 정당성을 담보할 수 있어서 완벽한 방법이라고 생각했습니다. 한국의 재원으로부터 특정 기부금을 확보하고 적립하게 된다면, 이보다 더 좋은 방법은 없을 거라 생각했습니다. 이런 조치가 완벽히 마련된다면, 한국교회는 사업적인 기반 위에서 재정 지원을 얻을 수 있을 뿐만 아니라 궁극적으로 기관을 지탱해 나갈 수 있으리라 생각했습니다.[33]

어느 선교사도 네비우스 선교 정책에 반대하지 않습니다. 하지만 문제는 어떻게 교회의 자립을 이끌어내느냐가 관건입니다. 안의와 선교사도 네비우스 선교 원칙에 동의하지만, 선교 원칙은 선교지의 상황에 따라 탄력성을 지녀야 한다고 생각했습니다. 선교지의 상황을 고려

하지 않고, 원론적인 원칙만을 고수하는 선교본부에게 선교지의 현실에 주목해 달라는 편지를 보냅니다. 이상과 현실의 깊고도 넓은 괴리감을 어떻게 극복할 수 있을까? 이때에 필요한 것은 하나님의 지혜를 구하는 기도뿐입니다.

> 친애하는 선교부 회장님께
> 귀 선교회에서 실시하는 선교 사업에 있어서 네비우스 선교 정책에 대해 공감합니다. 그러나 저는 조금 다른 생각을 갖고 있습니다. 한국에서는 한국인들의 현실을 감안한 정책이 시급합니다. 조사와 전도인의 존재와 활약이야말로 한국의 선교를 위한 하나님의 선물입니다. 그들을 통해 꾸준하게 실시하는 개인적 전도 방법은 일반적인 집단적 전도 집회보다 훨씬 더 설득력이 높으며 그 결과도 훨씬 더 항구적이기 때문입니다. 따라서 우리 선교사들이 그들과 직접적인 관계 속에서 선교사업을 벌이는 것이 효과적입니다. 아직 그들은 연약합니다.[34]

선교본부는 안의와 선교사의 편지에 빠르게 답변하였습니다. 원론적인 답변에 깊은 고민에 빠지게 됩니다.

> 한국인에게는 한국인에게 맞는 선교방식이 있다는 것을 잘 압니다. 그러나 우리는 오랜 연구 끝에 네비우스 정책이야말로 가장 적합한 선교방식임을 확신하여 그것을 택하기로 했으므로 따라주시기 바랍니다.[35]

안의와 선교기금

선교본부와의 거리를 확인한 안의와 선교사는 대구의 선교를 위해서 어떻게 해야 할지 고민했습니다. 1923년은 선교사로서의 사명을 끝내는 해입니다. 은퇴를 앞둔 그는 모든 재산을 다 헌납하여 선교기금을 만들었습니다. 이 기금은 경북 선교사들과 전도자들을 위한 특별 기금입니다. 이 기금으로 파송을 받은 선교사가 1923년에 리브세이(J. B. Livesay)와 맥팔랜드(E. F. McFaland)입니다. 맥팔랜드 선교사는 건강상의 문제로 사임하였지만, 리브세이는 1925년에 정규 회원으로 받아들여져 재령에 임명되었습니다. 이 선교기금은 안의와 선교사의 아들에게 주어져 에드워드 아담스 부부가 대구로 옮겨졌고, B. N. 아담스 부부는 안동으로 임명되었습니다. 대단한 가족입니다.

아버지 안의와 선교사의 건강이 악화되어 더 이상 한국에 머물러 있을 수 없게 되었습니다.[36] 자녀들은 안의와 선교사에게 본국으로 돌아가 건강을 돌보도록 권유했습니다.

> 오, 주여! 조금만 더 시간을 허락하소서. 아직 저에게는 천국의 싹을 틔우지 못한 겨자씨들이 너무나 많이 남았나이다. …[37]

미국으로 돌아가는 그 길에서 드린 그의 기도에는 이 땅에 복음의 씨앗을 뿌리는 일, 그것뿐이었습니다. 그에게는 선교사가 사역에 집중할 수 있도록 재정을 후원하고자 하는 마음뿐이었습니다. 교회의 자치를 원칙으로 삼고 있으나, 여전히 자치를 감당하기에는 한국성도의 재정상황이 너무나 열악하기에 조금이나마 도움이 되고자 하는 마음뿐이었습니다. 복음을 전하는 전도자가 온전히 전도 사역에 집중할 수 있도록 여건을 마련해주고 싶었습니다. 한국교회는 전도에 온전히 집중하여 일을 감당해야 할 목회자가 여전히 필요했습니다. 안의와 선교사의 선교기금은 이런 염원을 이룰 대구 경북 지역 선교의 기틀이 되었습니다.

일각에서 안의와선교기금 운영을 두고 부정적 눈초리를 보내기도 하였습니다. 왜냐하면 선교 사역은 "섬김으로 부르심"을 받은 자가 기꺼이 즐거운 마음으로 수행해야 하는 일인데, 단지 생계를 유지하기 위해서 월급을 받는 직업으로 여길 위험이 있기 때문입니다. 안의와선교기금을 받고 사역하는 사역자들에게서 그런 태도가 감지되었습니다. 이 비판은 평균적으로 더 많은 사례금이 지급되기 때문에 교회의 다른 사역자의 시기심을 유발할 수 있기에 주의 깊게 들어야 할 조언이자 권면입니다. 노회와 다른 교회조직들이 자립적으로 복음 전도 사역을 시도하기보다는 안의와선교기금에 의존하려 했습니다. 이런 현상은 분명 안의와 선교사의 의도와 달리 이 기금이 유용되는 경우입니다. 그러나 이 기금을 주의 깊게 그리고 진실한 마음으로 사용하면, 대구 경북 지역의 복음 전도 사역에서 많은 열매를 맺는 수단이 될 것입니다. 실제로 이런 일이 대구 경북 지역에서 일어났습니다.[38]

한국의 전도자가 삶을 바쳐 헌신하는데, 그들의 생계를 위한 후원금을 지원하지 않는다면, 그들의 삶은 어떻게 되겠습니까? 안의와선교기금은 한국의 전도자들이 복음을 선포하고 전도하는 일에 집중할 수 있는 여건을 마련해 주었습니다. 그 결과 서울보다도 더 많은 세례교인을 열매로 맺게 하셨습니다. 서울에서의 세례교인 수가 당시 2000명에 불과한 반면, 대구 경북 지방에서는 무려 7500명이나 되었으니, 안의와선교기금이 얼마나 놀라운 결과를 낳았는지 알 수 있으리라 여겨집니다.

1928년 대구 선교지부의 보고서입니다.

이 도(道)에 대한 가장 집중적인 복음 전도 활동은 '아담스(안의와)선교기금'에 의해서 추진되었습니다. 금년에는 약 10개의 새로운 교회가 세워졌습니다. 일꾼들을 마을에 보낼 때에는 맨 처음에 전도부인(Bible Woman)이 파송되고 때로는 전도자들이 파송됩니다. 그러나 대개는 전도자를 맨 먼저 파송하고 그 다음에 전도 부인을 파송합니다. 처음 한 달 동안은 철저한 개인 활동으로 보냅니다. 그들은 주재하고 있는 특정 마을만이 아니라 사방 10리 범위 안에 있는 인근 마을까지도 그들의 노력을 기울입니다. 보통 한 달이 지나고 어느 정도 그들의 노력이 성공을 거두게 되면 야학을 시작하여 글을 읽을 수 있는 사람들이 거기서 성경학습을 받습니다. 글을 아직 읽지 못한 사람들은 성경 읽기를 배웁니다. 또한 모든 사람은 찬송가를 배웁니다. 일이 진행되어 가면서 각 가정을 방문하며 전도하는 시간을 줄이고, 이미 신앙을 받아들인 사람들을 양육하는 데 더 많은 시간을 할애합니다. 보통 한 달이 지나면 그 일꾼은 일터에 익숙해지고 또 기독교 신자가 되리라 여겨지는 사람들을 알아봅니다.

일꾼에게는 각각 다달이 보고서를 작성하도록 요구합니다. 두 달 혹은 석 달 만에 한 번씩 모든 일꾼들은 협의회에 참석하고자 대구에서 모였습니다. 선교사는 그들이 일하고 있는 각 현장을 적어도 1년에 한 번씩, 그리고 때에 따라서는 두 번이나 혹은 세 번씩 방문합니다. 전도 사업을 관리하는 사람들은 이러한 방법으로 서로 밀접한 관계를 유지합니다. 전도자들은 가능한 한 빠른 시일 안에 교회 설립을 추진하여 끌내도록 재촉합니다. 6개월을 넘는 것은 아주 특별한 경우라고 일반적으로 알려져 있기는 하지만 시간의 제한은 없습니다. 몇몇의 경우 8

개월이 걸린 적도 있었지만 그 이상의 시일이 걸린 사람은 하나도 없었습니다. 어떤 사람은 두 달 만에 끝낸 적도 있었습니다. 1925년부터 1926년까지의 사이에 한 교회를 설립하는데 걸린 평균시일은 다섯 달이 조금 넘었습니다. 일을 완전히 끝내고 손을 떼는 시기를 판단하는 가장 중요한 표지는 예배당의 확보입니다. 일꾼들은 자기들이 떠나기 전에 예배당을 세우지 못하는 것을 아주 불명예스러운 일로 생각하고 있습니다."[39]

대구 지역에 있는 교회의 약 4분의 1이 이 기금의 후원으로 세워졌습니다. 다른 지역에서는 교회의 성장인 빈약했던 1920년부터 1935년까지에도 대구 경북 지역에서는 계속해서 교회가 성장했습니다. 이는 한 선교사의 헌신이 만들어낸 놀라운 결과입니다.

미주

1. Adams, 『황무지』, 157.
2. Adams, 『황무지』, 139.
3. Bruen, 『100년 은혜, 세상과 나누리』 2권, 20.
4. Bruen, 『100년 은혜, 세상과 나누리』 2권, 20.
5. Adams, 『황무지』, 141.
6. Adams, 『황무지』, 141.
7. Adams, 『황무지』, 140.
8. Adams, 『황무지』, 142.
9. Adams, 『황무지』, 142.
10. Adams, 『황무지』, 159.
11. Adams, 『황무지』, 159~161.
12. Adams, 『황무지』, 180.
13. Adams, 『황무지』, 347.
14. Bruen, 『100년 은혜, 세상과 나누리』 2권, 280. 1912~1913 보고서.
15. Bruen, 『100년 은혜, 세상과 나누리』 2권, 281.
16. Bruen, 『100년 은혜, 세상과 나누리』 2권, 281.
17. Adams, 『황무지』, 348.
18. Adams, 『황무지』, 353.
19. 부해리 선교사는 116엔을 사비로 사용해야만 했고, 베렛 선교사는 125엔을 썼다. Adams, 『황무지』, 353.
20. 부해리 선교사는 순회 설교를 진행할 수 있도록 친구들에게 개별적으로 편지를 보내 100달러의 후원금 모금 계획을 세운다. Adams, 『황무지』, 354. Bruen, 『아, 대구!』 1권, 290.
21. Adams, 『황무지』, 360.
22. Adams, 『황무지』, 360.
23. Adams, 『황무지』, 393.
24. Adams, 『황무지』, 391~393.
25. Adams, 『황무지』, 391~393.
26. Adams, 『황무지』, 445~447.
27. Adams, 『황무지』, 447.
28. Adams, 『황무지』, 461.
29. 안의와는 한국에 온지 8년 만에 안식년을 받은 브루엔에 대해 아쉬움을 남긴다. 많은 사역을 둘이 감당해야 하는 상황을 알고 있음에도 불구하고 어떻게 안식년을 받을 수 있는지 이해할 수 없다고 불평을 한다. Adams, 『황무지』, 461.

30. Adams, 『황무지』, 447.
31. Adams, 『황무지』, 461.
32. Adams, 『황무지』, 449.
33. Adams, 『황무지』, 457. Bruen, 『아, 대구!』 1권, 290.
34. 김중순, 김병희, 『겨자씨 속에 담은 천국』, 134.
35. 김중순, 김병희, 『겨자씨 속에 담은 천국』, 135.
36. Rhodes, 『미국 북장로교 한국 선교회사』, 183.
37. 김중순, 김병희, 『겨자씨 속에 담은 천국』, 137.
38. Rhodes, 『미국 북장로교 한국 선교회사』, 184.
39. *Annuals Report* (1928).

신명학사
주차금지

대구 땅의 여성 이야기

안의와 선교사는 대구에 여성 사역자가 파송되기를 무척이나 고대했습니다. 결혼할 생각을 가지고 있다 하더라도 독신으로 한두 해만이라도 선교 현장에 헌신할 여자 선교사를 파송해달라고 선교부에 간청했습니다. 물론 선교사 가족이 오게 되면 선교사의 부인이 그 역할을 대체할 수 있습니다. 하지만 그녀에게는 하나님이 주신 핵심 사역이 하나 더 있습니다. 가족이 그것입니다. 가족을 돌보기에도 시간이 부족했습니다. 이곳에서의 결혼 생활은 모든 것이 낯선 것들뿐입니다. 가사와 언어, 결혼 생활 모두 생소합니다. 어린 아기들의 양육을 넘어서 교육까지, 이 모든 것을 감당해야만 했습니다.[1] 어드만 부인은 어머니이자 선교사로서의 삶을 다음과 같이 고백했습니다.

> 사람들은 계획을 크게 세우지만 실제로는 조금밖에 이루지 못하는 경향이 있습니다. 이것은 선교사 생활에서 얻게 되는 실망 가운데 하나입니다. 적어도 저에게는 생각보다 일을 진행하는 데에 시간이 훨씬 오래 걸리는 것도 문제입니다. 제가 정말 하고 싶었던 일은 한국어를 배우는 일이었지만, 겨우내 책도 한 번 열어 보지 못했습니다. 한 살짜리 아이를 키우는 데 이렇게

도 많은 시간이 필요한지 어찌 예상할 수 있었을까요? 그리고 또 남은 시간은 다른 일에 다 빼앗길지 어떻게 알았겠습니까? 지금도 저는 조금 더 열심히, 하루에 5분 내지 10분도 공부에 투자하지 못했을까하고 자신을 탓하곤 합니다. 1년이면 그 시간이 총 61시간이나 되었을 것입니다. 하지만 이 보고서는 질문이나 푸념이 대한 것이 아니기에…[2]

어드만 선교사의 부인은 어린 아기를 돌보는 일과 가사 일로 인해 선교사로서 한국어 배우는 일을 게을리 했다고 반성합니다. 낯선 환경에서 고군분투하는 그녀에게 인간적인 연민이 일어납니다. 낯선 환경에 적응하랴, 부인의 손이 닿지 않으면 안 되는 아이를 돌보랴, 동분서주(東奔西走)로 인한 육체의 피로감은 본연의 임무인 선교사의 일을 뒤로 제쳐두는 일까지 생기게 하였습니다. 언제나 시간이 흐른 뒤에 남는 후회가 다시 본연의 목적을 바라보게 합니다.

복음에 목말라하는 한국 여성들을 위해서 복음을 전하는 일은 선교사 부인의 몫이 되었습니다. 대구의 여성 사역은 안의와 선교사의 부인인 넬리 딕과 장인차 선교사의 부인 이디스 파커(Edith Parker Johnson, 1871~1958), 부해리 선교사의 부인인 부마태(Martha Scott Bruen, 1875~1930)가 바쁜 시간을 쪼개면서 감당한 결과였습니다. 윈 부인은 1915년에 이 선교기지에 돌아와서 14년을 일하였고, 부해리 선교사의 부인은 28년 동안, 맥팔랜드 부인은 17년 동안, 어드만 부인은 19년 동안, 레이너 부인은 5년 동안 이 선교기지에 속해 있었습니다. 나머지 7명의 다른 기혼여성 선교사들은 이 선교기지에서 짧은 기간을 머물렀습니다.[3]

넬리 딕의 적극적 선교

낯선 환경이 두려움과 떨림으로 다가온 애니 베어드의 이야기[4]를 들은 넬리 딕은 오히려 호기심의 대상인 아기를 적극적으로 전도의 통로로 사용하기로 합니다. 조선 사람들은 외국 아기의 부리부리한 두 눈을 처음 보기 때문입니다. 파란 색의 큰 눈은 조선의 여인들의 호기심을 불러일으키기에 충분했습니다. 조선의 여인들은 아무런 방어막도 치지 않은 채, 무장 해제된 상태로 아기에게 다가왔습니다. 넬리 딕은 전도하기에 좋은 이 기회를 놓쳐서는 안 되겠다고 생각했습니다. 전도하기 위해서 어떤 형태로든 조선인에게 다가가야 하는데, 그들이 먼저 아기를 보기 위해서 다가왔으니 이보다 더 좋은 기회가 어디 있겠습니까! 그녀는 담대하게 아기를 조선 여인들에게 다가갈 소통의 통로로 삼았습니다. 그 자리에서 넬리 딕은 한국어를 더욱 열심히 배워야겠다는 동기를 부여받습니다.[5]

선교사는 조선 여인의 호기심을 전도의 통로로 삼아 집의 문을 활짝 열어두었습니다. 조선 여인들과 아이들은 낯선 이방인들이 어떻게 사는지 궁금했습니다. 밥은 먹는지, 잠은 어떻게 자는지, 그들이 먹고 마시는 모든 것이 궁금했습니다. 어떻게 긴 옷을 입고 아기에게 젖을 주는지도 궁금했습니다. 낯선 이방인에게 궁금증이 생긴다는 것은 좋은 징조입니다. 그들이 서서히 문지방을 넘어 낯선 이방인의 세계로 들어옵니다. 때로는 두세 명씩 작은 그룹으로, 때로는 12명이 그룹을 지어서 선교사의 집을 구경하러 왔습니다. 집 안에서 살림만 하던 여인에게 바깥세상을 체험하는 기회를 제공해 주었습니다. 조선의 여성이 밖으로 나갈 수 있는 특별한 날에는 너무나 많은 무리가 선교사의 집을 방문하여 그 수를 헤아리는 것조차 의미가 없어질 정도였습니다.[6] 선교사의 집을 활짝 열어 전도의 통로로 삼은 집구경은 조선인들과의 소통의 기회와 만남의 접점을 제공해 주었습니다.

조선의 여성은 수시로 선교사의 집을 방문하였습니다. 방문하는 사람이 늘어나기 시작하니 시도 때도 없이 방문하는 방문객으로 인해 선교 사역에 집중하지 못하는 일이 벌어지곤 하였습니다. 심지어는 머릿속으로 친절하게 그리고 상냥하게 그들을 맞아야 한다고 생각하는데도 마음속으로는 짜증이 일어나기도 하니, 더 큰 문제였습니다. 인간의 내면 깊은 곳에서 올라오는 짜증을 발견한 선교사는 연약한 모습에 놀랍니다. 그리고 다시 스스로에게 '내가 여기에 왜 왔는가?'란 질문을 던지며, 하나님이 자신을 이 곳에 보내신 사명을 생각했습니다. 낯선 이 땅에서 그리스도인으로서 어떻게 그들을 대해야 하는지를 스스로에게 물었습니다. 그 대답은 자명했습니다. 조선 여성이 집으로 직접 찾아 왔다는 사실 자체가 "복된 특권"이지 않은가![7] 그 복된 특권을 행할 합당한 자로서 하나님께서 자신을 선택해 주셨다는 사실에 감사해야하지 않은가! 하나님께서 이 일을 감당하도록 불러주셨으니 하나님을 찬양할 수밖에 없지 않은가! 이 사실을 깨닫고 나니 감사가 물밀듯 밀려왔습니다.

여성 선교사 넬리 딕은 한국 생활과 풍습에 조금 익숙해지자 적극적으로 한국인의 생활로 들어가기 시작했습니다. 그녀는 1905년 남편 안의와 선교사가 순회 전도 여행을 떠날 때 동행하여 대구 주변의 도시를 방문했습니다. 그해는 외국여성이 최초로 경북 지역을 방문한 해입니다. 넬리 딕 선교사는 한국인에게 친근하게 다가가려고 긴 드레스와 모자를 벗고 한복을 입고 머리에는 비녀도 꽂았습니다. 서양 생활의 익숙함을 던져 버리고 어색하고 불편한 한국인의 생활로 들어가는 그녀의 사랑이 대구의 여성에게 큰 기쁨이 되었습니다.[8]

출처 Pearl Digital Collections

1902년 부마태 선교사의 사진 속 대구 여자 아이들

출처 Pearl Digital Collections

한복을 입은 안의와 선교사 부부. 어린아이는 에드워드 아담스(안두화)로 두 사람의 아들이다. 안두화는 대를 이어 한국에서 선교사로 활동하였다.

부부의 모범: 선교사 가정 이야기

넬리 딕 선교사는 망망대해 태평양을 건너는 그 배에 남편 안의와 선교사가 함께 있었기에 외롭지 않았습니다. 더욱이 하나님이 주신 귀한 생명까지 두 손이 있었기에 더욱 담대했습니다. 넬리 딕 선교사는 아이를 돌보아야 할 어머니이니까요! 그녀는 태어난 지 2개월밖에 되지 않은 아들을 데리고 두 달 반이나 되는 긴 여행을 떠났습니다. 어린 아들(Edward Adams)은 잘 견디어 주어 가족이 부산에 무사히 도착할 수 있었습니다. 가족이라는 하나님이 주신 선물은 어떤 풍랑과 폭풍 속에서도 항해해 나갈 수 있는 힘이 되었습니다. 풍랑 속에서 바라보아야 할 목적지를 바로 알고 있기 때문입니다.

어머니로서 넬리 딕은 하나님의 품안에 있는 가정을 돌보는 대리인임을 명확하게 인식하고 있었습니다. 그래서 한 가정의 어머니로서 자신에게 주어진 사명을 온전하게 감당하고 싶었습니다. '보호'와 '양육'이라는 두 글자에는 평탄대로가 아니라 높고 낮은 굴곡이 있음을 보게 됩니다. 어머니에게 지옥은 아기가 병에 걸렸을 때입니다. 아이들의 신음을 듣고 몸이 아파서 몸부림치는 모습을 보는 어미의 마음을 그 누가 알까요? 안염으로 양쪽 눈이 터질 정도로 붓고, 심지어 피고름까지 줄줄 흘러내는 아이를 보는 어머니의 심정은 이 세상의 어떤 단어로도 표현할 수 없는 그 무엇이라 생각됩니다. 시력을 잃을 수도 있는 상황에서 어머니가 할 수 있는 건, 하나님께 기도하는 일 뿐이었습니다. 시궁창에서 올라오는 냄새와 더러운 음식들, 길거리에서 지내는 아이들 틈바구니에서 발병한 전염병으로 한국인에게서 전염된 것으로 보입니다. 넬리 딕 선교사는 아이와 함께 밤을 지새우며, 아이 옆에서 간절하게 하나님의 선하심을 구하였습니다. 밤새 아이를 돌보는 넬리 딕 선교사를 이웃의 성도들이 도와주었습니다. 그녀가 잠시라도 쉼을 가질 수 있도록 말이지요. 이제 한국인은 더불어 사는 이웃이 되었고, 그렇게 이방인 선교사와 한국인은 고난의 시간을 함께 견디며 하나의 교회공동체를 만들어 갔습니다. 아픈 아이는 그렇게 하나님의 은혜와 이웃의 사랑으로 회복되었습니다. 안의와 선교사는 병으로 인해 아파 우는 아이를 바라보는 고난의 시간을 함께 견디며, 자신이 아내 넬리 딕과 "새로운 은혜의 끈으로 묶여 있음"을 경험했습니다.[9] 이 땅에서 부모로서 아이의 아픔을 나눌 수 있는 유일한 한 사람은 아내 넬리 딕뿐이니까요. 안의와 선교사는 아내 넬리 딕과 함께 이방인으로서 낯선 환경을 극복해 나갑니다. 아픈 아이를 두고 서로 격려하며 하나님 앞에 기도하는 모습을 보면서 한국인들은 그리스도인 부부가 어떻게 고난의 시간을 견디어 나가는지를 배웁니다. 그리고 부부가 서로를 어떻게 존중하며 대우해야 하는지를 보고 배웁니다. 한국의 그리스도인은 선교사 안의와 부부의 삶에서 신앙 안에서 부부가 어떤 관계를 맺어야 하는지를 배웁니다. 선교사 부부의 모습은 한국인에게 잔잔하게 감동을 전합니다.

선교사들은 무인도와 같은 한국 땅에서 그들의 가정을 낙원으로 돌보았습니다. 밀스(Thornton A. Mills) 선교사의 딸이 부해리 선교사의 가정에 머물면서 느낀 소감을 친한 친구들에게 전해주었습니다.

> 제가 조만간 머무르게 될 곳은 대구의 친애하는 브루엔 선생님 댁입니다. 그는 말할 것도 없이 한국에서 본 남자들 중 가장 훌륭한 남자입니다. … 정말로 그는 깊이 신실한 신앙심을 갖고 있어 하나님과 가까이 지내며, 상식을 갖추고 있을 뿐 아니라 유쾌하기까지 한 사람입니다. 브루엔 부인은 너무 예쁘고 멋있고 영리하며 귀엽고 영리한 말만 골라서 하며, 저처럼 명랑해 보이기 위해 천박한 말을 사용치 않으며 어머니처럼 재치가 있는 분입니다. 그분은 과도하지 않을 만큼 건전한 신앙생활을

하고 계셔서 이 모든 것을 종합해 볼 때 같이 살고 싶은 사람이기도 합니다. 그녀와 브루엔 선생은 서로 깊이 사랑하여서 두 분이 함께 있는 모습은 보는 사람마저 기분이 좋게 만듭니다. 이들의 외동딸 '난'은 이제 네 살인데, 맑은 눈과 붉은 뺨을 가진 토실토실하고 건강한 모습이 참으로 아름답습니다. 교육을 잘 받아 매우 명랑합니다. 이 아이와 함께 지내면 너무 즐거울 것 같습니다…[10]

밀스 선교사의 딸의 눈에 비친 부해리 선교사 부부 모습이 한국인에게는 어떻게 비쳤을까요? 선교사 가족의 모습은 조선인들에게 낯선 풍경입니다. 조선에서는 얼굴도 보지 못한 남녀가 결혼하여 부부로 살아갑니다. 부모가 중매로 맺은 혼인이기에 혼인당사자의 의사는 결혼에서 배제됩니다. 조선 땅에는 어린 나이에 결혼시키는 조혼과 더불어 축첩제도가 만연해 있었습니다. 선교사들은 조선의 결혼풍습 중 축첩제도를 어떻게 다루어야하는지 난감해 하였습니다. 선교사 연례 회의에서 축첩제도를 주요 안건으로 삼아 "거의 이틀 동안" 다룰 정도로, 축첩제도는 조선의 문화로서 뿌리 깊게 자리 잡고 있음을 알 수 있습니다.[11]

하나님께서 일부일처를 적법한 결혼제도로 주셨기에, 조선 땅에 널리 퍼진 축첩제도는 하나님이 보시기에 합당하지 않습니다. 하나님이 세운 질서와 법을 훼손하는 일입니다. 칼빈은 사라가 아브라함에게 종 하갈과 동침하도록 하는 구절을 주석하면서 "하나님은 인류가 거룩한 결혼의 방식으로 생육하고 번성"하기를 원하셨기에 "아무리 사태가 절망적이었다고 해도 그녀(사라)는 하나님과 자연의 합법적 질서에 맞지 않는 것을 절대로 시도"해서는 안 된다고 주장하였습니다.[12] 칼빈은 명확하게 일부일처가 하나님이 세운 결혼의 방식이고 축첩제도는 하나님이 세운 결혼제도가 아님을 명확하게 가르쳤습니다.

하지만 축첩제도는 조선의 오랜 관습으로서 사회적으로 용인되어 왔다는 사실입니다. 조선의 축첩제도에서는 일부다처제와 달리 첫 번째 부인과 두 번째 부인은 동등한 지위를 갖고 있지 않습니다. 둘째 부인의 경우에는 결혼식도 올리지 않을 뿐만 아니라 부인으로서의 지위와 권리를 인정받지 못하였습니다. 둘째 부인은 첫 번째 부인과 달리 법적 지위를 갖기 못한 첩이었습니다. 축첩제도는 분명 하나님의 법에서 벗어났습니다. 하지만 조선의 선교사들은 하나의 실제적 문제에 직면하게 되었습니다. 복음을 받아들이기 전에 이미 첩을 둔 경우는 어떻게 다루어야 하는가? 선교사는 조선의 문화가 성경의 윤리에서 벗어나 이교적 성격을 띠면 단호하게 그 문화를 교정하였습니다. 그리스도인의 삶은 하나님의 말씀에 합당한 삶이 되어야 하기 때문입니다. 선교사들이 모여서 오랜 시간 논의를 하게 된 연유가 여기에 있습니다. 선교사들은 오랜 토의 끝에 중혼을 한 그리스도인의 경우 그들의 첩과 함께 개종하는 경우, 그들을 그리스도인으로 인정하자는 입장을 취하였습니다. 복음의 빛이 없었던 시대에 행해진 결혼제도이기 때문이지요.[13]

안의와 선교사는 이런 방법을 용인해야 하는지 확신이 서지 않았습니다. 이 문제를 어떻게 처리하는 것이 올바른 일인지 난감했습니다. 종교개혁자 칼빈은 일부다처를 하느니 이혼하는 것이 낫다고 조언하였습니다. 그는 라반이 "그가 그런 불법적인 거래를 하게 됨으로써 그에게 닥칠 불명예를 생각하지 않고, 거기에서 어떤 이득이 생기기만 한다면 상관하지 않은 채 심지어 딸을 매물로 내어놓았습니다. 라반은 조카를 일부다처제에 빠뜨리게 할 뿐만 아니라 그와 딸들을 근친상간으로 이루어진 결혼으로 더럽히는 중죄를 저지르고 있다"고 비판합니다. 그리고 난 뒤에 "만일 어떤 아내가 남편으로부터 조금도 사랑받지 못할 때, 남편은 아내를 볼모로 잡아둔 채 다른 아내를 얻어서 슬퍼 죽게 하기보다 내보내야 합니다. 그래서 주께서 말라기를 통해 이혼이 일부다처보다 더 용납할만하다고 선언하신 것입니다."라고 합니다.[14] 이 입장은 칼빈의 신명기 설교에서도 동일하게 나타납니다: "주님께서 그의 예언자 말라기가 일부다처를 다룰 때 그를 통해서 말씀하시는 것을 봅시다. 만일 아내가 너의 마음에 들지 않는다면 여럿을 더하러 가지 말고 차라리 아내를 내보내라는 것입니다. 이것은 아내를 버리라는 말이 아닙니다. 오히려 그는 아내를 그렇게 한탄 가운데 묶어두기보다는 내보내는 것이 더 낫다고 말합니다. 그는 두 가지 악을 비교하고 있는 것인데, 우리는 언제나 최악의 것을 피해야 합니다."[15] 칼빈은 한 여자와 부부 관계를 맺으라고 권합니다. 여러 부인을 둔 남자에게 결단을 촉구하고 있습니다. 여러 부인을 한탄에 가두지 말고 한 부인을 사랑으로 대하라고 말입니다. 실제로 조선에 파송된 선교사들은 둘째 부인과 이혼을 하고 첫째 부인과 부부관계를 맺도록 권하였습니다. 안의와 선교사도 이 문제를 엄격하게 적용했습니다. 오가리라는 마을에서 두 명의 부인을 둔 사람에게 세례를 베풀지 않았습니다. 그가 믿음이 좋다는 것을 입증했음에도 불구하고 말입니다.[16] 그리고 결혼을 할 때 믿음을 가진 자와 결혼을 해야 하는지를 두고도 명확한 기준을 제시하였습니다. 한 마을교회의 젊은 영수 노씨에게는 18세 된 동생이 있었는데, 이 젊은이는 세례를 신청해 둔 상태였습니다. 부모님께서는 이 총각의 결혼 문제로 걱정을 하고 계셨습니다. 그 중 하나가 믿는 사람과 결혼시켜야 할지, 아니면 믿지 않는 자와 결혼시켜야 할지였습니다. 부모님은 "우리 아들이 믿지 않는 여자와 결혼을 하더라도 목사님께서는 세례를 주실 건가요?"라고 물었습니다. 미국에서는 이것이 아무런 문제가 되지 않겠지만 여기서는 매우 골치 아픈 질문입니다.[17] 사실 믿는 여자를 찾는 일조차 쉽지 않았기 때문입니다. 부해리 선교사는 이 경우에 젊은 남자의 부모에게 신앙을 가진 여성을 찾아야 한다고 제안하였고, 당연히 젊은 청년의 세례는 미루어질 수밖에 없었습니다.[18]

사실 한국의 그리스도인은 하나님의 법에 따라 사는 믿음의 가정을 경험한 적이 없습니다. 그러니 선교사의 가정은 조선의 그리스도인에게 믿음으로 하나 된 가정의 모델입니다. 미국 장로교 해외 선교부는 "브루엔(부해리) 선교사 부부의 가정생활을 목격했거나 같이 생활해 본 사람은 누구나 그러한 그리스도인"이 되고 싶어 하며 찬사를 보냈다고 합니다.[19] 이는 최고의 찬사이자 최고의 선교입니다. 남편이 아내를 어떻게 사랑하고, 아내가 남편을 어떻게 보살펴야 하는지를 선교사의 가정을 통해서 배울 수 있었으니, 한국인에게 선교사 부부의 가정은 그 자체가 큰 복입니다.

> 부마태 선교사는 조선 사람들이 보기에 훌륭하고 아름다운 삶을 살았습니다. 대구 선교부에서 근무한 어느 동료 선교사는 부마태 여사가 매우 탁월한 여성이었으며 부부가 가정에서는 우애가 있고 선교부에서는 영향력 있는 멋진 부부였다고 기억합니다. 선교 기지에 있는 모든 사람들이 보기에 그들의 인간관계는 아름답고 헌신적이었습니다. 우리 모두가 그녀와의 우정이라는 특권을 누렸고 조선 사람들은 그녀를 통해서 기독교적인 가장 훌륭한 여성다움과 가장 헌신적인 삶의 모습을 배울 수 있었습니다.[20]

복음에 기초한 믿음의 가정은 올바른 부부관계에서부터 시작합니다. 하나님은 믿음으로 짝을 맺은 부부에게 한 영혼을 맡기십니다. 그러므로 부모는 하나님이 주신 한 영혼을 믿음 안에서 양육하기 위

출처 대구제일교회

1914년 혹은 1915년경 사진으로 순회 전도 여행을 떠날 채비를 끝낸 부해리 선교사와 그의 말(화이트맨)을 부마태 선교사가 배웅하고 있다.

해서 하나님이 주신 사명을 곰곰이 되새기는 시간이 필요합니다. 그 위에 믿음의 가정이 꽃을 피울 수 있으니까요!

선교사는 하나님께서 왜 우리에게 일부일처제를 합당한 결혼제도로 주셨는지를 명확하게 가르쳐야만 했습니다. 개혁교회의 토대를 놓은 칼빈은 그 이유와 목적을 다음과 같이 설명합니다.

> … 남편이 아내에게 해야 하는 사랑을 하지 않을 때 이 일부다처제는 악한 감정을 갖게 한다는 것을 보여줍니다. 만일 남편이 그에게 명령된 대로 아내를 진실하게 사랑한다면, 결코 마음이 흔들리지 않아서 새장가를 가겠다고 말하는 일도 없습니다. 그러므로 남편이 두 번째 결혼을 바라기에 앞서서 이미 그의 마음이 타락하여 더러워진 것이고, 아내를 거스르는 악심을 품는 것이어서 그녀에게 해야 하는 자기 의무를 하지 않는 것입니다. 여기서 말하고자 하는 것은, 남편들이여, 아내를 사랑하시오. 미워하면서 자기 살을 얻을 수는 결코 없습니다. 예언자 이사야가 모든 남자들에 대해 잘 논증하고 있습니다. 왜냐하면 우리는 우리 안에 공통적인 본성을 가지고 있기 때문입니다. 그는 말합니다. 너는 네 살을 경시하지 말라. … 그러나 남편이나 아내에 대해서, 하나의 다른 이유가 있습니다. 그들은 한 사람이라는 말이 적절합니다. 성경이 그들에 대해 말한 대로 입니다. 그들은 한 살, 즉 한 인격이 될 것입니다. 그런데 지금 누가 자기 살을 미워한다면 미쳤다고 밖에는 할 수 없지 않습니까? 거기에 대해서 사도 바울은 결론을 내리기를 만일 남편이 아내를 사랑하지 않으면 그는 괴물과 갈다고 합니다. 아내들이 종종 남편에게 미움 받을 구실을 주는 것도 사실입니다. 하늘의 천사들을 흔들어놓고 타락시키는 마귀들이 있습니다. 사실입

니다. 그러나 남편은 그런 시험과 싸워야 하고 어쨌든 그것을 이겨내야 하는데, 성령의 능력으로 말입니다. 한 여인과 결합해 얻는 것이 불행이라도 결합해 있어야 합니다. 나쁜 아내의 악들을 고치도록 노력해야 합니다. 그러나 아내를 내 안에 있는 것으로 여겨 보듬어야 하고 평화롭게 해주어야 합니다.[21]

일부다처의 제도가 생기는 이유는 남편이 하나님께서 짝지어 준 한 여자를 사랑하지 않을 때 생긴 제도입니다. 하나님이 명령한 대로 아내를 신실한 마음으로 사랑한다면, 어떻게 다른 여자를 아내로 맞이할 수 있겠습니까! 결코 그런 일은 벌어지지 않습니다. 그러므로 아내를 버리고 다른 여자를 품는 마음은 인간의 타락한 본성의 결과입니다. 하나님이 남자의 갈비뼈로 여자를 만들고 짝을 지어 한 몸을 이루게 하셨습니다. 부부는 한 사람으로, 한 인격을 이룹니다. 한 인격이 둘로 나뉜다는 것은 있을 수 없는 일입니다. 남편의 마음에서 일어나는 욕정은 성령의 능력으로 절제해야 합니다. 칼빈은 남편이 다른 여자에게 눈을 돌리도록 만드는 원인이 아내에게 있음을 지적하며 아내들도 그들이 가지고 있는 악을 고치도록 노력해야 한다고 권면합니다. 하나님이 한 몸을 이루게 하신 가족은 남편과 아내가 각자의 자리를 인식한 평화로운 가정입니다. 이러한 가정을 만들기 위해 그리스도인은 노력해야 합니다.

신앙교육의 장, 주일학교와 사경회

어린이는 순수합니다. 호기심이 많아 선교사들에게 스스럼없이 다가옵니다. 먼저 손을 내밀고 다가온 어린이에게 복음을 전합니다. 선교사들의 집에는 아이들의 호기심을 자극할 것이 너무나 많았습니다. 피아노, 책상과 의자 등 모든 것이 신기했습니다. 호기심으로 다가온 아이들에게 성경의 이야기를 들려주었습니다. 아이들은 귀를 쫑긋 세우고 말씀에 귀 기울였습니다. 아이들은 가족에게 믿음이 전해지는 통로의 역할을 했습니다. 넬릭 딕 선교사가 시작한 주일학교는 부마태 선교사에 의해서 정착되고 확장되었습니다.

주일마다 한 자리에 모여서 하나님의 말씀을 듣는 아이들의 눈을 바라보며 조선의 미래를 그렸습니다. 그러던 어느 날 갑자기 한 여인이 교회 안으로 들어왔습니다. 그리고는 아들의 머리채를 잡고 끌고 갔습니다. 아버지는 아이를 매질하고 성경책을 불사르고 방에 가두었습니다. 교회에 가는 것을 막기 위해서 말이지요. 아이를 위해서 부마태 선교사가 구체적으로 무엇을 했는지는 전해지지 않습니다. 어떤 일이 그 집 안에서 벌어졌는지, 선교사의 글에서 읽을 수 없습니다. 하지만 그 결과는 놀라울 따름입니다. 어느 날, 소년의 부모님이 아이와 함께 교회에 왔습니다. 심지어 아이를 잘 지도해 달라고 부탁까지 합니다. 어떻게 이런 일이 일어났는지, 어리둥절할 뿐이었습니다. 이렇게 부모님의 태도가 달라진 그 중심에 우리는 선교사 부마태가 있다는 사실을 부정하지 못합니다. 아이의 부모는 "부마태의 훌륭한 인격과 헌신적인 삶"에 감동하여 아이를 그녀에게 맡겨야겠다고 원래의 마음을 바꾼 것으로 보입니다.[22] 부마태 선교사는 아이들이 믿음 안에서 참된 그리스도인으로 성장하고 나라의 지도자가 되길 소망했기에 아이들을 헌신적으로 돌보았습니다.

읽기 학습

조선 여성들은 어릴 때부터 교육의 기회가 없어 간단한 한글조차도 깨우치지 못했습니다. 그래서 여성 선교사들은 하나님의 말씀인 성경을 읽게 하기 위해서 여자 아이와 부인에게 글을 가르쳤습니다. 한글 반에는 어린 아이부터 나이가 든 할머니까지 학생으로 글자를 배웠습니다. 여성들도 글을 배워야 합니다. 여성이 한 가정의 어머니로서 신앙의 계보를 잇는 중심이기 때문입니다. 조선의 가정이 하나님의 말씀 위에서 믿음의 가정이 되기 위해서는 조선의 어머니들이 먼저 말씀에 눈을 떠야하기에 여성들을 가르쳤습니다.

한 노파가 1년 만에 한글을 깨우치게 된 이야기를 들어보면 참 재미있습니다. 필드 박사가 어느 동계수업을 진행하면서 '양과 염소'의 성경 이야기를 성경을 읽을 수 있는 사람과 읽을 수 없는 사람을 나누어 설명하였습니다. 이때 염소의 자리에 앉을 수밖에 없었던 할머니는 크게 창피를 느꼈다고 합니다. 그래서 반드시 글을 배워 성경을 읽어야겠다고 마음을 먹었다고 합니다. 할머니는 그 해를 넘기기 전에 읽기를 깨우치겠다고 결심했습니다. 그 할머니는 어떻게 되었을까요? 다음 해에 열린 사경회에 그 할머니가 참석했습니다. 할머니는 성경을 가지고 오시더니 읽기 시작했습니다. 아주 잘 읽으시는 모습을 보자 많은 여성들이 놀랐습니다. 그들은 어떻게 그렇게 빨리 한글을 익혔는지 궁금했습니다. 할머니는 자신이 한 해 동안 어떻게 시간을 활용하여 한글공부를 했는지 설명해 주었습니다. 그녀가 들려주는 노력은 감동, 그 자체입니다.

> 바느질하는 중에도 나는 공부를 했지, 실뽑기를 할 때도 (그러면서 손으로 모든 동작을 보여 주었습니다). 나는 글자들을 하나하나 몇 번이고 반복했어. 가마솥 밑에 불을 지필 때도 부지

깽이를 가지고 재에다가 글자를 쓰고 무뎌진 막대기 끝으로 벽에도 썼지.[23]

할머니의 노력과 인내는 많은 젊은 여성들을 부끄럽게 만들었습니다. 열심히 하지 못한 자신을 부끄러워했습니다. 조선에서 여성들은 어려서부터 "여자 아이들은 배울 필요 없어."라는 말을 들었기 때문에 배우고자 하는 열의를 내 본 적이 없었습니다. 어린 시절부터 배울 필요가 없다는 소리로 세뇌를 당하고 있었기에, 여성들 스스로도 "우리는 배울 수 없어. 우리는 재능이 없어"라고 하며 스스로 체념했습니다.[24] 하지만 할머니는 하나님의 말씀을 직접 읽고 싶은 마음에 배움의 열정을 내었습니다. 할머니의 노력으로 성취한 그 결과는 젊은 여성들에게 배움에 대한 열망과 자신감을 심어 주었습니다.

여성 사경회

한국의 여성들이 가진 배움에 대한 열망과 성실함은 "자기만족에 도취되어 안주하는 사람"들에게도 자극을 주었습니다.[25] 열흘간 열리는 겨울 사경회에 대구와 경북 각처에서 여성들이 음식을 싸들고 10~30마일을 걸어서 왔습니다. 대구로 몰려온 여성은 150명이나 되었습니다. 예상을 뛰어넘는 인원으로 숙식을 해결할 장소가 부족했습니다. 이들이 모여서 잘 수 있는 공간은 사실상 한 채에 불과했습니다. 한 공간에 여성 150명이 함께 식사하고 잠을 청해야 하니, 상당히 불편하리라 생각됩니다. 실제로 밤에 누울 공간이 없어서 여학생 100명이 앉아서 잠을 청했다고 합니다. 얼마나 불편했을 지 우리는 짐작할 수가 없습니다. 16×24 피트 밖에 안 되는 방에서 수일 동안 앉아서 잠을 청했으니, 그저 놀라울 따름입니다. 밤에 교대로 누워서 잠을 청했지만, 이보다 더 놀라운 일은 불평 한 마디하는 사람이 없다는 사실입니다. 식사준비도 쉽지 않았습니다. 부엌에서만 조리를 해서 이 많은 사람들을 먹일 수 없기 때문이지요. 한국의 여성들은 추운 겨울임에도 마당에 있는 아궁이로 밥을 지어 먹었습니다.[26] 여성들은 단지 생명의 말씀을 배우겠다는 일념으로 이곳으로 왔기에 어떤 불편함도 견뎌낼 수 있었습니다.

선교사들은 좁은 공간에서 잠을 청하고, 추운 겨울에도 찬물로 씻을 뿐만 아니라 제대로 목욕을 할 수 없는 상황이 안타까워 어떻게든 도와주고 싶었습니다. 그래서 선교사는 여성들이 낮 시간의 피로를 풀고 잠을 청할 수 있도록 목욕할 공간을 마련해 주기로 결정했습니다. 오막살이집에서는 목욕할 공간이 없기에 부엌을 임시 욕실로 만들었습니다. 그리고 목욕을 위한 따뜻한 물을 공급해 주자, 한국 여성들은 너무나 기쁜 나머지 감사의 인사를 했습니다. 그들은 "하나님이 보여주신 자애의 증거"라며 바로 기도 모임하자고 제안하였습니다.[27] 어드만 선교사는 사소해 보이는 목욕통 하나를 두고 즐거워하는 모습을 보고 의아해했습니다. 이 땅에서 일어나는 모든 일들, 하나님의 일이라고 생각하지 않았던 수천 가지의 일들도 그리스도인이 책임져야 할 일임을, 하나님께서 하셨음을 깨닫게 하셨습니다. 그리고 선교사들은 자신이 취한 편리가 하나님의 일을 어둠으로 내몰고 있는지도 모른다는 생각을 했습니다.[28] 여성사경회를 통해서 대구의 여성들은 말씀에 눈을 열게 되었고 성도의 교제를 배웠습니다.

전도부인

불편한 환경에서도 대구와 경북 각 지역에서 온 여성들은 성경을 알고 싶었습니다. 하나님이 우리를 위해서 하신 구원의 역사를 바로 알고 참된 그리스도인으로 살고 싶었습니다. 하나님이 주신 은혜의 기쁨을 다른 이웃에게 전하고 싶었습니다. 선교사 부인은 여성성경학교에 참여한 여성들이 조선의 백성들에게 복음을 전하는 통로가 될 수 있도록 가르쳤습니다. 처음에는 대구 경북 지역에서 선발된 18명 혹은 19명의 여성들을 가르쳤습니다. 그리고 실제로 그들에게 수업에서 배운 것을 다음 날 시골에서 직접 아이들을 가르쳐보도록 하였습니다. 이 경험을 통해서 배우는 학생들이 얼마나 이해하고 받아들이는지 알 수 있어서 흥미를 불러일으켰습니다. 배운 내용을 직접 가르치면서 스스로 학생들에게 다가가는 법을 터득합니다. 2주간 동안 진행된 수업을 마친 후에 둘이 한 조가 되어 일주일 동안 실습을 떠나도록 하였습니다. 일주일 동안의 순회 전도 여행은 그들에게 전도부인으로서의 열정과 사역을 경험하는 중요한 시간이 되었으리라 생각합니다. 짧은 경험이지만 일주일 후에 그들의 경험을 쓴 보고서에서는 큰 희망을 읽어낼 수 있었습니다. 물론 모든 여성이 똑같이 성공적인 결과를 낸 것은 아닙니다. 하지만 가르치는 기술을 훈련받지 못했고, 그 신앙의 연수가 그리 오래되지 않았다는 것을 고려한다면, 매우 훌륭하게 이루어 낸 것이라 할 수 있습니다. 그들은 시골 여인들에게 새로운 열의와 자극을 주었습니다. 전에는 배우기 위해서 먼 길을 떠나야 하는 수고를 해야만 하였는데, 이제는 가르칠 수 있는 사람이 가까이에 있으니 배우고 싶은 마음이 생겼다는 고백을 전해들었습니다.[29] 전도부인들은 이제 막 불신앙에서 벗어나 믿음의 길을 걸어가면서도 열정적으로 그 일을 감당하였습니다. 그녀들의 노력과 열정이 대구와 경북 교회를 세워가는 데 밑거름이 되었습니다.

근대여성교육의 선구자, 부마태 선교사

부마태 선교사는 소녀들을 위한 학교를 오랫동안 갈망해 왔습니다. 꿈은 결코 순탄한 신작로를 타고 오지 않는 법인가 봅니다. 한국의 고유한 전통으로 인해 소녀들을 전문으로 담당할 조선의 여성 교사가 필요했습니다. 아이들을 돌볼 능력을 갖춘 여교사를 찾았으나 하늘에 별 따기 같았습니다. 한국에서 남선생님이 여자 학생들을 가르친다는 것은 조선의 풍습과 걸맞지 않는 일입니다. 남녀칠세부동석이라는 풍습이 뿌리 깊어 남녀공학으로 가르치기가 어렵습니다. 그렇기 때문에 선교사들은 소녀들을 가르칠 수 있는 여 선생님을 두고 오랫동안 기도했습니다. 배우고자 하는 소녀들은 있으나 가르칠 선생인 없는, 교육의 수요는 있으나 공급이 없는 상황이기에, 선교사들의 간절함은 더욱 커져만 갔습니다. 하나님이 응답하실 때까지 소수의 여학생들은 따로 별도의 공간에서 공부를 했습니다.[30] 드디어 한 여성 선교사가 구해져서 소녀들을 위한 사역을 시골에서 시작할 수 있게 되었을 때, 그 기쁨은 그 어떤 것으로도 표현할 수 없었습니다.[31]

선교부 구내 '여자 손님용 주택'을 교실로 삼아서 학교를 개교하였습니다. 여성 선교사들은 한국 땅 여성들의 능력에 놀랐습니다. 한국은 유교적 관습에 따라 여성에게는 배움의 기회조차 주지 않았다는 사실이 안타까울 뿐이었습니다. 한국여성의 능력은 엄청났습니다. 여학생이 남학생보다 학업 능력이 더 뛰어났습니다. 그러니 여성을 집안에 가두어 두기만 한 일은 분명 국가적 손실입니다. 선교사는 여성을 학교 선생님으로 길러내고자 결정합니다. 한국 여성이 배우는 일에 뛰어난 능력을 가지고 있다 하더라도 조선의 풍습 아래에서 제한된 삶을 살아온 한국 여성에게 가르치는 일은 쉽지 않았습니다. 바렛 부인이 혼자가 된 한 젊은 여성을 선생님으로 만들기 위해서, 그녀에게 지도그리기를 통해서 세계지리를 가르쳤습니다. 우선, 한국 여성이 사는

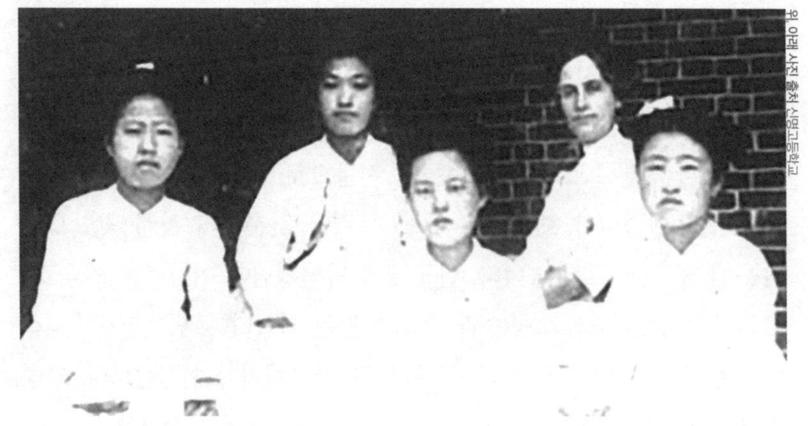

위, 아래 사진 출처 신명고등학교

신명여학교 1회 졸업생과 부마태 선교사

1913년 신명여학교 본관 모습

동네를 기준으로 지도를 그리기도록 하였습니다. 지도 그리기는 학생의 호기심을 일으키기에 좋은 수업 방법입니다. 그런데, 문제는 집안에서 생활만 해오던 한국 여성은 자신이 사는 집 주변에 무엇이 있는지, 알지 못한다는 사실이었습니다.

> 하지만 부인, 제가 어떻게 도시의 지도를 그리죠? 북문과 동문이 있다는 것은 들었지만 한 번도 본 적이 없는 걸요. 남문도 제 집 가까이 있지만 어릴 때부터 한 번도 보지 못했어요. 부인이 직접 다니면서 보고 어디에 있는지 우리에게 말씀해 주세요.[32]

집 안에만 머물러 있던 한국 여성에게 지도 그리기는 어려운 과제였습니다. 한 번도 본 적이 없는 남문의 위치를 어떻게 지도 위에 표시할 수 있겠습니까? 젊은 여성은 익숙함을 넘어서, 생각조차 하지 못했던 새로운 세계가 다가올수록, 지도를 그리는 일은 점점 더 어려워졌습니다. 지도 그리기에 필요한 강이나 바다, 산이나 들, 평야 등 여러 가지 이름을 배운다 하더라도, 그녀가 그릴 수 있는 주변의 자연 경관은 겨우 논이나 논에 물을 대는 도랑뿐이니 말입니다. 이것들을 실마리로 삼아 지도를 그리다 보니, 그녀가 어떻게 강이나 바다를 상상할 수 있으며 지도 위에 그것을 그려낼 수 있을까하는 의문이 들었습니다. 그래서 지구가 둥글다는 사실도 어떻게 알게 되었느냐고 물으니, "부인이 그렇게 말씀하셨으니 진리가 틀림없지요"라고 대답할 정도니 말입니다.[33] 그래도 한국의 여성은 선생님에 대한 신뢰가 크기에 세상에 대한 눈을 뜨게 되었을 때, 그 교육의 효과는 엄청난 결과로 나타났습니다.

몇 년 전 어린 여학생들을 위한 수업이 시작되었을 때 읽기를 가르치는 데에 실패한 적이 있습니다. 아이들에게 집에서 공부를 좀 하라고 했지만 한 주 한 주가 지나도록 아무런 발전을 보이지 않았습니다. 결국 똑똑한 아이들 가운데 한 명의 아버지에게 그 이야기를 하고 예수님을 믿는 아버지로서의 책임을 지적해 주었습니다. 그러고 나서 며칠 후 정기모임에서 그 아이가 읽기를 아주 잘한다는 사실을 알게 되었습니다. 이 신기한 일이 가능한 것은 그 아버지가 부지런히 가르친 덕분이라며 축하했습니다. 그때 그가 환하게 웃으며 "네, 저는 아이에게 매질을 참 많이 했지요."라고 말하는 겁니다. 배우는 과정에서 난관은 성취했을 때의 기쁨을 절대 망치지 않는 것 같습니다. 그 아이가 읽을 수 있게 되었다는 것은 다른 아이들에게도 엄청난 자극이 되었습니다. 지금은 모두가 읽을 수 있게 되었고, 몇몇은 매일 학교에 가는 남학생들만큼 잘 읽을 수 있었습니다. 모든 학생들이 읽을 수 있게 되니 자연스럽게 읽기 수업은 교과 과정에서 없어졌고, 산수와 좀 더 수준 있는 성경 공부로 대신할 수 있었습니다.[34] 매로 이루어진 학업의 성과였지만, 그 성취가 낳은 기쁨은 반 전체를 변화시키는 동력이 되니 놀랍습니다.

의료선교사 존슨의 부인이 만들어 운영하던 바느질 반(Sewing Calss)을 이렇게 신명여자소학교로 개편하였습니다. 그 다음 해 1907년에 신명여학교(Girls' Academy)를 동산 위에 설립하고 부해리 선교사의 부인인 부마태가 교장이 되었습니다. 1910년에 가셔야 승인 요청서를 선교부에 제출하여 승인을 받게 됩니다. 개인적 차원에서 이루어진 여성교육을 근대여성교육의 장인 학교체제로 전환하였습니다. 이로써 여성교육이 공적 신뢰를 획득하게 되었습니다. 1911년 4월 22일에 사립 신명여학교의 설립인가가 나왔고, 1912년 선교부로부터 여자중학교 설립인가가 나왔습니다. 설립인가가 나온 그 해에 첫 졸업식이 거행하게 되었고, 위민스 쥬빌리 기금에서 신축교사를 위한 2,000달러를 받아 1913년에 본 교사 신축을 완공하였습니다.

신명여학교는 대구 근대 여성 교육의 장이며 신명여학교 학생은 나라를 위해서 거리로 나가는 근대 여성의 본이 되었습니다. 1919년 탑골공원에서 시작된 3.1운동의 함성이 대구에서도 3월 8일에 이어질 수 있었던 그 중심에 신명여학교 학생이 있었습니다. 신명여학교는 1944년 일제 당국의 강요로 대구 남산여학교로 변경합니다. 1951년 학제 변경에 따라서 신명여자고등학교와 신명여자중학교로 분리·개편하였습니다. 1953년에 중학교 교명이 복원되지 않아 성명여자중학교로 인가받습니다.

신명여자학교는 대구 근대 여성 교육의 장으로, 수많은 여성 지도자가 이 학교에서 배출되었습니다.

출처 신명고등학교

3.8 만세 운동에 참가한 신명여학교 학생들

미주

1. Adams, 『황무지』, 175.
2. Bruen, 『100년 은혜, 세상과 나누리』 2권, 243.
3. Rhodes, 『미국 북장로교 한국 선교회사』, 185.
4. 본 책 '대구약령시장 - 호기심을 넘어 우리가 되기까지!'에 애니 베어드의 이야기가 기록되어 있다. 참조하길 바란다.
5. Adams, 『황무지』, 59.
6. Adams, 『황무지』, 61.
7. Adams, 『황무지』, 61.
8. Rhodes, 『미국 북장로교 한국 선교회사』, 184~185.
9. Adams, 『황무지』, 107.
10. Bruen, 『100년 은혜, 세상과 나누리』 2권, 171~172.
11. Adams, 『황무지』, 31.
12. CO 27, 475.
13. Adams, 『황무지』, 31~33.
14. CO 23, 403~404.
15. CO 28, 145.
16. Bruen, 『100년 은혜, 세상과 나누리』 2권, 78.
17. Bruen, 『100년 은혜, 세상과 나누리』 2권, 79.
18. Bruen, 『100년 은혜, 세상과 나누리』 2권, 80.
19. 대한예수교장로회대구남산교회, 『대구남산교회 100년사: 빛으로 사랑으로』 (대구: 대구남산교회, 2015), 336~337; 대구제일교회, 『대구제일교회백십년사』 (서울: 대구제일교회, 2004), 106~107 참조.
20. 대한예수교장로회대구남산교회, 『대구남산교회 100년사: 빛으로 사랑으로』 (대구: 대구남산교회, 2015), 336~337; 대구제일교회, 『대구제일교회백십년사』 (서울: 대구제일교회, 2004), 106~107 참조.
21. CO 27, 667~668.
22. 『대구남산교회 100년사』, 274.
23. Bruen, 『100년 은혜, 세상과 나누리』 2권, 97.
24. Bruen, 『100년 은혜, 세상과 나누리』 2권, 97.
25. Bruen, 『100년 은혜, 세상과 나누리』 2권, 113.
26. Bruen, 『100년 은혜, 세상과 나누리』 2권, 113.
27. Bruen, 『100년 은혜, 세상과 나누리』 2권, 114.
28. Bruen, 『100년 은혜, 세상과 나누리』 2권, 114.

29. Bruen, 『100년 은혜, 세상과 나누리』 2권, 244~245.

30. Bruen, 『100년 은혜, 세상과 나누리』 2권, 100.

31. Adams, 『황무지』, 437~439.

32. Bruen, 『100년 은혜, 세상과 나누리』 2권, 101.

33. Bruen, 『100년 은혜, 세상과 나누리』 2권, 101.

34. Bruen, 『100년 은혜, 세상과 나누리』 2권, 101.

NELLIE DICK
CHASE CRAWFORD SAWTELL
Born Jan 9th 1881
Died Nov 16th 1909
"I'm Going To Love Them"
MARTHA SWITZER
AUGUST 22 1880
APRIL 3 1929
Delle
Mackenzie
1915-2010

저 높은 곳을 향하여!

경상도 기독교인의 어머니 넬리 딕의 장례식

1909년 8월 31일, 뜨거운 여름을 뒤로하고 선선한 가을을 맞아 더욱 선교의 열정을 드높이고자 하는 시점에 선교지부에 슬픔이 찾아왔습니다. 안의와 선교사의 부인 넬리 딕이 세상을 떠났습니다. 이 슬픔은 한 가족의 슬픔을 넘어서 대구 경북에 있는 모든 교회의 아픔이자 슬픔이었습니다. 대구의 모든 기독교인들은 그녀에게 "경상도 기독교인의 어머니"라는 이름을 지어 헌사를 남겼습니다. 그 이름은 그녀의 죽음이 남긴 역사의 흔적입니다.

부해리 선교사가 장례식 준비위원장을 맡았고, 선교기지의 남자들은 관을 만들었고, 한국 여인들은 흰색 명주실로 끈을 둘렀습니다. 한국인 남성들도 무언가를 돕기 위해서 은으로 된 관에 그녀의 이름과 생일, 한국에 도착한 날짜, 그리고 사망일을 새겨 넣었습니다.[1] 대구의 기독교인들이 울면서 그녀의 장례 행렬을 따랐습니다. 2~3천 명이나 되는 사람들이 그녀의 죽음을 애도하며 뒤따랐다고 하니, 추모의 행렬은 그녀가 대구에 남긴 사랑의 결실입니다. 아내의 죽음 앞에서 안의와 선교사는 부산의 여성 선교사 제이콥슨을 떠올리지 않았을까 생각됩니다. 합병증으로 인해 고생하던 그녀는 다음과 같이 고백했습니다.

> 어떠한 상황이 와도 저는 전혀 걱정하지 않습니다. 왜냐하면 비록 그것이 내가 볼 때는 가장 좋은 것이 아닌 것처럼 보일지라도 주님께서는 무엇이 가장 좋은지 알고 계시기 때문입니다. 그의 사랑하시는 팔이 모든 것을 감싸고 계시니 저는 그분의 약속 안에서 쉼을 얻습니다.[2]

제이콥슨 양은 한국인들의 사랑을 받은 선교사입니다. 그녀는 자신이 맡은 직무를 훌륭하게 수행한 적임자였습니다. 그녀의 빈자리가 매우 클 것이라는 사실은 의심의 여지가 없습니다. 지금 안의와 선교사뿐만 아니라 대구와 경북의 교회를 위해서 넬리 딕의 빈자리는 매우 큽니다. 그리고 친구이자 동료인 안애리에게도 마찬가지입니다.

하나의 꿈, 조선 선교를 꿈 꾼 가족!

대학에서 만나 사랑한 아내를 이제는 떠나보내야 합니다. 하나의 꿈, 하나님이 주신 선교를 마음에 품고, 그 사명을 다하기 위해서, 함께 손잡고 망망대해를 건넜습니다. 선교사로의 부름에 응답하여 결단을 내렸으나, 여전히 미지의 땅으로 건너야 한다는 두려움이 밀려왔습니다. 그때, 아담스(안의와)는 자신이 가장 좋아하는 벤치에 앉았습니다. 호수에 떠 있는 오리새끼들과 물새가 다가와 두려움을 달래 주었습니다. 그곳에서 찬양을 부르며 기도하니 평안함이 밀려왔습니다. 그때 누군가가 찬송을 부르며 다가왔습니다. '넬리'였습니다. 넬리는 아담스에게 하나님이 보내 준 응답이었습니다. 조선이라는 낯선 땅으로 아담스와 함께 떠날 것을 약속합니다.

아담스와 넬리 딕에게 선교지 조선은 하나님이 주신 사명의 자리였습니다. 영적 아버지 크레익 교수가 선교 비전을 제시해 주셨습니다. 누나 애니는 베어드(배위량)와 결혼하여 조선에서 이미 사역을 시작했습니다. 조선이라는 나라는 이미 아담스에게 친근하게 다가왔습니다. 넬리 딕도 이미 기네스 박사(Dr. H. Grattan Guinnes)의 "선교사가 되는 꿈"(The Idea of Becoming a Missionary)라는 말씀을 듣고 선교사로서의 헌신을 결단하였던 차였습니다. 쌍둥이 자매도 아프리카 선교사로 자원해서 떠날 채비를 하고 있었습니다. 이들에게 선교는 어떤 용기를 내야 하는 두려움이나 낯선 것이 아니라, 오히려 자연스러운 일이었습니다. 넬리 딕은 이미 기독교여자청년회(YWCA)의 활동을 통해서 애니 베어드와 친분을 가지고 있었기에 조선이 그렇게 멀게 느껴지지 않았습니다.[3] 그리고 언제나 자신에게 용기를 주는 아담스가 곁에 있으니 두렵지 않았습니다. 대중 집회에서 처음으로 대표 기도를 하게 된 넬리 딕이 엄청난 두려움으로 떨고 있었을 때, 그녀에게 기도의 그 순간에 하나님을 바라보도록 용기를 북돋아 준 사람이 아담스였으니까요! 곁에 있음으로 더욱 힘이 되는 아담스가 함께 떠나는 길이기에, 그리고 또 하나의 선물, 에드워드 아담스(안두화)가 그녀에게 큰 힘을 주었습니다.

지금까지 살아온 삶의 자리가 주는 익숙함에서 벗어나 낯선 생활의 공간으로 들어가 적응하는 일이 얼마나 힘이 드는지, 머릿속에서 생각한 것보다 삶의 자리가 더 혹독했음을 고백합니다. 조선의 대구는 일본에서 건너가 처음으로 배가 도착한 부산과도 달랐습니다. 조선의 날씨는 봄, 여름, 가을, 겨울의 4계절이 분명하여, 각 계절마다 자연의 변화가 주는 기쁨과 행복이 있습니다. 안의와 선교사는 4계절 중 봄과 가을, 겨울은 사람들이 건강하게 그리고 쾌적하게 지내기에 좋은 계절이라고 생각했습니다. 하지만 여름은 그에게도 달랐습니다. 특히 여름의 장마는 안의와 선교사도 견디기 어려웠습니다. 장마철의 높은 습도로 인한 몸의 끈적임은 견디기 어려웠습니다. 오히려 높은 온도로 인한 더위가 더 견디기 쉽다고 여겨질 정도니까 말입니다. 안의와 선교사는 미국의 캔자스 주에서 태어났는데, 그 곳이 사실 대구보다 더 더웠기에 더위 그 자체가 문제가 되지 않았습니다. 대구보다 더 뜨거운 도시에서 태어나 자랐으니, 그는 "대구 선교의 아버지"로서의 사명을 가지고 태어났다고 할 만합니다. 그런 그도 조선의 여름 장마만큼은 만만치 않았다고 하니, 선교사들이 대구에서 여름을 나는 게 얼마나 어려웠을지 상상이 됩니다. 더운 여름의 장마를 피하여 잠시 부산에 머물면서 사역을 나갔던 것도 바로 이런 이유 때문이었습니다.[4]

대구의 장마는 남자보다도 여성들이 더 견디기 어려울 뿐만 아니라 건강을 해치기까지 합니다. 단지 여성들이 실내에서 제한된 생활을 하기 때문이라고 생각하지 않습니다. 고국에서보다 더 자유롭게 사는 서울의 여성 선교사들도 마찬가지였기 때문입니다. 선교사 밀러가 부인의 건강 악화로 인해 고향으로 돌아간다고 하니, 여성들이 한국에서 적응하면서 더 큰 어려움을 겪고 있는 것으로 보입니다. 여성 선교사 중 상당수가 건강 문제로 사역을 제대로 감당하지 못하니 안타까울 따름입니다.[5]

안의와 선교사는 대구 기후가 여성에게 힘든 상황임에도 불구하고 아내를 세심하게 챙기지 못했던 것이 미안하기만 했습니다. 아내는 우울증으로 더 큰 고통을 받고 있었음에도 순회 전도 여행을 떠나야만 했으니까요!

저희(안의와)는 아직 개척 단계에 있는 선교지부이기에 저희와 함께 있는 현지인들과 일꾼들과 다른 사람들은 아직 저희 방식에 익숙하지 않습니다. 게다가 저는 오랫동안 부산에 가 있었고 이번 여행 때 저희 선교지부에서는 유일하게 한국어를 말하는 외국인인 제 아내를 남겨두고 가서 선교지부를 관리하는 모든 책임이 그녀에게 떠맡겨졌습니다. 1월에 아기가 태어난 후로 그녀는 아직 건강한 몸으로 회복하지 못한데다가 그 부담은 그녀에게 너무 심했습니다. 존슨 박사는 그녀가 책임감에서 벗어나 잠시 휴식을 취하면 머지않아 평소의 건강을 되찾을 수 있을 것이라고 진단했습니다.[6]

모든 것이 아직 익숙하지 않습니다. 사람이 살아가는 데 필요로 하는 기본적인 것을 해결하는 일조차 쉽지 않습니다. 간단한 일에도 긴장해야 합니다. 먹고 사는 간단한 일조차도 익숙해지기까지 시간이 필요하며, 신경을 써야 합니다. 언어조차도 익숙하지 않으니, 긴장감은 더욱 가중됩니다. 언제나 옆에서 격려해 주고, 해결사가 되어준 남편조차 길을 떠나 오롯이 혼자 아이와 함께 있어야 하는 자리가 힘겹게 느끼는 게 어쩌면 당연하다 생각됩니다. 아기가 태어난 지도 얼마 되지 않아 몸이 아직 회복되지 않았으니 말입니다. 소위 '산후우울증'에 걸린 것은 아닌가 생각됩니다. 하나님이 이 땅에 선교사로 보내셨으니, 복음을 전하는 자로서의 본분을 잊지 않고 그 일에 매진하도록 도와주어야 하는데 그렇지 못한 현실 사이에서 일어나는 갈등이 우울증을 더 가중시켰을 수도 있습니다. 의사 장인차는 그녀에게 책임감에서 벗어나 휴식을 취하도록 권합니다. 안의와 선교사가 전도 여행을 떠난 그 자리에서 넬리 딕은 홀로 아이와 함께 그 시간을 견디며 신경쇠약으로 병들어가고 있었습니다.[7]

안의와 선교사는 아픈 아내를 위해서 특단의 조치를 내려야 했습니다. 그는 아내와 함께 대구에서 16마일가량 떨어진 산에 있는 불교 사원인 파계사로 갔습니다. 이곳은 안의와 선교사가 언어를 배우는 일

출처 대구제일교회

1897년에 대구로 부임한 장인차 선교사가 파계사에서 한국어를 공부했고, 이듬해 부해리 선교사도 여기서 한국어를 공부했다. 영어를 전혀 모르는 한국인에게서 한국어를 배웠다. 한두 달 공부하고 대구 선교부로 내려갔다가 다시 파계사로 올라가곤 했다. 파계사에 숙박비를 지불하고 머물렀으며, 한국어 교사가 서양 식재료로 요리를 준비했다. 파계사처럼 조용하고 공부하기에 알맞은 장소는 당시에 없었다.

에 집중하고자 머물렀던 곳입니다. 넬리 딕은 6월 한 달을 그곳에서 머물렀습니다. 파계사 사찰은 소나무 숲속에 있는 조용하고 평화로운 곳입니다. 맑은 물이 흐르고 한적한 그곳에서 머무르니 자연스럽게 넬리 딕의 병도 많이 호전되었습니다. 여름에는 안의와 선교사가 부산에서 사역하는데, 아내와 함께 가길 원했습니다. 부산의 여름이 대구보다 덜 덥기 때문입니다. 문제는 장미가 오기 전에 부산에 도착하는 건데, 생각했던 것보다 일을 지체되어 결국 비 때문에 힘들었습니다. 병에서 호전이 되었다 해도 아내 넬리 딕의 체력으로는 폭우로 범람한 도로와 다리를 지나가기가 힘듭니다. 산을 오르고 내리는 일이 평상시에도 에너지를 소모하는 일인데 길이 사라졌으니, 길을 만들며 가는 여행은 체력을 많이 소모하는 일임이 틀림없습니다. 폭우로 다리가 사라진 강은 배로 건너야 했습니다.[8] 그런데 폭우로 인한 어려움을 부산에 도착할 무렵에 다시 한번 경험합니다.

낯선 환경에서 살아가는 일상생활의 짐은 오롯이 아내 넬리 딕이 지고 있습니다. 아이 양육과 교육이 고스란히 그녀에게 주어져 있습니다. 또한 일상생활에 필요한 의식주의 문제도 해결해야 합니다. 이뿐만 아니라 그녀에게 주어진 사역이 있습니다. 안의와 선교사의 사역을 보조하는 일뿐만 아니라 그의 손길이 닿지 못하는 여성들을 위한 사역을 준비해야 합니다. 하나님이 세운 가정을 세우는 일과 대구의 여성들을 하나님께로 이끄는 일, 거기에 한국어를 배우는 일까지, 모든 일이 쉽지 않습니다.[9] 낯선 땅 선교지 대구에서 맞닥뜨린 상황은 어쩌면 안의와 선교사보다 넬리 딕에게 더 가혹한지도 모르겠습니다.

넬리 딕 선교사는 힘겹게 대구 사역을 이어갑니다. 안의와 선교사는 아내의 신경쇠약으로 인해 겨우내 대구에 머물면서 사역을 하기로 결정했습니다. 넬리 딕은 "거의 일 년 동안 신경쇠약으로 고통을 받았고, 현지에서의 임무는 그녀가 감당하기 힘든 일이었습니다."[10] 그녀는 그 사이에 유산으로 아이를 잃었습니다. 여인으로서 유산은 자기 몸을 힘들게 할 뿐만 아니라 마음에 상처를 남깁니다. 넬리 딕의 신경쇠약은 더욱 가중되었습니다. 장인차 선교사는 넬리 딕이 고향 미국으로 돌아가 휴식을 취하도록 권합니다. 선교사로서 사역을 감당하는 중에 휴식을 취하려 고향으로 돌아가는 것이 안의와 선교사에게 부담으로 다가옵니다. 안의와 선교사는 장인차 선교사의 진단에 따라서 선교부에 아내가 미국에서 휴식을 취할 수 있도록 허락을 구합니다. 그리고 안의와 선교사는 양심이 허락하는 한에서 신청할 수 있는 최대 기간인 6주를 신청합니다.[11] 하나님의 일을 하면서 가족 중 누군가의 건강으로 인해, 사역에 집중하지 못하는 목회자의 심정이 고스란히 느껴집니다. 선교사로서의 책무와 하나님이 짝지어 주신 동반자 아내 넬리 딕을 돌보고자 하는 남편의 의무 사이에서 최대한 양심이 허락하는 기간만큼 휴가를 신청합니다. 아내를 곁에서 돌보고자 하는 남편의 사랑과 선교사로서의 책무 사이에서 고민하는 한 인간을 봅니다. 안의와 선교사는 아내의 병이 너무 많이 진행되어서 미국 고향으로 아내를 보내는 것이 "유일하고 안전한 방도"[12]라는 장인차 선교사의 진단을 받아들였습니다. 하지만 그는 아내와 함께 휴가를 떠날 수 없었습니다. 그는 그녀가 자신을 이해해 줄 것이라고 확신했습니다. 왜냐하면 안의와 선교사와 그의 아내 넬리 딕은 예수 그리스도의 영으로 하나가 되어 이 사명을 받았기 때문입니다.[13]

다시 찾아온 불행: 반복된 유산과 수술

아내 넬리 딕에게 또 시련이 닥쳐왔습니다. 1903년 1월 24일 자로 선교부에 보낸 편지의 내용입니다.

저는 아내의 건강과 그에 관한 존슨 박사의 권고에 대해 박사님께 편지를 쓰게 되어 대단히 유감스럽습니다. 작년 여름 저는 편지에서 그 문제를 언급한 바 있습니다만, 자세히 설명하지는 않았습니다. 지난 봄에 아내는 유산을 했는데 그 후로 회복하지 못하고 있습니다. 잠시 기력을 되찾았지만, 다시 병상으로 돌아가야 했습니다. 그녀는 그때부터 8월 중순까지 앓아 누워 있었습니다. 그녀의 증세는 종양이거나 혹은 염증으로 인해 왼쪽 광인대가 부어 있는데 아마도 난소와 관련이 있는 것 같습니다. 존슨 박사는 할 수 있는 모든 치료를 다 했지만, 그것을 줄이지 못했습니다. 그래서 결국 큰 수술이 필요하다고 우려하여 저희에게 일본에 있는 산부인과 전문의의 치료를 받으라고 조언했습니다. 아내는 침상에서 들려 나와 부산으로 실려 갔습니다. 그동안 아내와 저는 이 문제를 놓고 기도했었습니다. 저희는 그녀가 호전되길 기다렸습니다. 부산에 도착했을 때 종양이 완전히 사라지고 저희는 그녀가 많이 호전되었음을 알게 되었습니다. 그녀는 매우 많이 회복되어서 마침내 존슨 박사는 그녀를 호주선교부의 커를(Currell) 박사에게 맡긴 후에 대구로 돌아가고 저는 연례 회의에 참석하러 갔습니다. 제가 돌아왔을 때 아내는 완전히 회복된 것처럼 보였습니다. 그녀가 수년간 그렇게 건강이 좋았던 적이 없었던 것처럼 보여서 우리는 대구로 돌아왔습니다.[14]

넬리 딕은 유산을 한 뒤에 몸이 좀처럼 회복되지 않았습니다. 수술을 해야만 하는 상황에 맞닥뜨렸습니다. 큰 수술을 해야 하는 상황이기에 도움을 주실 자는 하늘에 계신 하나님 한 분이기에 그분께 기도했습니다. 부산에 도착했을 때 하나님이 기도에 응답하셔서 통증이 완화되었습니다. 부산까지 동행한 장인차 선교사는 대구로 돌아가고 안의와 선교사는 서울에서 열리는 연례 회의 참석차 올라갑니다. 모든 일이 순조롭게 흘러가는 듯합니다. 아내는 호전되어 대구로 되돌아옵니다.

하지만 상황이 급변합니다. "다소 힘이 없어서 그럴 거라고 생각"했는데, 그녀의 고통은 자주 반복적으로 일어났습니다.

> 제가 다시 돌아왔을 때, 그녀는 더 큰 고통을 호소했고 성탄절 때까지 그 고통은 매우 자주 거듭되었습니다. 존슨 박사는 그녀를 입원시켰고 그 후 가능한 모든 수단을 동원하여 그녀를 치료하고 있습니다. 그러나 통증과 쇠약함은 치료해도 사라지지 않고 있습니다. 그 병은 만성이 되어가고 있는 것 같습니다. 마침내 존슨 박사는 봄까지 그녀가 더 나아지지 않는다면 저희의 안식년 휴가를 앞당겨서 그녀가 전문의의 치료를 받도록 하는 것이 좋겠다고 조언했습니다. 그래서 저희는 선교부에 그런 취지의 회람을 돌렸습니다. 며칠 전 진료가 끝난 후에 존슨 박사는 저에게 조치하는 대로 하루빨리 휴가를 떠나는 것이 좋겠다고 말했습니다. 지금으로서는 기대할 수 없는 어떤 보기 드문 변화가 일어나지 않는 한 그녀가 특별한 치료를 받아야 하는 것은 의문의 여지가 없으며 그것도 빠르면 빠를수록 좋다고 합니다. 하지만 우리가 3월 1일 전에 떠나는 것은 불가능합니다. 그때에서야 해안가까지 여행할 만큼 나라가 개방될 것이고 저는 시골 기독교인들을 위한 겨울성경학교를 끝마칠 것입니다. 만약 저희가 그때 떠난다면 저의 8년 사역의 마지막보다 3개월 앞당겨 휴가를 보내게 되는 것입니다. 저희는 토피카에 있는 우리 집으로 갈 것입니다. 저는 어떤 전문의가 거기 있는

지도 모르고 저희 앞길에 대해 아무 계획도 없습니다. 만약 선교본부에 이런 경우에 대한 어떤 확실한 방침이 있다면 알려주시면 기쁘겠습니다. 혹 도움이 될 만한 어떤 제안을 박사님께서 해 주신다면 대단히 감사하겠습니다. 저희가 그때 떠난다면 제가 다시 박사님의 편지를 받을 시간이 없을 것이므로 캔자스주 토피카시 토피카로 1302번지로 편지하시기를 바랍니다.[15]

아픈 아내를 위해 휴가를 떠나야만 하는 안의와 선교사의 마음이 고스란히 드러납니다. 한 사람의 손길이 아쉬운 상황에서 떠나야만 하는 선교사의 미안함이 고스란히 전해집니다. 이 상황에서 가장 힘든 사람은 아마도 넬리 딕일 겁니다. 그녀는 자신을 "좋은 병자"[16]가 아니라고 하며, 깊은 내적 갈등상태에 있음을 고백합니다.

저는 좋은 병자가 아닙니다. 저는 지난 봄과 여름 내내 인내하려고 매우 열심히 노력했지만, 매일 저의 상태에 변화가 없음을 지켜보면서 4개월을 침대에 누워 지내기란 결코 쉬운 일이 아니었습니다. 여성들을 위해 할 일이 그렇게 많은 것을 알면서, 그리고 제가 그들과 함께 지내기를 갈망하는 것뿐 아니라 제가 그들의 사역으로부터 사람들의 시간과 관심을 빼앗고 있다는 것을 알면서도 말입니다.[17]

선교사로서 4개월이라는 시간동안 침대에 누워 누군가의 도움을 받고 있다는 사실 자체가 넬리 딕을 힘들게 했습니다. 선교지의 산적한 업무량, 특히 남편 안의와 선교사가 대신할 수 없는 여성을 위한 사역이 산적해 있는데, 누워서 다른 누군가의 도움을 받으면서 그들의 시간을 빼앗는다는 사실이 힘들었습니다. 물론 그녀도 잘 알고 있습니다. 하나님은 선하시기에 모든 일에 그의 뜻이 있다는 것을, 고통 가운데 선한 손길로 인도하고 있다는 것을 알고 있음에도 말입니다.

> 비록 저는 이것이 저희를 위한 하나님의 계획이라는 것을, 그리고 그분은 매우 지혜로우시고 선하시다는 것을 잘 알고 있지만, 이 모든 것에 대해 슬퍼하지 않고 걱정하지 않는 것은 매우 힘들었습니다. 저희는 저희 삶에서 저희를 위한 하나님의 뜻에 관해 이토록 짙은 어둠 속에 있어 본 적이 없었습니다. 저는 그때 하나님을 믿는 믿음에 관해 약간의 교육을 받았다고 생각했습니다. 그러나 이제 또다시 어두워지기 시작하는 것 같습니다.[18]

넬리 딕 선교사는 하나님의 뜻이 짙은 어둠에 묻혀 보이지 않는 고통의 시간을 걸어가고 있었습니다. 선한 하나님께서 고통의 시간을 지나게 하면서 믿음을 다시 가르치셨으나 다시 어둠으로 들어가는 상황에 마음이 무거워짐을 느낍니다. 넬리 딕 선교사는 수술을 받기 위해서 일본으로 갑니다. 어린 두 아이들을 두고 장남만 데리고 힘든 여행을 시작합니다. 육로로 가는 길은 넬리 딕에게는 힘든 여정입니다. 게다가 8월이었으니 날씨까지 걸림돌입니다. 대구에서 부산으로 오가는 험한 길은 건강한 몸으로 걸어도 3일을 걸어야 하는 길인데, 아픈 몸으로 걸어야 하는 육체적 고통은 더 합니다. 하지만 육체적으로 연약한 상태이기에 아침에 일어나는 일조차 힘들거라 예측했는데, 그녀는 훨씬 수월하게 일어나 걸었습니다. 전에는 침대에서 일어나 앉는 것조차 힘든 일이었는데, 잠자리가 불편했음에도 불구하고 일찍 침대에서 일어날 뿐 아니라 이른 아침부터 늦은 저녁까지의 행군을 견뎌낼 수 있었습니다.[19] 놀라운 일입니다. 인간의 예측과는 완전히 다른 결과에 놀랄 뿐입니다. 육체적으로 힘든 여정인데도 나날이 건강해지니 이해가 되지 않는 것이 당연합니다. 그 놀라운 감격으로 넬리 딕 선교사는 하나님께 작은 소망을 기도합니다. 수술하지 않기를! 여행의 마지막 날에 길을 가면서 기도했습니다.

> 당신이 행하시는 일은 모든 것이 좋은 일이라는 것을 압니다. 수술을 하게 되더라도 그것은 좋은 일입니다. 마음에서 불평이 일어나지 않도록 도와주세요.

그녀의 마지막 기도였습니다. 넬리 딕은 기도의 응답을 일본에 가기 전에 받습니다. 부산에 도착했을 때 기적같이 부기가 가라앉았습니다.[20]

마지막 임종

그 시간에 넬리 딕 선교사에게 또 생명이 찾아왔습니다. 다섯 번째 아이를 갖게 되었습니다. 출산하는 중에 그 아이를 하늘나라로 먼저 떠나보내야만 했습니다. 지금까지 유산과 질병을 반복하며 힘겨운 시간을 보냈던 넬리 딕 선교사에게도 남겨진 시간이 얼마 남지 않았음을 직감했습니다. 마지막까지 남편 안의와 선교사는 주님의 부름 앞에 있는 아내에게 위로의 말을 건넵니다.

> "걱정 마. 주님이 기다리고 계시니까"
> "맞아요, 나는 주님을 볼 수 있어요."

넬리 딕 선교사는 하나님의 부름을 받는 그 자리에서 아이들이 떠올랐습니다. 이 땅에 남아있을 하나님의 귀한 열매들이 보고 싶었습니다. "아이들이 보고 싶어요." 더 이상 버틸 수 없기에 마지막 힘을 다해 아이들을 찾았습니다. 벤자민, 도로시, 조시의 머리를 쓰다듬으면서 "하나님, 이 아이들을 주님께 맡깁니다."라고 기도하고 하늘을 향하여 두 팔을 들고 "오! 지금 주님이 보입니다."라고 고백합니다. 그녀는 아이들 손을 잡으며 마지막까지 미소를 잊지 않고 아이들과 인사를 한 후 하나님의 품에 안겼습니다.

넬리 딕의 죽음을 애도하며 동료 선교사 맥파랜드(Edwin Frost Mcfarland, 맹의와, 1878~?)의 부인은 다음과 같이 말했습니다.

> 지난 4년 전 대구에서 선교활동을 시작했을 때, 그녀가 지도하던 화요일 부인 성경반에 참여하였습니다. 학생들에게 성경을 읽어주고 귀한 말씀을 들려주는 모습을 즐거운 마음으로 지켜보았습니다. 그녀는 외딴 시골의 사경회를 인도하기 위하여 대구 읍내의 부인사업이나 집안일을 미리 마쳤을 때를 가장 즐거워하고 기뻐했습니다.[21]

복음을 접하기 어려운 외딴 곳에 가서 말씀을 전하는 일을 가장 즐거워한 넬리 딕, 그녀는 천상 선교사였습니다. 어린 아이를 양육하는 일이나 대구 읍내에서 부인들과 함께 사역을 감당하는 것도 하나님의 귀한 사역이지만, 그녀에게는 복음을 듣지 못하는 자들에게 찾아가 복음을 전하는 일을 최고의 사역이라고 여겼습니다. 그녀는 남편을 닮았습니다. 대구 땅에서 편안하게 교회 사역에 머무는 것이 아니라 끊임없이 순회 전도 여행을 떠난 남편 안의와 선교사의 천생배필입니다.

남편 안의와 선교사와 함께 멀리 시골로 선교여행을 가서 뜨겁게 복음을 전한 그녀에 대해서 동료 선교사는 이렇게 증언합니다.

> 그녀는 이야기를 매우 쉽고 재미있게 들려주었기에 호소력이 컸습니다. 그녀가 부인들이 빽빽이 들어앉은 방 안에서 팔을 십자가 모양으로 뻗쳤던 그날 밤을 잊을 수 없습니다. 그녀는 십자가를 의연하게 지고 있었기 때문에 다른 십자가의 고통도 뜨거운 동정심을 가지고 이야기할 수 있었습니다. 그녀의 뜨거운 동정심은 주름진 노인의 눈에서 눈물이 나게 하였고 그들을 위한 하나님의 사랑을 조용히 감미롭게 받아들이도록 만들었습니다. 이리하여 그들은 한 사람 한 사람씩 하나님의 간절한 사랑에 빠져 들어갔습니다.[22]

그녀의 설교는 선교지 주민의 수준에 맞게 간결하면서 쉬웠습니다. 예수 그리스도의 고통을 표현하는 그의 손짓에, 그 자리에 함께한 한국의 여성들은 그 고통에 공감하였습니다. 의연하게 고통을 감내하며 전하는 예수 그리스도의 복음이 한국의 여성들에게 고스란히 전달되었습니다. 예수 그리스도의 십자가와 그 은혜를 전하는 넬리 딕 선교사의 모습은 그 자체로 감동이었습니다. 힘든 여정에서도 의연하게 복음을 전한 넬리 딕 선교사를 동료 선교사들은 기억하고 있습니다.

멀리 멀리 갔더니

멀리 떨어져 평양에서 사역을 감당하고 있던 안애리 선교사가 넬리 딕의 장례식에 도착하였습니다. 젊은 시절에 하나의 믿음 안에서 만났던 친구이자 동료이자 가족이었습니다. 열정적이며 적극적으로 선교사로서의 길을 즐겁게 걸어갔던 친구를 하늘로 먼저 올려 보내야 합니다. 하나님의 부름을 받고 미지의 땅, 가시덤불을 향해 돌진하며 고통을 참아내는 힘의 근원이 바로 예수 그리스도이기에, 그 힘에 기대어 지금까지 걸어왔습니다.

대구에서 함께 사역한 여성 사역자 부마태와 에디스 파커는 넬리 딕과 함께 피아노에 맞춰 안애리 선교사가 한국어로 번역한 찬송을 부르곤 했습니다. 친구이자 동료인 넬리 딕이 떠난 그 자리에서는 넬리 딕 대신에 안애리가 서서 찬송을 불렀습니다.

멀리 멀리 갔더니 처량하고 곤하며
슬프고 또 외로와 정처 없이 다니니
예수 예수 내 주여 곧 가까이 오셔서
쉬 떠나지 마시고 부형같이 됩소서.

선교사로서의 사명을 결단하고 함께 YWCA에서 활동한 넬리 딕, 동생 안의와와 결혼하여 한 가족이 된 영적 친구이자 가족을 떠나보내야만 하는 아픔이 그녀에게 밀려왔습니다. 그녀 또한 언젠가는 하나님의 부름을 받게 될 것을 예감하기에 친구를 떠나보내는 안애리 선교사의 마음은 남달랐습니다. 장단에 맞춰 가사를 한국어로 번역한 찬송은 그녀를 위한 위안과 위로의 찬송이었습니다. 장례식에 서서 이 찬양을 불렀을 때, 그녀는 자신이 암에 걸린 것을 알고 있었으니까요! 하나님의 부르심이 언제일지 알 수 없기에, 그녀의 마음을 울렸습니다.

이 찬송은 안애리 선교사가 번안한 찬송가입니다. 이 찬송은 지금 우리 찬송가에 수록되어 있습니다. 이 곡은 미국의 가스펠 찬양집 Gospel Hymns Consolidated에 수록된 "Far, far I have wandered"가 원곡으로 곡조는 "I am coming cross"입니다. 이 곡은 안애리 선교사의 섬세한 감성과 문학적 소양을 잘 드러내고 있습니다. 곡조에 맞는 번안으로 지금도 그녀의 번역을 따라서 부르고 있습니다. 서양 곡조에 한글 번역을 맞추는 작업 자체가 쉽지 않습니다. 찬송가 번역에 심혈을 기울였던 원두우(언더우드) 선교사는 서양 곡조에 맞출 수 있는 한국어 음절의 수가 한정이 되어있을 뿐만 아니라 한국어 자음은 고하청탁(高下淸濁)이 있어서, 이를 번역하는 데 어려움이 많다고 고충을 토로한 적이 있습니다.[23] 그래서 찬송가 번안은 한 번에 완성되는 것이 아니라 계속되는 수정 작업을 거쳐야만 합니다. 안애리 선교사는 조선의 시문학을 통해서 영어와 한국어의 율격의 차이를 간파하였습니다. 번역된 가사는 율격이 있어 가사의 율격과 곡조의 율격을 맞추면 된다는 것을 알아냈습니다. 거기에 한국어 리듬은 강약격(trochaic)이거나 액센트가 있는 음절로 시작하는 것이 약강격(iambic)이거나 액센트가 없는 음절로 시작되는 것보다 훨씬 쉽다는 것을 알아내었습니다.[24] 조선의 시문학이 8음절의 강약이 반복되는 어구의 문장이기에 8음절 한국어로 찬송가 번역을 했습니다. 긴 음절 뒤에 짧은 음절이 오거나, 강세가 있는 음절 뒤에 강세가 없는 음절이 오는 것이 찬송가 번역에 적절하기에 이런 원칙에 맞추어 찬송가를 번역하였습니다.[25] 1983년에 발간된 『통일찬송가』에는 안애리 선교사의 찬송가가 40편이나 수록되었으니, 그녀는 가장 많은 한글 찬송가 번역자입니다.

부르기에 편하고 메시지가 명확하게 전달되도록 번역된 이 찬양은 이방 나라의 전쟁터로 변한 정치적 혼돈의 시기를 걸어가는 한국의 그리스도인에게도 큰 울림을 던져 주었습니다. 안애리 선교사의 애절함과 함께, 그리고 동역한 선교사의 슬픔과 함께 1절을 부르자 장례식에 모인 모두가 2절과 3절을 불렀습니다.

예수 예수 내 주여 섭섭하여 울 때에
눈물 씻겨 주시고 날 반갑게 합소서.

다니다가 쉴 때에 갑갑한 곳 만나도
홀로 있게 마시고 길이 보호 하소서.

이 찬양으로 장례식에 있는 모든 사람들이 위로받았습니다. 우리에게는 예수 그리스도가 계시기 때문입니다. 하나님 우편에 앉아 계신 예수 그리스도께서 우리를 홀로 있게 하지 않으며, 우리를 보호하고 계십니다. 그뿐만 아니라 그와 함께 있게 될 천국이 우리를 기다리고 있습니다. 그러므로 우리는 죽음조차 두려워하지 않습니다. 우리에게는 죽음의 문 뒤에 열린 영생의 문을 바라보는 그리스도인이니까요!

그녀는 죽은 것이 아니라 잠들어 있을 뿐이다.
She is not dead but sleepth.[26]

지금은 아브라함의 품에 잠시 잠든 것처럼 마지막 심판의 자리에서 누리게 될 영생의 복을 기대하며 평안의 상태에 머물러 있습니다. 그때 우리는 부활체의 모습으로 다시 만나게 될 것입니다. 그 소망이 지금 우리를 살게 합니다. 대구의 어머니답게 은혜의 정원 맨 뒤에서 이 땅에서 복음을 전하고 하나님이 맡긴 사명을 마친 이들을 감싸안고 있습니다.

은혜의 정원

은혜의 정원은 선교사가 이 세상의 삶을 마치고 들어가는 입구입

NELLIE DICK
Wife of James E. Adams
Sept.15.1866 - Oct.31.1909
SHE IS NOT DEAD BUT SLEEPETH

은혜의 정원 넬리 딕의 묘

니다. 낯선 땅에서 기쁜 소식인 복음을 전하기 위해서 인내하고 살아낸 자입니다. 익숙하고 편안한 삶의 자리를 뿌리치고 하나님의 부르심에 따라서 태평양을 건너왔습니다.

> 우리가 어둡고 가난할 때 태평양을 건너 머나먼 이국에 와서 배척과 박해를 무릅쓰고 혼신을 다해 복음을 전파하고 인술을 베풀다가 삶을 마감한 선교사와 그 가족들이 여기에 고이 잠들어 있다.
>
> -은혜의 정원 소개 글-

연약한 인간이기에 힘들어 넘어지기도 했습니다. 낯선 문화에 적응하는 일은 쉽지 않았습니다. 뜨거운 여름 장마를 견디는 일은 최악의 경험이었을 뿐만 아니라 건강을 해치는 일이었습니다. 이보다도 더 아픈 것은 선교사 이전에 부모로서 하나님이 주신 열매를 일찍 떠나보내고 깊은 수렁에 빠지기도 했습니다. 바바라 챔니스(Barbara F. Chamness, 1927)는 태어난 지 3개월 만에 하늘나라로 갔습니다. 일본에 의해서 강제로 출국하는 그날까지 챔니스 선교사는 16년간 애락원에서 농사와 축산을 지도하였습니다.

어린 나이에 하나님의 부름을 받은 자식을 묻어야 하는 선교사의 마음이 얼마나 큰 비참함과 슬픔에 휩싸였을지, 하나님의 권능의 손길에 대한 의문이 그들의 마음에서 일어나기도 했습니다. 하나님의 섭리를 인간의 제한된 머리로 어찌 이해할 수 있겠습니까! 선교사는 자녀의 죽음을 통해서 하나님의 뜻에 순복하는 법을 배웁니다. 하나님의 뜻을 인간의 이성으로 판단하여 미궁에 빠지기보다는, 나를 사랑하는 하나님의 뜻을 그저 받아들이는 연습을 합니다. 하늘의 소망을 바라보면서 말입니다.

출처 대구제일교회

대구선교지부소속 안동지역 주재 최초 선교사 소텔 선교사(왼쪽) 웰본 선교사(오른쪽)의 1909년 10월 선교활동 모습이다. 소텔 선교사는 이 여행에서 발진티푸스에 걸려 이듬해 11월에 은혜의 정원 선교사 묘역에 묻혔다.

먼 이국으로 떠나온 선교사에게 소망은 하늘나라입니다. 그곳을 바라보며 이 땅에서 모든 것을 내려놓고 살아갑니다. 넬리 딕의 장례식을 치른 지 얼마 되지 않아서 소텔 선교사(C. C. Sawtel, 사우대, 1881~1909)가 하나님의 부름을 받습니다(11월 16일). 그는 한국의 선교지 분할 정책으로 원주가 감리교단으로 넘어가자 안동으로 내려와 사역을 감당하였습니다. 그는 웰본(Wellbon) 선교사와 함께 순회 전도 여행을 떠났습니다. 소텔 선교사는 안동을 독립선교기지로 만들기 위한 틀을 마련하고자 하였지만, 고열의 발진티푸스로 인해 그들은 열흘 후에 안동으로 다시 돌아와야만 했습니다(1908년). 병에 걸려 아픈 와중에도 선교기금을 아끼기 위해서 가마를 타지 않고 조랑말을 타고 대구까지 왔습니다. 아픈 몸으로 조랑말을 탔으니, 몸을 제대로 가누지 못하여 두 번이나 땅에 떨어졌습니다. 몸을 아끼지 않고 선교에 헌신한 소텔 선교사는 무사히 대구에 도착했고, 병은 호전되는 듯했습니다. 죽음이 그렇게 눈앞에 있다고 누구도 예측하지 못했습니다. 다시 사역의 자리를 꿈꾸는 그 순간에 하나님은 소텔 선교사를 부르셨습니다. 함께 일하던 선교사가 하나님의 부름을 받았습니다. 그의 부인은 남편의 묘비에 "나는 그들을 사랑하겠노라"라고 적었습니다. 남편 선교사가 사랑한 그들을 남편의 유지를 받들어 사랑하겠다는 아내의 결단과 사랑이 눈물을 흐르게 합니다.

하나님은 인간의 사유를 넘어서 일하십니다. 은혜의 정원은 대구의 복음화를 위한 씨앗입니다. 작디작은 씨앗이 대를 이어서 폭발적인 전도의 열매를 맺습니다. 안의와와 넬리 딕 선교사의 장남과 그의 자녀들은 대구에서 아버지의 뒤를 이어서 선교사로서 복음을 전하였습니다. 이뿐만 아니라 평양의 선교사로서 선교의 기틀을 마련하고 장로교 신학의 토대를 세운 마포삼열의 아들 하워드 마펫(Howard Fergus Moffett, 마포화열, 1917~2013)은 1948년에 의료선교사로 대구에 파송을 받았습니다. 45년을 동산병원의 원장으로, 계명대학교의 이사장으로 역임하였습니다. 그의 아내(마가렛 델 마펫, Margaret Delle Moffett, 1915~2010)도 함께 은혜의 정원에 묻혔습니다. 그들은 부모를 따라 한국에서 선교사로 헌신하며 대구와 경북 지역 복음화의 기틀을 마련했습니다.

어린 나이에 하나님의 부름을 받은 헨더슨 버디(Henderson Buddy, 1920~21)의 아버지 헤롤드 헨더슨 선교사(Harold H. Henderson, 현거선)는 계성학교의 교장으로 23년간 역임했습니다. 남동생 로이드 헨더슨과 여동생 로이스 헨더슨까지 모든 형제자매가 조선의 선교사가 된 '온 가정이 내한 선교사'입니다. 선교사로 파송을 받은 가정이 대를 이어서, 그리고 온 가족이 선교사로서의 부름을 목숨을 다해 감당하였습니다. 그들의 헌신이 대구 경북 교회의 기틀이 되었습니다.

은혜의 정원 한구석에 대구 땅에서 독신으로 선교를 감당한 여자 선교사 마르타 스윗처(Martha Switzer, 성마리태, 1880~1929) 묘비가 눈에 들어옵니다. 1911년 31살에 미국 북장로교회의 선교사로 파송을 받은 스윗처입니다. 그녀는 사실, 부유한 가정에서 태어나(1880.8.22.) 프랑스 유학을 거쳐 미국의 명문대학인 콜롬비아 대학을 졸업하였습니다. 당대 엘리트 코스를 밟은 그녀가 낯설고 힘든 선교의 길에 들어섭니다. 그녀가 선교사로서 결단을 내리도록 인도한 곳은 무디 성경학교입니다. 그녀는 이 학교에 입학하여 선교사로서의 지식과 훈련을 받았습니다. 그리고 이 땅에 들어와 대구 시내 5개의 교회와 농촌의 18개의 교회의 부인 사경회를 인도하였고 경북 도내 35개 교회의 부인 전도회를 조직하고 지도하였습니다. 1912년 여자성경학교를 설립하고 교장으로 재직하였고, 대구 경북 기독교 여성 선교 운동의 선구자였습니다.

스윗처 선교사는 다른 선교사와 달리 자비량으로 선교 사역을 감당하였습니다. 그녀는 선교본부로부터 월급조차 받지 않았습니다. 그녀는 대구 경북 지역 선교를 위해서 선교에 소비되는 모든 경비를

스윗처 선교사는 자비량으로 헌신했을 뿐만 아니라 재산까지 헌납해 경북 지역을 섬겼다. 18년 동안 선교사로 헌신하다가 1929년 49세의 나이로 부르심을 받았다.

자비로 지출하였습니다. 그리고 자기 재산까지 헌납하여 경북 지역을 섬겼습니다.[27] 그녀의 사역에 대한 기록이 많이 남아 있지 않아서 아쉬움이 크지만, 1920년 상주 서정교회에서 설립한 보성여자학원과 부인야학원에 일금 200원을 연보하였습니다. 그녀는 하나님의 부르심을 받고 난 뒤에도 전 재산을 경북 지역의 부인전도사업을 위하여 사용하도록 후원하였습니다. 그 중 하나가 대구 남산교회 내 명도여자학원 설립을 위한 자금입니다. 이 학원에서 교육기회를 갖지 못한 부인들이나 소녀들이 소학교 과정을 속성으로 배울 수 있었습니다. 당시 「기독신보」에 소개된 내용을 보면 다음과 같습니다.

> 가정 형편과 연령 관계로 학교에 취학하지 못한 여자들에게 보통 과학을 배우게 하는 기관이 대구에 없음을 감안하여 대구 구내 장로교회 연합당회에서 그 설립을 추진하던 바 일찍 경북 선교에 후원이 많으신 고 마르타(成馬利多)씨의 2천 원을 기초로 하여 금년 1월에 장로 김정오(서문교회) 씨를 설립자로 정하고 당국에 인가 신청을 한바 5월 6일로 경북도지사의 인가를 받게 되어 그간에 모든 준비를 정돈하여 금월(5월) 16일에 남산 예배당 제1층 교실에서 개학식을 성대히 행한바 모집되었던 이가 50명이며 임원은 설립자 김정오, 원장 김만성 제씨라 한다.[28]

다른 하나는 1926년 달성군 수성면 범어동교회 야학교를 다시 부활시키기 위하여 송명숙 전도부인을 파송하였습니다. 스윗처 선교사는 그녀의 급여로 매월 30원을 후원하였습니다. 마르타 선교사의 유산으로 일본 나고야 한인교회를 위하여 전도부인을 파송하는데 드는 비용을 지출하였습니다. 독신으로 사역을 감당한 스윗처 선교사는 조선 땅의 여성을 위하여 몸과 재정을 바쳤습니다.

스윗처 선교사는 안식년을 보낸 후 1928년 7월 귀국하였는데 지병인 심장병이 재발하여 치료를 받아야만 했습니다. 그녀는 치료를 거듭하면서도 새로운 사역인 이동도서관(Traveling Libraries)사업에 착수하여 농촌교회 계몽운동에 전력하였습니다. 스윗처 선교사는 심장을 근본적으로 치료하기 위하여 미국으로 돌아가기로 결정했습니다. 그녀는 부산으로 가는 도중 극도로 체력이 약해져 더 이상 여행을 지속하는 것이 어렵다고 판단하였습니다. 그녀는 체력의 한계에 부딪쳤고 다시 대구로 돌아올 수밖에 없었습니다. 그 후 닷새 동안 그토록 사랑했던 대구와 경상도의 보금자리 동산 사택에서 하나님의 부름에 순종하기 위하여 조용히 감사의 기도를 드렸습니다. 그날이 바로 1929년 4월 15일입니다.[29] 1911년 31살의 나이로 대구에 들어와 1929년 18년 동안 선교사로서 헌신하다가 1929년 49세의 나이로 부름을 받게 되었습니다. 동역자 방해례(Harriet E. Pollard)선교사는 다음과 같이 추모하였습니다.

> 그녀가 일생동안 바랐던 한 가지 소망은 하나님의 뜻을 실천하는 것이었습니다. 그녀가 임종의 순간에 남긴 한마디 말은 "주여 저의 목숨은 당신의 손에 있습니다."

이 말은 그녀의 죽음을 적절하게 표현한 말입니다. 그녀를 하늘나라로 보내는 장례식장에 친척이라고는 한 사람도 없었지만 대구여자성경학교 졸업생과 재학생들 그리고 그녀에게 도움 받은 남녀 성도들과 어린이들이 장지까지 동행하는 모습이 아름다웠습니다. 그 날 장례식에 참석한 많은 사람들은 "나는 우리 어머니를 잃어버린 것처럼 느껴진다"고 크고 무거운 발걸음을 옮겼습니다.[30]

청라언덕의 중심에 자리한 은혜의 정원은 온 가족이 그리고 대를 이어서 복음을 전한 자들의 오래된 시간의 흔적을 품고 있습니다. 아이를 먼저 떠나보내는 선교사 부인의 아픔도, 동료 선교사를 먼저 하늘로 보내야만 했던 선교사의 아픔도, 홀로 이 땅을 밟아 하나님의 부름을 받는 그 곳은 지금 우리에게도 여전히 큰 울림을 던져줍니다. 이 땅의 그리스도인으로서 우리가 바라보아야 할 그곳을 소망하며 한 걸음을 내딛는 용기를 내라고 말입니다.

미주

1. Bruen, 『100년 은혜, 세상과 나누리』 2권, 184.
2. Adams, 『황무지』, 109.
3. 김중순, 김병희, 『겨자씨 속에 담은 천국』, 19~20.
4. Adams, 『황무지』, 148.
5. Adams, 『황무지』, 184.
6. Adams, 『황무지』, 144.
7. Adams, 『황무지』, 148.
8. Adams, 『황무지』, 148.
9. Adams, 『황무지』, 178. 1899년 2월 20일.
10. Adams, 『황무지』, 184.
11. Adams, 『황무지』, 184.
12. Adams, 『황무지』, 188. 1899년 3월
13. Adams, 『황무지』, 188. 1899년 3월
14. Adams, 『황무지』, 320.
15. Adams, 『황무지』, 322.
16. Adams, 『황무지』, 325.
17. Adams, 『황무지』, 325.
18. Adams, 『황무지』, 325.
19. Adams, 『황무지』, 326.
20. Adams, 『황무지』, 326.
21. 박창식, 『동산선교이야기』 (경산: 기독교역사문화연구소, 2012), 193.
22. 박덕일, 『경북교회사』(1924), 98; 『대구 남산교회 100년사』, 269.
23. 「찬양가」 서문. 박종현, "애니 베어드의 한글 찬송가 번역", 「피어선 신학논단」 8(2019): 89.
24. Annie, L. A. Biaird, "The Coming Song Book", *Korea Mission Field* 10/3(1914), 80. 박종현, "애니 베어드의 한글 찬송가 번역", 90.
25. Annie, L. A. Biaird, "The Coming Song Book", 80. 박종현, "애니 베어드의 한글 찬송가 번역", 91.
26. 그녀의 영혼이 잠들어 있다는 의미가 아니라 평안의 상태에 들어갔다는 뜻이다.
27. 박덕일, 『경북교회사』(예수교장로교회 경북지방, 1924), 98; 『대구 남산교회 100년사』, 270.
28. 박덕일, 『경북교회사』, 98; 『대구 남산교회 100년사』, 270.
29. 박덕일, 『경북교회사』, 98; 『대구 남산교회 100년사』, 272.
30. 박덕일, 『경북교회사』, 98; 『대구남산교회 100년사』, 270.

출판사 소개

르네상스 시대의 가치는 고대의 지혜가 담긴 격언들의 부활에 있습니다. 선인들의 지혜를 온몸으로 흡수하기 위해 당대 지식인들에 앞서 직접 텍스트를 마주했으며, 그 안에서 실존적인 깨달음을 얻었습니다. 이른바 인문주의가 발흥한 것입니다.

크리스천르네상스 출판사는 이러한 르네상스 시대의 인문주의적 태도가 오늘을 사는 성도들에게도 발현되기를 바라며 시작되었습니다. 믿음을 토대로, 자신의 내면에 집중하여, 지난 역사와 텍스트 행간에 흐르는 신앙의 숨결을 느끼는 경험은 시대를 막론하고 소중합니다. 크리스천르네상스의 책이 여러분에게 이와 같은 경험을 선사할 수 있다면 더할 나위 없이 기쁠 것입니다.

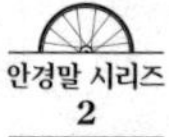

안경말 시리즈
2

아담스와 함께 걷는 청라언덕

글 양신혜

2024년 7월 15일 초판 인쇄
2024년 8월 01일 초판 발행

펴낸이 정영오
펴낸곳 크리스천르네상스
주소 경기도 안산시 단원구 와동로 5길 301호(와동, 대명하이빌)
등록번호 2019-000004(2019년 1월 31일)

표지 디자인 디자인집(02-521-1474)
표지 일러스트 박유나

© 2024 크리스천르네상스

※ 신저작권법에 의하여 한국 내에서 보호받는 저작물이므로 무단 전재와 무단 복제를 금합니다.
※ 잘못된 책은 구입처에서 교환하여 드립니다.

ISBN 979-11-94012-01-6 (03230)

값 24,000원